맑스주의와 인식론
Marxism and Epistemology

맑스주의와 인식론

초판 1쇄 발행 1996년 3월 15일
초판 5쇄 발행 2023년 3월 20일

저　자　도미니크 르쿠르
역　자　박 기 순
작　업　이 동 영
디자인　EG 디자인
CTP　지앤피
인　쇄　재원프린팅
제　본　경신제책사
발행처　도서출판 **중원문화**
발행인　황 세 연
판매처　도서출판 **중원문화**
주　소　서울특별시 마포구 서강로 11길-24
주문처　02-325-5966　FAX 02-324-6799
ISBN　978-89-7728-723-5(93160)

맑스주의와 인식론

— 바슐라르, 캉길렘, 푸코 —

Marxism and Epistemology

(Bachelard, Canguilhem, Foucault)

도미니크 르쿠르 지음 ● 박기순 옮김

2023

도서출판 중원문화

Marxism and Epistemology

(Bachelard, Canguilhem, Foucault)

by

Dominique Lecourt

JUNGWON-MUNHWA PUBLISHING CO.
SINCE 1978
도서출판 중원문화

Reprinted 2023 by Jungwon-munhwa Publishing Co.

차례

Dominique Lecourt(1944~2022)

맑스주의와 인식론 영문판 서문

Introduction

Commentary on a commentary, reflection on a reflection, is this work a matter of historical erudition – as its title would suggest – or one of philosophical ratiocination, since it presents itself as a 'philosophical memoir'? Such is the question justifiably posed before such an undertaking. Another form of this crucial question: is it a matter of exhibiting a curious variety, the historical species, of the genus which tradition has delimited by the name of epistemology? In that case, one would speak of 'historical epistemology' in the sense in which one speaks of 'historical geography' to designate a special branch of the discipline 'geography'. Or is it a matter of isolating in the history of epistemology the instant bearing the name Gaston Bachelard so as to recall it to memory? In this sense, 'historical epistemology' would have to be taken to mean 'historical monument': a witness of the past which, although it has gone by, still deserves to be remembered.

Here it is a question of something quite different: Gaston Bachelard's work, by an inner necessity peculiar to itself, escapes the clutches of these tedious alternatives. What it reveals to us is the fact that epistemology *is* historical; its essence is to be historical. If we take as a first definition of epistemology what etymology tells us about it, we can say: the discipline which takes scientific knowledge as its object must take into account past; that the object of a science is therefore not an immediate given and does not pre-exist the process of its production. Althusser adopted it to combat neo-Hegelian caricatures of Marx and to re-affirm a truth intolerable to all opportunisms – that *historical materialism*, as founded by Marx in *Capital*, really is, in the fullest sense of the word, a *science*. A revolutionary science whose object has been constituted in a rupture with the ideological and philosophical notions hitherto supposed to explain what a society is, what history is, etc.

But now, from the heart of that burning month of May which promoted and then cast down, at a stroke, so many illusions among petty-bourgeois intellectuals, there arose the ultra-left breeze which, its voice slowly growing stronger, took up the same arguments in a different tone. The very term science soon seemed suspect, on the pretext that in our society the sciences are enrolled in the service of capital: Althusser was found guilty of having wished to apply it to Marxism; this was seen as the mark of his theoreticism, the proof of his revisionism. Once again the main theoretical target of all these criticisms was the notion of 'epistemological break'.

It was in this conjuncture that, as a student in philosophy and a political militant, I set to work with the aim of disentangling what was at stake in this remarkable inversion. *Gaston Bachelard's Historical Epistemology*, written under the guidance of Georges Canguilhem and published thanks to him, dates from the autumn of 1968.

The articles collected together in *For a Critique of Epistemology* develop and correct certain remarks which the academic form of my first study had led me to leave in the shade and attempt to bring out more the political aims of what I should willingly call the incursion of a Marxist-Leninist in the domain of epistemology. It was a question, through an effort of internal criticism, of passing the system of Bachelardian categories through the sieve of dialectical materialism in order to determine within what limits, and hence with what reservations, the notion of 'epistemological break' could be relied on to sustain historical materialism's claim to scientificity.

But in this attempt to bring the question into focus, it was not long before I started a hare in the field of epistemology itself, for I still had to explain how it had been possible for the original epistemological tradition I was discussing to have been constituted marginally to what was practised under the name of epistemology or philosophy of science, particularly in the Anglo-Saxon countries. The introduction to *For a Critique of Epistemology* bears the traces of this: I point out there the opposition of the Bachelardian categories to all positivism in epistemology and to all evolutionism in the history of the sciences. But I also leave a redoubtable riddle unsolved: that of the (historical and theoretical) non-encounter of two tendencies of a single discipline, despite their strict contemporaneity, the riddle of a protracted mutual ignorance. *The New Scientific Mind*, Gaston Bachelard's first great epistemological work, was published in 1934, the same year in which Karl Popper's famous book *The Logic of Scientific Discovery* appeared in Vienna. During the subsequent thirty years the works of the one and the other have been developed, enriched, corrected and broadcast without it ever being possible to register either the beginnings of a confrontation or a sign of any emulation between them. Indeed, the French public, with the exception of a few specialists in logic rather than epistemology or the history of the sciences, are ignorant of Popper's name, and his work has not yet been translated into our language. As for Bachelard, I do not think I am wrong in stating that the majority of English readers will learn how to spell his name when they open my book. We lack a history of epistemology – a history which would necessarily take the form of a *comparative epistemology* – to explain this strange situation, for it is clear that arguments based on the intellectual chauvinism of either side are not sufficient. There is no question of my being able to fill this gap in a preface: it would demand long analyses which I reserve for a later study. However, two recent events oblige me at least to set the reader straight about a serious misunderstanding which may be encouraged by this lacuna and whose theoretical consequences threaten to be serious. These two events are, in chronological order, the translation of Althusser's works into English and, on the other hand, the appearance a short while ago of Thomas Kuhn's *The Structure of Scientific Revolutions* in French. A number of British commentators have seen a 'convergence' if not an identity pure and simple of the epistemological positions defended by Althusser and by Kuhn. Many French critics – including Marxist ones – have thought that they could detect an accord between Kuhn's theses and the Bachelardian epistemological current.

Hence we are now called upon to wonder if the day of the long postponed encounter has not come and reserved for us the ultimate surprise of an intersection of these two parallel epistemological traditions: have they not both, from either side, reached results which coincide, at least in part, in their latest representatives?

To put it plainly: I think this is completely wrong. And this for a reason of principle: for a reason of *position* in philosophy, and hence of philosophical *tendency*. Indeed, it seems to me, as I attempt to prove throughout these essays, that the dominant tendency of the Bachelardian tradition is materialist whereas the tendency of 'Popperism' and its variants is, despite certain appearances, frankly idealist.

I shall not evade the difficulty; I shall examine two texts in which the proximity of the two traditions might seem flagrant: on the one hand, Bachelard's *The Rationalist Activity of Contemporary Physics;* on the other, *The Structure of Scientific Revolutions*. These two books do indeed seem to be in accord in essential matters: both present a *discontinuist* conception of the history of the sciences. Elsewhere both present, unevenly developed, a reflection on the scientific division of labour and its material instances: books, manuals, scientific instruments, the constitution of groups of investigators, etc. Finally, even at the level of vocabulary they seem to echo one another, since Bachelard and Kuhn both speak of the 'normality' of science. Such are the appearances. They go against my thesis.

Let us therefore return to Bachelard's text. I think I can argue that its central notion is that of 'epistemological value': made explicit in the first pages of the work, it provides the guiding thread for a demonstration intended to establish the conditions which should be fulfilled by the 'philosophy of scientific culture' which the author wishes to initiate. This philosophy, explains Bachelard, should reveal the history of the sciences as the progressive emergence and permanent reorganization of 'epistemological values'. How are we to interpret this ambiguous expression? To my mind it cannot be understood unless one perceives in it the intention of a double polemic. Against the French philosophical tradition dominated by the spiritualist current of the 'philosophy of values' (ethical, aesthetic and religious values), Bachelard demands for epistemology the right to deal with values too; he even suggests, with a certain insistence, that the practice of the science might well be the site at which the most assured rational values are constructed. Witness this other text, contemporaneous with the one we are discussing:

> If one were to draw up a general table of contemporary philosophy, one could not but be struck by the tiny space occupied in it by the *philosophy of the sciences*. In a more general way, *philosophies of knowledge* seem in disfavour in our day. The effort to know appears to be sullied with utilitarianism; however unanimously accepted, scientific concepts are held

to be mere utility values. The man of science, whose thought is so opinionated and ardent, whose thought is so living, is presented as an abstract man. By degrees all the values of the studious man, of the skilful man fall into discredit. Science is no more than a minor adventure, an adventure in the chimerical countries of theory, in the obscure labyrinths of artificial experiments. By an incredible paradox, to hear the critics of scientific activity, the study of nature leads scientists away from natural values, the rational organization of ideas is prejudicial to the acquisition of new ideas.[1]

The expression epistemological *value* is thus caught in the tight network of a polemic which inscribes it in a determinate conjuncture in the history of philosophy in France: its function is to remind the professional philosophers that it would be greatly to their advantage not to neglect the acquisitions of the contemporary sciences.

But with this expression Bachelard is also aiming at a tendency within the philosophy of the sciences itself: the positivist tendency. Against the dissertations about the 'value of science' which have been traditional since Poincaré, against the sceptical and relativist professions of faith to which they have given rise, Bachelard invites the epistemologists to *take cognizance* of the constant emergence of new epistemological values in contemporary scientific practice. This is what is clearly indicated in the book on which we are commenting:

In the destiny of the sciences rational values *impose themselves*. They impose themselves historically. The history of the sciences is guided by a kind of autonomous necessity. The philosophy of the sciences should systematically take as its task the determination and hierarchical classification of epistemological values. Wholly vain are general discussions about the *value of science* unless the details of the value of scientific thoughts are gone into ... but the influence of sceptical theses with respect to scientific thought remains visible even today...[2]

The notion of epistemological value thus also has the function of combating what a few lines further on he calls a 'vague relativism' and an 'outmoded scepticism'.

At the same stroke the positive meaning of the notion is revealed: it will lead us to the quick of the debate we wish to institute with Kuhn's theses. This positive meaning is, in its turn, double:

(a) Bachelard is stating, in the ambiguity of his metaphor, the philosophical thesis that underpins all his epistemological work: that the truth of a scientific truth *'imposes itself' by itself.* In Spinozist terms: 'veritas norma *sui*' (the truth is its own measure). In Leninist terminology: Bachelard is posing the thesis of the objectivity of scientific knowledges. He is posing it, not discussing it. He does not seek to found, to *guarantee* this objectivity. He is not concerned to pose to scientific knowledge the traditional question of its claims to validity. This point is crucial, for we maintain that this position is a *materialist* position. A position which enables Bachelard to take a step outside the theoretical space of what idealist philosophy in its classical period called the 'problem of knowledge'. This position even enables him, as I have tried to show in my first essay, to provide the outline of a descriptive theory of this space.

(b) A second decisive thesis implied in the Bachelardian metaphor: an epistemological 'value' *devalues* what it is not: what is anterior and exterior to it. On the one hand it judges what precedes it, on the other it disqualifies the survivals of its past in the present. It has a 'critical' effect of demarcation on these survivals. 'Sic veritas norma sui *et falsi*.'[3] This is expressed in passages such as the following:

> The history of the sciences will then appear as the most irreversible of all histories. In discovering the true, the man of science bars the way to an irrationality. Irrationalism can no doubt spring up elsewhere. But from now

process of the production of *knowledges*, this process, which, like every process of production, is carried out in (or rather *beneath*) historically determined relations (of production), is indeed subject to the norm of the true: its norm *is* the true. But on the other hand, this internal process, intrinsically normative, is inserted in the overall process of social practice. But this insertion has its effects even *inside* the internal process. Hence Bachelard's constant concern for the intervention of non-scientific determinations *in* scientific practice; hence also the analyses outlined on a number of occasions of the material instances which govern these interventions: an analysis of the pedagogy of the sciences, of the constitution of scientific libraries and of the status of scientific books. Hence also the famous theory of scientific instruments. What is important in these pages, which are often disappointingly brief, is that they strikingly reveal a principle of analysis which is in solidarity with Bachelard's materialist philosophical position. This principle can be stated as follows: the effects of the external determinations ('social', 'economic', 'ideological' and 'political' determinations) are subject to the internal conditions (the norm of the true) of scientific practice. Here is a principle which rules out from the start all epistemological economism, sociologism and psychologism: it is indeed impossible to achieve a *genesis* of scientific concepts on the basis of what are known as the social, economic or psychological (or even biological) 'conditions' of scientific practice. It is this which is very clear in the difficult question of the intervention of the *subjects* (of the scientists, of their individual psychological reality) in scientific practice. Once he has repudiated the idealist philosophical question of the guarantee of the objectivity of scientific knowledges and thereby given up looking for the 'cause' of scientific production in a subject, individual or collective, Bachelard establishes without ambiguity the terms in which the real problem of the psychology of the man of science must be posed. It is necessary, he proves, to start from the internal process, for which the scientists are only the *agents*: as such they have to submit to the norms of the process; if they refuse, they immediately set themselves outside science. But to get there, being also 'subjects' of ideology (having a consciousness, wishes, ambitions, political, religious and ethical ideas, etc.), they have to make an effort – Bachelard says: a rationalist effort – and this effort is the whole process of the *formation* of the scientific mind. An effort which *splits* the scientific subject, which demands of him, often to the point of his being existentially torn, that he make a *break* with the 'spontaneous' interests of life.... This break is never definitely guaranteed insofar as the subject – be he *le savant Cosinus* – never succeeds in being a 'pure' agent of scientific practice.... That is why, on this path, the asceticism of which Bachelard often stressed, he constantly comes upon *obstacles*. Obstacles which are crystallized and systematized in their philosophy and which, by this bias, produce braking effects in scientific practice itself. Thus it is clear in what precise sense Bachelard can speak of the 'normality' of science: in order to designate the specific character of that special production the production of scientific *truths*, and in order to suggest the impact of this character on the agents of that production.

If we now turn to Kuhn's work, we find a very different definition of what he calls normal science. It is the set of convictions shared by the scientific group considered at a given moment; a conviction that the group defends against every threat and every blow by rejecting what is heterogeneous to it. Hence the famous formulation:

> 'Normal science' means research firmly based upon one or more past scientific achievements, achievements that some particular scientific community acknowledges for a time as supplying the foundation for its further practice.[5]

of the man of science must be posed. It is necessary, he proves, to start from the internal process, for which the scientists are only the *agents*: as such they have to submit to the norms of the process; if they refuse, they immediately set themselves outside science. But to get there, being also 'subjects' of ideology (having a consciousness, wishes, ambitions, political, religious and ethical ideas, etc.), they have to make an effort – Bachelard says: a rationalist effort – and this effort is the whole process of the *formation* of the scientific mind. An effort which *splits* the scientific subject, which demands of him, often to the point of his being existentially torn, that he make a *break* with the 'spontaneous' interests of life.... This break is never definitely guaranteed insofar as the subject – be he *le savant Cosinus* – never succeeds in being a 'pure' agent of scientific practice.... That is why, on this path, the asceticism of which Bachelard often stressed, he constantly comes upon *obstacles*. Obstacles which are crystallized and systematized in their philosophy and which, by this bias, produce braking effects in scientific practice itself. Thus it is clear in what precise sense Bachelard can speak of the 'normality' of science: in order to designate the specific character of that special production the production of scientific *truths*, and in order to suggest the impact of this character on the agents of that production.

If we now turn to Kuhn's work, we find a very different definition of what he calls normal science. It is the set of convictions shared by the scientific group considered at a given moment; a conviction that the group defends against every threat and every blow by rejecting what is heterogeneous to it. Hence the famous formulation:

> 'Normal science' means research firmly based upon one or more past scientific achievements, achievements that some particular scientific community acknowledges for a time as supplying the foundation for its further practice.[5]

These groups which live in so-called normal science live, as is well known, within what Kuhn calls a single *'paradigm'*. Margaret Masterton has clearly shown the rather loose extension given to this notion by Kuhn.[6] For the moment all we need do is refer to the passage in which the author justifies the use of the term in his essay:

> By choosing it, I meant to suggest that some accepted examples of actual scientific practice ... provide models from which spring particular coherent traditions of scientific research.[7]

Examples follow: Aristotle's physics, Newton's principles, Lavoisier's chemistry.... And he concludes provisionally:

> Men whose research is based on shared paradigms are committed to the same rules and standards for scientific practice.[8]

The notions of normal science and paradigm are thus in solidarity and constitute the theoretical armature of Kuhn's epistemology. But the mere comparison of the two passages cited brings up a crucial question: what is it that constitutes the normality of so-called normal science? To what *normativity* does normal science conform? The most immediate answer will be: the paradigm is the norm for normal science. Kuhn's text says so plainly. But we will be permitted to repeat the question vis-à-vis the paradigm: what is the basis for the normativity of the paradigm?

To this new question Kuhn provides a first answer: it is the *decision* of the group which *chooses* to hold such and such a scientific theory or discovery to be paradigmatic. In order to deal with it he uses an analogy:

> This essay aims to demonstrate that the historical study of paradigm change reveals very similar characteristics [to those of a change in political institutions] in the evolution of the sciences. Like the choice between

competing political institutions, that between competing paradigms proves to be a choice between incompatible modes of community life.[9]

Much might be said about the idealist conception of political revolution governing this analogy.[10] But no matter: for our purposes we shall only retain the philosophical thesis it is trying to illustrate: it is the assent of the group which assures the normativity of normal science in proceeding to the *choice* of the paradigm. Feyerabend has seen the difficulty of such an answer, and that ultimately it repeats in its own way the old aporias of conventionalism: on this basis, he says, there is no way of distinguishing scientific research from a gang of criminals.[11] Less cavalier, John Watkins makes the same objection: it is impossible, he says, to distinguish between science and theology if one holds to Kuhn's concepts.[12] These two criticisms are correct insofar as they are aimed at *the question* Kuhn is unable to resolve: that of the objectivity of scientific knowledges. Feyerabend and Watkins are right to stress that the answers given by Kuhn to this question are not satisfactory.[13] In the meantime the author himself is aware of this, for he proposes a second type of answer. When in fact he comes to explain the mechanisms of the choice he began by discussing, Kuhn resorts to a new analogy, which, on reflection, is in contradiction with the notion it is supposed to illustrate. This analogy is taken from the experimental psychology of the processes of perception; on one occasion he invokes the experiment of Bruner and Postman on the perception of anomalies in a series of playing-cards presented at slower and slower speeds: on another he appeals to Stratton's famous experiments with goggles involving the transformation of the visual field.[14] In both cases, his purpose is to show that the inauguration of a paradigm induces a new structuration of the scientists' 'world view'; and hence that a change in paradigm such as is produced at every 'scientific revolution' implies a mutation in that structure. In this he sees an argument in support of his non-continuism. But the whole difficulty is the problem of the status of this analogy: if it is a strict analogy (i.e. the equality of two relations), then it must be admitted that it quite simply contradicts the idea of a choice and decision supposedly presiding over the adoption by the group of a paradigm, for, as a good 'Gestalt', the form precisely imposes itself by itself and the whole 'mystery' the theory is supposed to clear up resides in this apparent defeat of voluntary motivations. If it is not a strict analogy, then there is only one alternative. Either it is just an *image*, as a number of passages from Kuhn suggest, and it tells us nothing about the theoretical mechanism it claims to explain. As proof, these few lines in a central passage from the book: 'In their most usual form, of course, gestalt experiments illustrate only the nature of perceptual transformations. The tell us nothing about the role of paradigms.'[15] Or else it is more than an analogy: it is a relation of identity. Kuhn also sustains this thesis in the following text:

> Either as a metaphor or because it reflects the *nature of the mind*, that psychological experiment [Postman's experiment] provides a wonderfully simple and cogent schema for the process of scientific discovery.[16]

Here we fall back from conventionalism on to a weak form of the most traditional *apriorism*. This is not surprising if it is true that conventionalism is merely a 'sophisticated' (and hence enfeebled) form of this apriorism. Scratch a conventionalist and you will find an apriorist.

I propose to take Kuhn's oscillations on this point as symptomatic: honest enough to recognize that they are all as fragile as one another, he picks up one answer after another to an insoluble question. The very question that Bachelardian epistemology refuses to ask; the question on the repudiation of which it has established its own terrain: the old idealist question of the objectivity of scientific knowledges (how is it to be guaranteed? how is it to be founded?). No doubt Kuhn poses this question in terms that seem 'concrete', current and scientific: there is no question in his work either of a *cogito* or of a transcendental subject, it is a question of 'scientific groups', of laboratories, and it is in this that the book 'speaks' to the scientists of today – better no doubt than Bachelard's works – but it is essential not to be taken in by words: the theoretical core of this work is an old philosophical notion, an old idealist question accompanied by the cortege of answers it imposes, in the circle of which Kuhn – and not he alone – has allowed himself to be trapped.

That is why, despite the 'discontinuism' and a few other appearances, it seems to me, decidedly, that the two tendencies of contemporary epistemology cannot meet. I repeat: this is because of a reason of position *in philosophy*. The one is, timidly and confusedly but indisputably, ranged in the materialist camp, the other is inscribed in the orb of idealist philosophies.

Dominique Lecourt
Paris, 1973

■ 영역판 서문

여기에 실려 있는 글들은, 3년이 넘는 기간 동안에 씌어진 것으로서, 명백하게 하나의 조우(encounter)를 표시하고 있다. 그것은 프랑스에서 변증법적 유물론——맑스주의 철학——과 가스통 바슐라르(Gaston Bachelard)에 의해 시작된 인식론적 전통을 만나게 했던 이론적 조우이다. 이 예기치 않았던 조우가 일어난 장소는 루이 알튀세르(Louis Althusser)의 작업이었는데, 벤 브루스터(Ben Brewster)에 의해 이루어진 훌륭한 번역 덕분에 오늘날의 영어권 독자들은 그것에 쉽게 접근할 수 있게 되었다. 곧장 이야기해 보면, 10년이 넘게 이 조우는 맑스주의 진영에 믿을 수 없을 정도의 일련의 정치적 폭우들을 유발시켰다. 그러나 이 폭풍우의 회오리 바람은, 영국 해협의 이쪽에서는 아직도 멈추지 않고 있다.

역사가 우리를 위해 돌연한 역전의 놀라움을 준비해 두지 않았다면, 사태는 매우 단조로웠을 것이다. 1968년까지 비판의 바람은 우파의 가로디주의로부터, 즉 소련 공산당 20차 대회에서 적극적으로 개진되어 그후에는 가장 전통적인 교권주의의 장애에 걸려 재난을 맞이한 '맑스주의적 인간주의'로부터 불어왔다. 그때 알튀세르는 과학주의(scientism)와 독단주의로 비난받았다. 이러한 공격들은 알튀세르가 바슐라르의 저작들에서 빌려 온 '인식론적 단절'(epistemological break)이라는 개념을 주요한 표적으로 삼았다. 바슐라르는 연속주의(continuism)에 심하게 경도되어 있는 과학사가들에게 하나의 과학은 자신의 과거와 단절하고 절연함으로써만 확립된다는 점, 따라서 과학의 대상은 직접적 소여가 아니며 그것의 생산과정 이전에 존재하지 않는다는 점을 상기시키기 위해 이 개념을 새로 만들었다. 알튀세르는 맑스에 대한 신헤겔적 우화들에 대항하고, 『자본』에서 맑스에 의해 기초된 역사적 유물론은, 그 말의 온전한 의미에서 진정으로 과학이라는 진리, 즉 모든 기회주의자들에게는 용납될 수 없는 이 진리를 재긍정하기 위하여 그 개념을 차용했다. 역사적 유물론은 그 대상이 지금까지 사회와 역사 등등을 설명한다고 간주되어 온 이데올로기적, 철학적 관념들과 단절함으로써 구성되는 혁명적 과학이다.

그러나 얼마 전에, 프티부르주아 지식인들 사이에 그렇게 많은 환영(幻影)들을 만들어 내고 사그러뜨렸던 그 불타는 5월의 심장부로부터 극좌의 바람이 일어났다. 그것은 점점 더 목소리를 키워갔지만, 다른 어조로 동일한 주장을 되풀이했다. 우리 사회에서 과학들은 자본에 봉사한다는 구실로 과학이라는 바로 그 말이 다시 협의를 받았다——알튀세르는 과학이라는 말을 맑스주의에 적용하려 한 죄로 고발되었다. 이것은 그의 이론주의의 증표로서, 그의 수정주의의 증거로서 간주되었다. 다시 한 번 이러한 모든 비판의 주요한 이론적 표적은 '인식론적 단절'이란 개념이었다.

철학도로서 그리고 정치적 전사로서 내가 이 진기한 역전 속에서 위기에 처해 있는 것을 구해 내려는 목적을 가지고 일에 착수하게 된 것은 바로 이러한 정세하에서였다. 조르주 캉기옘(Jeorges Canguilhem)의 지도하에서 씌어지고, 그의 도움으로 출판된 『가스통 바슐라르의 역사적 인식론』(*Gaston Bachelard's Historical Epistemology*)은 1968년 가을부터 시작된다.

『인식론 비판을 위하여』(*For a Critique of Epistemology*)에 함께 실려 있는 글들은, 나의 최초의 연구가 가지고 있었던 학술적인 형태 때문에 내가 드러내지 못했던 어떤 견해들을 발전시키고 정정하고 있으며, 내가 의도적으로 한 맑스-레닌주의자의 인식론 영역으로의 침입(incursion)이라고 부르곤 했던 것의 정치적 목적들을 더욱더 부각시키려는 의도를 가지고 있다. 그것은 '인식론적 단절' 개념이 어떤 한계들 내에서, 따라서 어떤 유보들을 가지고 과학성에 대한 역사적 유물론의 주장을 지지하는 데 이용될 수 있는지를 결정하기 위하여, 내적 비판의 노력을 통해서, 바슐라르의 범주 체계를 역사 유물론의 체(sieve)로 걸러내는 문제였다.

그러나 이 문제에 초점을 맞추려는 이러한 의도에도 불구하고, 얼마 가지 않아 나는 인식론 그 자체의 영역으로 빠지게 되었다. 왜냐하면 나는 내가 논의하고 있었던 독창적인 인식론적 전통이 인식론 혹은 과학 철학이라는 이름하에, 특히 앵글로-색슨계 국가들에서 실천되고 있는 것의 가장자리에서 어떻게 구성가능한가에 대해서 설명해야 했기 때문이다. 『인식론 비판을 위하여』의 서문은 이것의 흔적을 담고 있다. 나는 거기서 인식론에서의 모든 형태의 실증주의와 과학사에서의 모든 형태의 진화주의에 대한 바슐라르 범주들의 대립을 지적했다. 그러나 나는 여전히 해결되지 않은 수수께끼 하나를 남겨 두었다. 그것은, 완전한 동시대성에도 불구하고 하나의 단일한 분과의 두 경향들이 조우하지 않았다는 수수께끼, 상호무지가 지속되고 있다는 수수께끼이다. 바슐라르의 최초의 훌륭한 인식론적 저작인 『새로운 과학 정신』(*The New Scienctific Mind*)은 1934년에 출판되었는데, 같은 해에 칼 포퍼(Karl

Popper)의 유명한 저서 『과학적 발견의 논리』(*The Logic of Scientific Discovery*)가 비엔나에서 출간되었다. 이후 30년 동안 두 사람의 작업은 발전되었고 풍부해졌으며, 정정되었고 널리 확산되었지만, 그들 사이에는 어떤 대면의 조짐이나 경쟁의 징후도 나타나지 않았다. 사실, 논리학의 몇몇 전문가들을 제외한 프랑스 대중은 과학사나 인식론의 전문가들과 마찬가지로, 포퍼라는 이름을 알지 못했으며, 그의 저작은 아직 프랑스어로 번역되지 못하고 있었다. 바슐라르에 관해서 말하자면, 대부분의 영어권 독자들은 나의 책을 열어 보고서야 그의 이름을 어떻게 발음하는지 알게 될 것이라고 말해도 틀린 말은 아니라고 생각한다. 우리는 이러한 진기한 상황을 설명해 줄 수 있는 인식론의 역사——필연적으로 비교인식론(comparative epistemology)의 형태를 띠게 될 역사——를 가지고 있지 않다. 왜냐하면 나름대로의 지적 국수주의에 기초해 있는 주장들이 불충분하다는 것은 명백하기 때문이다. 내가 서두에서 이 간극을 메울 수 있으리라고는 생각하지 않는다. 그것은 긴 분석을 요하는 일이며, 따라서 이후의 연구로 남겨 둘 수밖에 없다. 그러나 최근에 일어난 두 개의 사건을 보면서 나는 이 공백에 의해서 야기될지도 모르는 심각한 오해——이러한 오해의 이론적 귀결들은 심각할 수 있다——에 관해서 곧바로 독자들에게 알릴 필요가 있다는 것을 느꼈다. 이 두 개의 사건들이란, 연대기적인 순서로 말한다면, 알튀세르의 저작들이 영어로 번역된 것과 다른 한편으로는 토마스 쿤의 『과학혁명의 구조』(*The Structure of Scientific Revolutions*)가 프랑스어로 번역된 것이다. 많은 영국의 주석가들은 알튀세르와 쿤에 의해서 옹호되고 있는 인식론적 입장들 사이에서 순수하고 완전한 동일성은 아니지만 어떤 '수렴'(convergence)을 목도했다. 프랑스의 많은 비평가들도——맑스주의자들을 포함해서——자신들이 쿤의 논제와 바슐라르의 인식론적 경향 사이에서 일치점을 탐지해 낼 수 있다고 생각했다.

따라서 우리는 이제, 오랫동안 연기되어 온 조우의 날이 아직은 오지 않은 것이며, 그리하여 평행선을 달리던 이 두 인식론적 전통들의 교차에 대한 최후의 놀라움은 우리에게 유보된 것이 아닌지를 생각해 보아야 한다——그 두 전통들은, 각자 나름대로, 그들의 최근의 대표자들 사이에서 부분적으로나마 일치되는 결과에 이르고 있는가?

솔직히 말한다면, 나는 그렇게 생각하는 것은 완전한 오류라고 생각한다. 그리고 그것은 원칙(principle) 때문이다——철학에서의 입장, 따라서 철학적 경향 때문이다. 사실, 내가 여기에 실린 글들을 통해서 입증하려고 하듯이, 내가 보기에는, 바슐라르적 전통의 지배적 경향은 유물론적인데 반해서, 포퍼주의와 그 변종들의 경향은, 그것이 보여 주고 있는 어떤 외양들에도 불구하고, 명백히 관념론적이다.

나는 어려움을 피하지 않을 것이다. 나는, 두 전통들의 근접성이 현저하게 나타나는 것처럼 보이는 두 텍스트를 검토할 것이다. 한편으로는 바슐라르의 『현대 물리학의 합리주의적 활동』, 다른 한편으로는 『과학혁명의 구조』. 이 두 책은 핵심적인 문제들에서 실제로 일치하는 것처럼 보인다——양자 모두 과학사에 대한 불연속주의적(discontinuist) 견해를 표명하고 있다. 그밖에도 두 책은, 불균등 발전되기는 했지만, 과학적 분업과 그것의 물질적 심급들, 예를 들면 책, 매뉴얼, 과학적 도구들, 탐구자 집단의 구성 등등에 관한 고찰을 보여 주고 있다. 마지막으로, 두 책은 비록 용어 수준이기는 하지만, 서로에게 반향을 불러일으키고 있는 것처럼 보이는데, 그것은 바슐라르와 쿤 모두가 과학의 '정상상태'(normality)에 대해서 말하고 있다는 점에서 그러하다. 그러나 이러한 것들은 겉모습이다. 나의 논제는 이러한 겉모습과는 반대 방향으로 나아간다.

이러한 이유로 바슐라르의 텍스트로 돌아갈 필요가 있다. 바슐라르의 텍스트에서 중심적인 개념은 '인식론적 가치'(epistemological value)라는 개념이라고 생각한다. 『합리주의적 활동』의 앞 부분에서 분명하게 나타나고 있는 이 개념은 어떤 증명에 실마리를 제공하고 있는데, 그 증명은 저자가 제안하고자 하는 '과학 문화의 철학'(philosophy of scientific culture)이 충족시켜야 하는 조건들을 확립하려는 것이다. 이 과학 문화의 철학은 바슐라르의 설명에 따르면, '인식론적 가치들'의 점진적인 출현과 항구적인 재조직으로서의 과학사를 드러내야 한다. 이러한 애매한 표현을 우리는 어떻게 해석해야 하는가? 내 생각으로는, 우리가 그 속에서 이중의 논쟁적 의도를 감지하지 못한다면, 그것은 이해될 수 없다. 가치들(윤리적, 미학적, 종교적 가치들)의 철학의 유심론적(spiritualist) 경향에 지배되고 있는 프랑스의 철학적 전통에 반대하면서, 바슐라르는 인식론에도 가치들을 다룰 수 있는 권리를 요구하고 있다. 그는, 심지어 과학의 실천은 가장 합리적인 가치들이 구성되는 장소라고 주장하기도 한다. 우리가 논의하고 있는 책과 동일한 시기에 발표된 다른 텍스트에서 그것을 확인해 보도록 하자.

우리가 현대 철학의 일람표를 그려 본다면, 우리는 과학 철학이 그곳에서 차지하고 있는 아주 작은 공간에 놀라지 않을 수 없을 것이다. 더욱더 일반적으로 말한다면, 우리 시대에는 인식 철학(philosophy of knowledge)이 인기가 없는 것처럼 보인다. 알려고 하는 노력은 공리주의로 오염되고 있는 것 같다. 모든 사람이 받아들이고 있는 과학적 개념들이 단순한 효용가치들로 간주되고 있다. 사고가 소신에 차 있고 열정적이며 매우 생기 넘치는 과학자가 추상적인 사람으로 표현된다. 학구적인 사람이나 숙련된 사람에게 부여되던 모든 가치가 점덤 더 훼손되고 있다. 과학은 하나의 작은 모험, 이론이라는 공상의 나라에서, 인위적인 실험들의 어두운 미로에서 이루어지는 하나의 모험에 불과하다. 매우 역설적이게도 과학적 활동에 대해서 비평가들이 하는 말을 들어보면, 자연에 대한 연구는 과학자들을 자연적 가치들로부터 격리시키고 있으며, 관념들의 합리적 조직은 새로운 관념들을 획득하는 데 해가 되고 있다.[1)]

이와 같이 인식론적 가치라는 표현은, 프랑스 철학사의 특정 정세 속에 그것을 기입하고 있는 논의의 그물망 속에 단단하게 얽혀 있다. 그것의 기능은, 직업적 철학자들에게 현대 과학들의 성과물들을 등한시하지 않는 것이 그들에게 큰 도움이 될 것이라는 점을 상기시키는 것이다.

그러나 바슐라르는 이 표현을 통해서 과학 철학 자체 내의 한 경향, 즉 실증주의적 경향을 또한 겨냥하고 있다. 포앵카레(H. Poincaré) 이후 전통이 되어 버린 '과학의 가치'에 대한 논문들에 반대하여, 그것들이 야기시켰던 회의적이고 상대주의적인 신앙 고백들에 반대하여, 바슐라르는 인식론자들에게 현대 과학적 실천 속에서 새로운 인식론적 가치들이 지속적으로 출현하고 있다는 점을 인정하라고 요구하고 있다. 이것은 우리가 언급하고 있는 책 속에서 분명하게 나타나고 있다.

과학들의 운명 속에서 합리적 가치들은 부여된다. 그것들은 역사적으로 부여된다. 과학사는 일종의 자율적 필연성에 의해서 나아간다. 과학 철학은 인식론적 가치들의 결정과 위계적 분류를 자신의 임무

1) "Le problème philosophique des méthodes scientifiques. Discours au Congrès international de Philosophie des Sciences, Paris, Octobre 1949", Gaston Bachelard, *L'engagement rationaliste*, PUF, Paris, 1972, p. 35.

로서 체계적으로 수행해야 한다. 과학적 사고들의 가치에 대한 세부적인 탐구가 수행되지 않는다면, 과학의 가치에 대한 일반적인 토론들은 전혀 쓸모 없는 것이 되고 만다.……그러나 과학적 사고에 대한 회의적인 논제들이 미치는 영향은 오늘날에도……여전히 눈에 띄고 있다.[2)]

이와 같이, 인식론적 가치 개념은 바슐라르가 몇 줄 뒤에 가서 '모호한 상대주의'와 '시대에 뒤떨어진 회의주의'라고 부르고 있는 것에 대항하는 기능을 또한 가지고 있다.

동일한 선긋기에서 그 개념의 적극적인 의미가 드러난다. 그것을 통해서 우리는, 우리가 쿤의 논제들과 시작하려는 논쟁의 가장 중요한 부분에 이르게 된다. 이 적극적 의미는, 이번에도 이중적이다.

(a) 바슐라르는, 그의 메타포가 갖고 있는 애매성 속에서이긴 하지만, 그의 모든 인식론적 작업에 기초를 제공하고 있는 철학적 논제를 다음과 같이 기술하고 있다——과학적 진리의 진리성은 저절로 '부여된다'. 스피노자식으로 말하면, 'veritas norma sui'(진리는 그 자신의 척도이다). 레닌식 용어법을 따르자면, 바슐라르는 과학적 인식의 객관성에 관한 논제를 제기하고 있는(is posing) 것이다. 그는 그것을 제기하고 있는 것이지 논의하고 있는(is discussing) 것이 아니다. 그는 이러한 객관성을 기초짓거나 보증하려고 하지 않는다. 그는 과학적 인식에, 그것의 타당성 주장이라는 전통적인 문제를 제기하는 데 관심을 갖고 있지 않다. 이 점은 매우 중요한데, 왜냐하면 우리는 이러한 입장을 유물론적 입장으로 생각하기 때문이다. 이러한 유물론적 입장은, 바슐라르가 고전 시

2) Gaston Bachelard, *L'activité rationaliste de la physique contemporaine*, PUF, Paris, 1951.

대의 관념론 철학이 '인식의 문제'라고 부르던 것의 이론적 공간을 떠나도록 만들고 있다. 이러한 입장에 섬으로써 바슐라르는 더 나아가, 내가 최초의 논문에서 밝히려고 했듯이, 이러한 공간을 설명하는 이론의 대강을 제공할 수 있게 되었다.

(b) 바슐라르의 메타포 속에 함축되어 있는 결정적인 두번째의 논제는 다음과 같다. 인식론적 '가치'는 현재적이지 않은 것(what it is not), 즉 현재적인 것의 이전 것이거나 외부에 존재하는 것을 가치절하한다. 한편으로 인식론적 가치는 선행하는 것을 판단하고, 다른 한편으로는 현재 속에 나타나는 과거의 잔존물들의 자격을 박탈한다. 그것은, 이러한 잔존물에 대한 경계 설정이라는 비판적 효과를 갖는다. 'Sic veritas norma sui et falsi'(진리는 그 자신의 척도인 것과 마찬가지로, 오류의 척도이다).[3] 이것은 다음의 구절 속에서 표현되고 있다.

> 따라서 과학사는 모든 역사 중에서 가장 비가역적인 것으로 나타날 것이다. 진리를 발견할 때, 과학자는 비합리성으로 가는 길을 봉쇄한다. 비합리주의는 물론 도처에서 튀어나올 수 있다. 그러나 이제 금지된 길이 존재한다. 과학사는 비합리주의의 패배의 역사이다. 그러나 싸움은 끝이 없다…….[4]

바슐라르는 그의 후기 저작들에서 이러한 논제를 셀 수 없이 표현하고 있다. 이 논제 속에서 그는 올바르게 과학적 사고의 변증법이라고 부르고 있는 것을 목도하고 있다.

따라서 우리는 어떤 역설도 범하지 않으면서, 바슐라르는 철학에서

3) Spinoza, *Ethics*, Book II, Proposition 43 참조.

4) *L'activité rationaliste*, op. cit., p. 27.

유물론적이고 변증법적인 입장을 옹호하고 있다고 주장할 수 있다. 철학에서의 이러한 입장 때문에 그는 인식론의 지위를 혁명화할 수 있었다. 즉 내가 역사적 인식론이라고 불렀던 것을 확립하고, 그럼으로써 자신을 모든 형태의 실증주의로부터 근본적으로 분리할 수 있었다.

위와 같은 두 철학적 논제들이 일단 제기된다면, 실제로 인식론자의 임무는 무엇이 될 것인가? 그의 작업은 그것이 고유하게 인식론적인 한, 과학의 실제적 역사 속에서 과학적 진리들의 생산과정이 실현되는 구체적인 양상들을 연구하는 것으로 구성될 것이다. 그것은 실제로 바슐라르가 수행한 바였다. 그의 작업 전체는, 계속 반복하면서, 실제로 일관적이며 결합되어 있는 다음과 같은 두 가지 일에 몰두하고 있음을 보여 주고 있다. 철학에서의 자신의 입장을 확인하고 재확인하는 것(이것은 결국, 철학적 관념론의 모든 변종에 반대하는 데로 귀결되는 논의를 통해서, 내가 바로 전에 강조한 바 있는 두 논제를 주장하는 것으로 이르게 된다), 그리고 두 논제가 갖는 혁명적 경향 속에서, 물리 - 화학적 과학들에서의 과학적 작업의 재조직과 변전(mutations)을 낳고 있는 모든 사건을 성찰하는 것. 그러나 그는 그 사건들을 분리된 두 개의 과정들의 결합으로 파악한다. 과학적 실천의 내적 과정은, 그가 자신의 용어로 과학적 작업의 점증하는 '전문화'와 '사회화', 즉 더욱더 합리적인 분업과 더욱더 밀접해지는 '과학 공동체'(scientific city) 내에서의 작업자들의 '협동'이라고 부르는 것에 상응한다. 그에 따르면, 이 내적 과정의 형태는 과학적 인식들의 진리성에 의해서 구성되는 규범에 따라 결정된다. 그것이 인식의 생산과정인 한, 모든 생산과정과 같이 역사적인 (생산의) 특정 관계들 속에서(혹은 그 아래에서) 이루어지는 이 과정은, 사실상 진리 규범에 종속되어 있다. 진리는 그 과정의 규범이다. 그러나 다른 한편으로, 내적으로는 규범적인 이 내적인 과정은 사회적 실천이라는 포괄적인 과정 속에 편입되어 있다. 그런데 이러한 편입은 내적 과정의 내부에도 그 효과를 미친다. 따라서 바슐라르는 비-과학적 결정들의 과학적 실천 안으로의 개입에 항상적인 관심을 보인다. 따라서 이러한 개입들을 지배하고 있는 물질적 심급들의 수많은 경우를 개괄하고 있는 분석이 나타난다——과학 교육에 대한 분석, 과학 문고의 구성과 과학 도서들의 지위에 대한 분석. 그리고 또한 과학 도구들에 대한 유명한 이론이 존재한다. 이러한 분석들이 나타나는 부분들——실망스럽게도 짤막하게 나타나고 있기는 하지만——에서 중요한 점은, 그것들이 바슐라르의 유물론적인 철학적 입장과 연관이 있는 분석 원칙을 뚜렷하게 드러내고 있다는 점이다. 그 원칙은 다음과 같이 서술될 수 있다. 외적 결정들('사회적', '경제적', '이데올로기적', 그리고 '정치적' 결정들)의 효과는 과학적 실천의 내적인 조건들(진리 규범)에 종속되어 있다. 여기에 바로 처음부터 모든 인식론적 경제주의, 사회학주의, 그리고 심리학주의를 불가능하게 하는 원칙이 존재한다. 과학적 실천의 사회적, 경제적 혹은 심리학적 (심지어는 생물학적인) 조건들로 알려진 것을 토대로 해서 과학적 개념을 만들어 내는 것은 사실상 불가능하다. 과학적 실천으로의 주체들의(과학자들의, 그들의 개인적인 심리학적 현실의) 개입이라는 어려운 문제 속에서 아주 명백한 것은 바로 이것이다. 일단 과학적 인식들의 객관성 보증이라는 관념론적인 철학적 질문들을 거부하고, 그럼으로써 주체——개인적이든 집단적이든——속에서 과학적 생산의 '근거'(cause)를 찾으려는 것을 포기한 후에, 바슐라르는 과학자의 심리학이라는 현실적인 문제를 제기하고 있는 용어들을 확립한다. 그는 필연적으로 내적인 과정으로부터 출발해야 한다고 주장한다. 왜냐하면 과학자들은 그 과정의 행위자들(agents)일 뿐이기 때문이다. 그러한 행위자들로서 그들은 그 과정의 규범들을 따라야 한다. 만약에 그들이 그 규범들을 거부하면, 그들은 즉시 과학의 외부에 놓이게 된다. 그러나 그곳에 이르기 위하여 그들은 (의식을 갖고 있는, 즉 소망과 야망과 정치적, 종교적, 윤리적 관념 등등을 갖고 있는) 이데올로기의 '주체들'이기도 하기 때문에, 그들은 노력——바슐라르에 따르면, 합리적인 노력——을 기울여야 하며, 이러한 노력이 과학 정신의 형성의 과정을 이룬다. 이러한 노력은 과학적 주체를 분열시키며, 그가 실존적으로 분열되어 있을 때에는 종종 자생적인 삶의 이해들과 단절할 것을 그에게 요구한다. 이러한 단절은, 그 주체——비록 그가 과학자 코시누스(le savant Cosinus)라고 하더라도——가 과학적 실천의 '순수한' 행위자일 수 없는 한, 결코 결정적으로 보증될 수 없다. 바슐라르가 그 자신이 종종 강조하곤 하는 이러한 금욕주의의 도정에서, 항상 장애들과 마주치게 되는 것은 이러한 이유이다. 장애들은 자신들의 철학에서 정화되고 체계화되며, 이러한 경향을 통해서 과학적 실천 그 자체 속에 제동 효과를 생산해 낸다. 이제 바슐라르가 정확하게 어떤 의미로 과학의 '정상상태'에 대해서 말하고 있는지가 분명해진다. 과학적 진리들의 생산이라는 특수한 생산의 특수한 성격을 지시하기 위하여 그리고 그러한 성격이 그 생산의 행위자들에게 미치는 영향을 제시하기 위하여.

그런데 쿤의 작업을 살펴보면, 우리는 그가 정상과학(normal science)이라고 부르고 있는 것에 대한 아주 다른 규정을 발견하게 된다. 그것은 어느 특정 시기의 과학자 집단에 의해서 공유되고 있는 확신들의 체계이다. 그 집단은 그러한 확신에 이질적인 것을 거부함으로써, 모든 위협과 충격에 대항하여 그 확신을 방어한다. 그리하여 다음과 같은 유명한 정식화가 나타난다.

'정상과학'은 하나 혹은 그 이상의 과거의 성과들에 확고히 기초해 있는 연구를 의미하는데, 특정한 시기 동안에 특정한 과학자 공동체는 그러한 성과들을 그 공동체의 지속적인 실천에 기초를 제공하는 것으로 간주한다.[5)]

소위 정상과학 속에서 살고 있는 이러한 집단들은, 잘 알려진 대로, 쿤이 단일한 '패러다임'(paradigm)이라고 부르고 있는 것 내에서 살고 있다. 마거릿 매스터튼은, 쿤에 의해 이 개념이 다소 모호하게 확장되었음을 명확하게 보여 준 바 있다.[6)] 잠시, 이 저자가 자신의 글에서 그 어휘의 사용을 정당화하고 있는 구절을 언급해 보는 것만으로 충분할 것이다.

그것을 선택함으로써 나는, 실제적인 과학적 실천이 수용하고 있는 몇몇 예들이……모델들——이 모델들로부터 과학적 탐구의 특정한 전통이 생겨 난다——을 제공하고 있다는 것을 보여 주려고 했다.[7)]

그 예들은 다음과 같다. 아리스토텔레스의 자연학, 뉴턴의 원리들, 라브아지에의 화학……그리고 그는 잠정적으로 이렇게 결론짓는다.

자신들의 연구를 공통의 패러다임에 기초짓고 있는 사람들은 동일

---

5) Thomas S. Kuhn, *The Structure of Scientific Revolutions*, second enlarged edition, International Encyclopedia of Unified Science, vol.Ⅱ, no.2, University of Chicago Press, Chicago and London, 1970, p. 10.

6) Margaret Masterton, "The Nature of a Paradigm", Imre Lakatos and Alan Musgrove (eds.), *Criticism and the Growth of Knowledge*, CUP, Cambridge, 1970, pp. 61-66.

7) T. S. Kuhn, op. cit., p. 10.

한 과학적 실천의 규칙들과 규범들을 따른다.[8)]

이렇게 정상과학과 패러다임 개념은 결합되어 있으며, 쿤의 인식론의 이론적 갑옷을 이룬다. 그러나 인용된 두 구절을 단순히 비교하는 것만으로도 다음과 같은 중대한 문제가 떠오른다. 소위 정상과학의 정상상태를 구성하는 것은 무엇인가? 정상과학은 어떤 규범성(normativity)을 따르는가? 가장 직접적인 대답은 이렇게 될 것이다. 패러다임은 '정상과학의 규범'이다. 쿤의 텍스트는 소박하게 말하고 있다. 그러나 우리는 패러다임에 대해서 질문을 되풀이할 수 있다. 패러다임의 규범성의 기초는 무엇인가?

이러한 새로운 질문에 대해서 쿤은 첫번째 대답을 내놓는다. 그것은 이러저러한 과학적 이론이나 발견을 패러다임으로 선택한 집단의 결정(decision)이다. 이것을 논하기 위해서 그는 유비를 이용한다.

> 이 글의 목적은, 패러다임의 변화에 대한 역사적 연구가 [정치제도들의 변화와] 매우 유사한 특징들을 과학의 전개 속에서 드러내고 있음을 보여 주려는 것이다. 경쟁하고 있는 정치제도들 사이의 선택과 마찬가지로, 경쟁하는 패러다임들 사이의 선택은 양립불가능한 공동체적 생활양식들 사이의 선택임이 입증되고 있다.[9)]

이러한 유비를 지배하고 있는 정치혁명에 대한 관념론적 견해에 대해서 많은 논란이 있을 수도 있다.[10)] 그러나 그것은 중요하지 않다. 우

8) *ibid.*, p. 11.

9) *ibid.*, p. 94.

10) 스티븐 툴민(Stephen Toulmin)이 이 점을 지적한 것은 옳다("Does the Distinction

리의 목적을 달성하기 위하여, 우리는 그것이 설명하려고 하는 다음과 같은 철학적 논제만 잊지 않을 것이다. 패러다임의 선택이라는 절차를 통해 정상과학의 규범성을 보증해 주는 것은 바로 집단의 동의(assent)이다. 파이어아벤트는 이러한 대답이 갖고 있는 곤란, 즉 결국에 가서 그것은 규약주의(conventionalism)라고 하는 오래된 아포리아를 자기 방식으로 되풀이하고 있음을 간파했다. 그에 따르면, 이러한 토대 위에서는 과학적 탐구를 범죄 집단과 구분할 수 있는 길이 없게 된다.[11] 존 웟킨스는 보다 완곡하기는 하나 동일한 반대를 표명한다. 그에 따르면, 쿤의 개념들을 고수한다면, 과학과 신학을 구분하는 것은 불가능해진다.[12] 이러한 두 비판은, 그것들이 쿤이 해결할 수 없는 질문을 겨냥하고 있는 한 옳다. 파이어아벤트와 웟킨스는 정당하게 그러한 질문에 대해서 쿤이 제공하고 있는 대답들이 만족스럽지 못하다는 것을 강조한다.[13] 그런데 저자 자신도 이것을 인식하고 있다. 왜냐하면 그는 두번째 유형의 답을 제안하고 있기 때문이다. 실제로 그가 논의의 출발점으로

---

between Normal and Revolutionary Science Hold Water", *Criticism and the Growth of Knowledge*, op. cit., p. 41). 그러나 그가 이러한 곤란을 해결하기 위하여 거기에서 제안하고 있는 진화론적 관념들의 인식론적 치환(transposition)은, 내가 쿤의 '해결책'에 대해서 가하고 있는 것과 같은 비판을 면할 수 없다.

11) P. K. Feyerabend, "Consolations for the Specialist", *Criticism and the Growth of Knowledge*, op. cit., pp. 199-201.

12) John Watkins, "Against 'Normal Science'", *ibid.*, p. 33.

13) 그러나 파이어아벤트와 웟킨스의 비판들은, 쿤의 주장과 동일한 지반 위에 위치해 있기 때문에, 결정적인 것일 수 없다는 점이 덧붙여져야 한다. 그들의 비판은, 내가 하려고 하는 바와 같이, 쿤에 의해 설정된 질문 자체가 아니라, 그가 그것에 대하여 제공하고 있는 대답들을 공격한다. 『비판과 지식의 성장』이, 모든 사람이 언제라도 자신의 반대자들에게 "나는 당신의 의견에 완전히 동의합니다"라고 말할 수 있고, 하지만 동시에 가능한 한 열정적으로 자신의 입장이 갖는 종차를 자신의 반대자에게 주장할 수 있게 되는 기이한 논쟁을 보여 주게 되는 이유는 바로 여기에 있다.

삼았던 선택의 기제들을 설명하게 될 때, 쿤은 새로운 유비에 의지하는데, 자세히 살펴보면 이 유비는 그것이 설명하려고 하는 관념과 모순적이다. 이 유비는 지각과정의 실험 심리학에서 차용한 것이다. 그는, 어떤 경우에는 점점 더 느린 속도로 진행되는 지속적인 카드 놀이에서 나타나는 변칙들의 지각에 관한 브루너(Bruner)와 포스트만(Postman)의 실험을 끌어들이고, 다른 경우에는 시계(視界)의 변형을 일으키는 보안경을 통해 이루어지는 스트라톤(Stratton)의 유명한 실험에 호소한다.[14)] 이 두 경우에서 그가 목표로 하는 것은, 어느 한 패러다임의 개시는 과학자들의 '세계관'의 구조화(structuration)를 낳는다는 점, 따라서 모든 과학혁명에서 산출되는 패러다임의 변화는 그 구조의 변전을 포함한다는 점을 보여 준다. 여기서 그는 자신의 비-연속주의를 지지해 줄 논거를 발견하고 있다. 그러나 그가 안고 있는 곤란의 전체는 이러한 유비의 지위의 문제이다. 만약 그것이 엄격한 유비라면(즉 두 관계의 동등성이 가정된 것이라면), 그것이 집단에 의한 한 패러다임의 채택을 주관하는 것으로서 설명되고 있는 선택과 결정이라는 관념과 모순된다는 점을 부정할 수 없다. 왜냐하면 좋은 '형태'(Gestalt)가 그러하듯이, 형태는 정확히 말해서 저절로 부여되는 것이며, 이론이 깨끗이 해결하게 될 '신비'의 전체는 자발적 동기화의 이러한 외견상의 패배 속에 존재하는 것이기 때문이다. 만약에 그것이 엄격한 유비가 아니라면, 하나의 대안만이 있을 뿐이다. 쿤의 수많은 구절들이 보여 주고 있듯이, 그것은 단지 이미지일 뿐이고, 그리하여 그것은 그것이 설명한다고 주장하고 있는 이론적 메커니즘에 대해서 우리에게 아무것도 말하고 있지 않다. 이에 대한 증거로서, 쿤의 책에서 핵심적인 구절의 몇 줄을 인용해 보자. '물론, 그것들의 가장 일상적인 형태 속에서, 형태 실험들은 지각 변형

14) T. S. Kuhn, op. cit., pp. 62-64, p, 112.

의 본성만을 설명해 줄 뿐이다. 그것은 패러다임의 역할에 대해서 우리에게 아무것도 알려 주는 바가 없다.'[15] 그렇지 않으면 그것은 유비 이상의 것이다. 그것은 동일성(identity)의 관계이다. 쿤은 텍스트에서 이러한 논제를 다음과 같이 지지하고 있다.

> 하나의 메타포로서이든지 아니면 마음의 본성을 반영하고 있기 때문이든지, 그 심리학적 실험[포스트만의 실험]은 과학적 발견의 과정에 대한 간결하고 적절한 도식을 훌륭하게 제공하고 있다.[16]

여기서 우리는 규약주의로부터 가장 전통적인 선험주의(apriorism)의 완화된 형태로 후퇴하게 된다. 규약주의가 이러한 선험주의의 정교화된(따라서 약화된) 형태에 불과하다는 것이 사실이라면, 그것은 놀라운 일이 아니다. 규약주의자를 건드리면, 우리는 선험주의자를 발견하게 될 것이다.

나는 이 점에 대한 쿤의 동요를 징후로서 파악하고자 한다. 자신의 답변들 모두가 다른 것만큼이나 깨지기 쉽다는 것을 인식하고 있을 만큼 정직하기 때문에, 쿤은 해결할 수 없는 질문에 계속해서 또 다른 답을 잇따라 내놓는다. 그것은 바슐라르의 인식론이 묻기를 거부했던 바로 그 질문(그것은 어떻게 보증될 수 있는가? 그것의 토대는 무엇인가?)이었는데, 바슐라르 인식론은 그 질문을 배격함으로써 자신의 고유한 지반을 확립했다. 물론 쿤은 '구체적'이고 관례적이며 과학적인 어휘들 속에서 이 문제를 제기하고 있다. 그의 저작에는 코기토(cogito)에 관한 혹은 초월적(transcendental) 주체에 관한 질문이 존재하지 않는다. 그가

15) *ibid.*, p. 112.
16) *ibid.*, p. 64.

제기하는 질문은 과학적 집단들에 관한, 실험실에 관한 질문이며, 따라서 그 책이——물론 바슐라르보다 더 훌륭하게——오늘날의 과학자들에게 말하고 있는 것은 바로 이러한 구체적인 어휘들 속에서다. 그러나 말 그대로 받아들이지 않는 것이 필요하다. 이러한 작업의 이론적 핵심은 낡은 철학적 관념이며, 그 작업이 강요하는 일련의 답변들을 동반하는 낡은 관념론적 질문이다. 쿤은——그러나 그뿐만은 아니다——이러한 질문의 테두리 속에 자기 자신을 가둬 놓았다.

내 생각에는 이것이, '불연속주의'와 또 다른 몇몇 외양들에도 불구하고, 현대 인식론의 두 경향이 만날 수 없었던 이유이다. 반복하자면, 이것은 철학에서의 입장 때문이다. 하나는 소심하고 혼란스럽기는 하지만 명백히 유물론적 진영에 가담하고 있으며, 다른 하나는 관념론적 철학들의 세력권 속에 들어가 있다.

도미니크 르쿠르
1973년 파리.

가스통 바슐라르의 역사적 인식론 1.

서 문

이 책은 도미니크 르쿠르의 석사 학위논문을 재간행한 것이다. 바슐라르의 인식론적 작업에 대한 탐구에서 보여 준 지적 진지함과, 그 탐구가 전념하고 있는 요점들을 선별해 내는 식별력에서 충분히 출판할 만한 가치가 있어 보였던 것이다.

만약 르쿠르가 그의 연구에서 출처까지 밝히면서 도입한 인식론적 개념들을 동원하고 있다면, 그는 스스로를 정당화할 수 있을 것이다. 왜냐하면 그는 우선 신중한 태도로 출발했기 때문이며, 그리고 무엇보다 그 개념들을 만들어 내고 설명한 목적은 바슐라르 스스로도 연구한 적이 없었던 분야에서 바슐라르 인식론의 규범과 요구들에 따르려는 데 있기 때문이다.

이 책의 부록에 있는 주요 개념들의 색인은, 바슐라르의 인식론적 작업에 대한 독해가 힘겨운 일일 수밖에 없는——이것은 그 자신이 원하던 바였다——모든 사람에게 유용할 것이다.

조르주 캉기옘.

서 론

주석에 대한 주석, 반성에 대한 반성, 이것은——그것의 제목이 나타내고 있는 것처럼——역사적 탐구의 문제인가, 아니면 철학적 회고(memoir)로 나타나고 있기 때문에 철학적 추론의 문제인가? 이러한 질문은 그러한 일을 시작하기 이전에 충분히 제기될 수 있는 질문이다. 이 중요한 문제는 다른 형태로 표현될 수 있다. 그것은 호기심을 끄는 다양성, 즉 역사적 종들——이 종의 특정한 전통은 인식론이라는 이름을 통해서 구획된다——을 제시하는 문제인가? 이러한 경우에, 우리는 '지리학'(geography)이라는 분과의 하나의 특수한 부문을 지칭하기 위하여 '역사적 지리학'을 말하는 것과 같은 의미에서 '역사적 인식론'을 말하게 될 것이다. 아니면 그것은 바슐라르라는 이름을 낳았던 순간을 회상하기 위하여 인식론의 역사 속에서 그 순간을 부각시키는 문제인가? 이러한 의미에서는, 역사적 인식론은 역사적 기념비를 의미하는 것으로 받아들여져야만 할 것이다. 그것은 이미 지나가 버렸지만 여전히 기억될 만한 가치를 갖고 있는 과거의 증인이 될 것이다.

여기에 아주 다른 것에 관한 질문이 있다. 바슐라르의 작업은, 그 자체에 고유한 내적인 필연성에 의해서, 앞에서 이야기했던 번거로운 양자택일의 손아귀로부터 벗어나고 있다. 그것은 우리에게 인식론이 역사적이라는 사실을 드러내고 있다. 인식론의 본질은 역사적일 수밖에 없다. 어원학이 인식론에 관해서 우리에게 말하고 있는 바를 그것에 대한 최초의 정의로서 받아들인다면, 우리는 이렇게 말할 수 있다――과학적 인식을 자신의 대상으로 삼는 학문은 그 대상의 역사성을 고려해야만 한다. 그리고 다음과 같은 명제가 이러한 혁명적 입장과 직접적으로 쌍을 이루게 된다――인식론이 역사적이라면, 과학사(the History of the Sciences)는 필연적으로 인식론적이다. 앞에서 이야기했던 번거로운 양자택일이 일단 거부되면, 우리는 흥미 있는 상호의존을 만나게 된다.

바슐라르의 작업은 말 장난이 아니라 실제로 그의 작업 속에 작동중인 개념들, 즉 인식론과 역사의 상호의존을 사고하도록 만든다. 그것은 다음과 같은 질문에 대답함으로써 이루어진다. 이러한 이중의 개시라는 신비에 의해서 어떤 인식론적 메커니즘이 가리워져 있는가? 혹은 더 나아가, 바슐라르에 의해 인식론의 영역에서 확립된 문제틀(problematic)은 어떤 필연성에 의해 그것의 효과들을 자신의 고유한 영역을 넘어 과학사에까지 확장하고 있는가? 더 정확히 표현하면, 과학사에 대한 새로운 개념 구성을 산출하기 위하여 바슐라르 인식론에는 어떤 규제된 개념 체계가 기능하고 있는가?

그런데 우리는 그 구성을 만나고 있다. 실제로 역사적 인식론을 말한다는 것은 이미 그 분과의 정의 속에 과학사에 대한 새로운 개념――이 개념의 구성은 그 분과의 정의가 갖는 효과들 중의 하나로서 가능한 것이다――을 함축한다는 것이 명백하기 때문이다. 우리가 인식론의 특수한 지위, 즉 그것의 대상은 자기 자신을 또 다른 대상에 관련시킨다는 점을 간과한다면, 아포리아가 완성될 것이다. 그것은 또 다른 담론에 접합되는 하나의 담론이다. 말 그대로, 그것은 그것의 지위가 결국에는 이렇게 첫번째 담론의 구조에 의존하고 있는 이차적인 담론이다.

이제 나는 바슐라르의 발견이 정확하게 과학은 자기 자신의 활동 외부에 어떤 대상도 갖고 있지 않으며, 과학은 그 자체 안에, 즉 자기 자신의 규범들과 그 존재기준을 생산하는 실천 속에 존재한다는 사실을 인지하고 이론적으로 숙고하려는 것이었음을 증명하려고 한다. 현대 과학자들의 가장 충실한 제자이기를 자임한 한 철학자에 의해 생산된 이 도발적인 테제는 인식론의 영역을 혁명화하고 있다. 나는 어떤 이론적 노력을 통해서 바슐라르가 그러한 테제를 생산해 낼 수 있었으며, 어떤 개념들의 그물망 내에서 그것을 표현할 수 있었는지 보여 주는 데 관심을 가질 것이다. 세부적인 분석 내용들을 미리 염두에 두지 않고 그의 작업을 대충 훑어보는 것만으로도, 우리는 그의 작업이 철두철미하게 수학적 - 물리학에 대한 반성을 중심으로, 정확하게 말하면, 그것들 사이에 그어져 있는 하이픈의 수수께끼——이것은 현대 과학이 보여 주었듯이, 필연적으로 이론 속에서 해결될 수밖에 없다——에 대한 반성을 중심으로 조직되고 있다는 점을 알 수 있다.

곧장 나의 결론으로 가보자. 운동 속에 있는 과학적 인식을 자신의 대상으로 삼음으로써 인식론은 역사적 과정을 다루게 된다. '과학'(Science)에 대하여, 그것의 토대, 그것의 방법, 그것의 실재, 다른 형태의 인식과 관련한 그것의 지위 등등에 대하여 철학자에 의해 제기된 관념적인 문제들의 평온한 우주 외부에, 실제적인 문제들의 전 영역이 탐구 영역으로 열리게 된다.

따라서 이제, 이러한 테제가 지금까지 철학이 의지하면서 살아온 확신들과 반대 방향으로 나아가고 있다는 점은 분명하다. 나는 그것이 매우 특수한 방식으로, 즉 비록 충돌이 철학 속에서 발생하고 있기는 하지만 비 - 철학적인 방식으로 그러한 확신들과 반대 방향으로 나아가고 있음을 보여 주고자 한다. 우리는 이론적 정세를 통해서 '민감한 사항들'로 변화된 어떤 질문들——예를 들면, 직관(intuition)에 관한 질문이나 질(quality)에 관한 질문——에서, 바슐라르가 다른 출발점을 가지고 철학자들과 재회하고 있음을 보게 될 것이다. 감히 주장하건대, 이 만남은 우연이 아니다. 이 점은 철학이 제기하는 문제들이 과학적 인식과 관계를 갖고 있다는 사실에서 연유하는 것이다. 그런데 그것은 다른 양상을 띠고 나타나며, 나의 의무는 그 양상을 규정하는 일이 될 것이다.

철학에서의 비-철학적인 만남. 실제로 나의 희망은, 바슐라르에 의해 개시된 이론적 분과가 과학들에 대해 상이한 지반 위에서 상이한 질문들을 제기하고 있다는 점을 증명하는 것이다. 그것은 이전의 인식론이 갖고 있던 개념들을 무효화하며, 그리고——더욱 중요한 것으로서——전통 철학이 제기한 문제들의 자격을 박탈한다. 그것은 그 문제들을 문제 삼지도 않는다. 다른 말로 표현하면, 그것은 이전의 철학을 대체하며, 그것이 차지하고 있던 장소를 점령하지만, 실제로는 다른 장소를 점령한다. 이러한 환경 변화에서 오는 낯설음(dépaysement), 즉 우리가 바슐라르의 텍스트를 읽을 때 느끼게 되는 위치 감각의 결여의 궁극적이고 근본적인 이유는 물론 여기에 있는 것이다. 우리가 발견하고 있는 것은 또 다른 영토이다. 그것은 새로운 개념들로 구성된 새로운 스타일의 새로운 세계이다.

사실, 우리는 바슐라르의 작업이 지속적으로 반복되는 철학자들에 대한 논쟁으로 속속들이 가득 차 있다는 것을 주목하지 않을 수 없었다. 스펙트럼으로 간주되기 이전에는, 마치 히드라처럼 철학은 바슐라르의 작업 속에 현존한다. 나는 이러한 논쟁의 필연성이 바슐라르의 사고 깊숙이 새겨져 있다는 점을 강조할 것이다. 역사적 인식론이라는 영역을 열어 제침으로써 그는 철학이 열심히 덮으려고 하는 것, 즉 과학적 인식들의 실제적인——역사적인——생산조건들을 벗기고 드러낸다. 그것도 아주 철저하게. 이러한 철학적 되덮기(re-covering)는 문제들의 체계적인 전위(displacement)에 의해서 나타난다. 바슐라르가 수행한 것은 그 문제들을 그것들이 있어야 할 자리로, 즉 그것들의 의미로 돌려보내는 것이다. 물론 이것은 철학자들을 그들의 자리로 돌려보내는 것을 통해서 이루어진다. 따라서 그의 이론적 사고 속에는, 이 평화로운 사람을 모든 전선에 나가 싸우는 철학자로 변화시킬 수밖에 없었던 숙명이 존재하고 있었다.

그러나 바슐라르는 과학적 인식에 대한 철학적 개입이 보여 주는 메커니즘과 효과들을 기술하는 데 만족하지 않는다. 그는 또한 이유를 발견하려고 노력한다. 그의 눈에는, 내가 전위-되덮기라고 부르는 그것을 요구하고 있는 이해가 없다면 일어날 수 없다는 게 명백했다. 즉 바슐라르는 철학적 담론의 무사고(되덮기)를 보여 주고 있을 뿐만 아니라, 무의식——이 무의식의 효과는 무사고가 존재하는 철학적 텍스트 속에서 나타난다——에 이르는 길로 우리를 안내한다. 전혀 새로운 저작인 『과학정신의 형성』에서, 그리고 그의 이후의 작업 속에서 계속적으로, 바슐라르는 철학적 담론을——그 말의 온전한 의미에서——질서짓는 가치들, 즉 과학적 실천으로의 그것의 개입이 바슐라르가 '인식론적 장애들'(epistemological obstacles)이라는 새로운 이름으로 지시하고 있는 것을 구성하게 되는 이데올로기적 가치들을 가시화한다. 이 새로운 단어는, 우리가 방금 본 바와 같이, 그것의 본성에서 연유하는 이유들 때문에, 철학이 결코 생산할 수도 없고 더 나아가 인지할 수조차도 없는 개념이다.

나는 이러한 방향에서 『과학정신의 형성』의 부제 속에 나타나는 '정신-분석'(psycho-analysis)이라는 관념을 진지하게 받아들일 것이다. 나는 그 속에서 전혀 새로운 프로젝트를 찾을 것이다. 내가 종종 이해한다기보다는 감탄을 금치 못하는 것은, 그 프로젝트의 필요성을 바슐라르가 처음으로 감지할 수 있었다는 점이다. 다른 어느 곳에서보다 거기서 우리는, 바슐라르가 설명하는 바대로 왜 철학의 결정이 과학들과 관련있는가를, 어떻게 철학은 이러한 개입 속에서 그리고 그 개입에 의해서 규정되는가를, 어떻게 철학은 과학자의 활동 속에 초-과학적 가치들을 수입하고, 과학적 인식의 작용들 위에 초-과학적 가치들을 포개놓는가를 쉽게 이해하게 된다. 그러나 이러한 개입의 주요한 희생자가 또한 드러난다. 그것은 의식적이건 그렇지 않건, 철학이 만들어 낸 개념들을 자기 자신의 실천을 반성하기 위하여 철학으로부터 빌려 오는 과학자 자신이다. 이러한 사실을 통해서, 왜 과학이 자신에 어울리는 철학을 갖지 못하고 있는가, 따라서 그것이 잃고 있는 것은 무엇인가, 그렇다면 또한 과학은 어떻게 그것을 획득할 수 있는가가 드러난다. 바슐라르는 이 책이 쉽게 이해될 수 있기를 원했지만, 우리는 분명히 이 책을 통해서 바슐라르 인식론의 가장 난해하고 은밀한 부분에 이르게 될 것이다.

이제야 실로 새로운 과제가 인식론자에게 부여될 수 있게 된다. 항상 새롭고 예기치 못한 과학적 사고의 개막을 존중하는 개방적이고 역동적인 철학이 요구된다. 즉 철학은 체계적 형식, 그 닫힌 공간의 안락함, 닫힌 이성의 부동성을 단념해야 하며, 과학자들과 나란히, 그들을 따라가면서, 아직까지는 불명료한 사유 영역들에서 위험을 무릅써야 한다. 우리가 보게 되겠지만, 바슐라르에 의해서 다듬어지고 재구성되고 있는 개념들의 장치는 바로 이것에 응답하고 있는 것이며, 이것에 몰두하고 있는 것이다. 바슐라르 인식론을 구성하고 있는 이러한 개념들은, 그의 마지막 저작들인 『응용 합리주의』, 『현대 물리학의 합리주의적 활동』,

『합리적 유물론』 속에서 작용하고 있고, 따라서 거기서 가장 현저하게 나타나고 있다.

그것을 언명하려는 관심이 없다면 확실히 그것은 존재하지 않는다. 그의 초기 저작들이 나오고 나서 거의 사반세기가 지났을 때인 1951년에, 『현대 물리학의 합리주의적 활동』의 서두에서 바슐라르는 상당한 분량에 이르는 서론격의 장을 '과학 철학(philosophy of sciences)의 과제'를 규정하는 데 할애하고 있다. 그 과제란, 그가 다른 철학자들에게 그들의 주요 관심사로 삼을 것을 요구했던 저 개방성(openness)을 현저하게 드러냄으로써, 이 점은 한층 더 중요성을 갖는다. 이것의 위치가 어느 정도 중요성을 갖는다는 점이 인정된다면, 다음과 같은 사실이 추론될 수 있다.

——바슐라르가 과학 철학의 새로운 과제들을 사고하기 위하여, 또는 같은 것이 되겠지만, 새로운 인식론의 기초 개념들을 확립하기 위하여 요구했던 것은 바로 새로운 물리학의 기술들(techniques)과 개념들에 대한 반성이라는 점. 그의 작업 전체는 우리에게 이러한 사실을 확인시키고 있다.

——그러나 무엇보다도 이러한 인식론이 자기 자신의 개념——앞선 시기의 저작들에서 이미 작동하고 있었으나 주제화되지 않았던——에 일치하고, 형식적으로 철학적 사유를 새로운 문제틀 속으로 끌어들이게 되는 것은 뒤늦게 가서야, 즉 새로운 과학의 개념들이 갖는 고유성을 부각시키려는 오랜 이론적 노력의 끝에서라는 점.

내 생각으로는, 이 동일한 책이 과학자의 문제들을 자신의 주제로 삼고 있으며 그것들을 그 자체로서 반성하고 있다는 점은 매우 중요하다. 다른 책들에서와 마찬가지로, 그것은 결코 우연이 아니다. 「과학사의 실제」(Actuality of the History of the Sciences)에 관한 팔레 드 데쿠베르트(Palais de Décourverte)에서의 강연은 단순히 1951년에 간행된 책의 사고 내용들로 돌아가서 그것들을 확장한 것일 뿐이다.

나는, 내가 앞서 이미 제시한 바 있는 테제에 대한 정당화를 여기서 발견한다——과학사에 새로운 문제틀을 도입할 수 있었던 것은, 바슐라르의 인식론적 혁명이 자기 자신의 영역 외부에 미친 효과이다.

이러한 이중의 진술로부터, 나는 여기서 채택된 설명 순서에 대한 공식적 인정을 획득하게 된다. 여기서 채택된 설명 순서는 제일 먼저, 어떻게 바슐라르가, 수학적-물리학에서의 대변동에 힘입어, 과학의 대상과 철학의 대상을 동시에 인식할 수 있었는가, 더 정확히 말하자면, 다른 의미에서 과학과 철학은 모두 대상을 갖지 않는다는 것을 어떻게 인식할 수 있었는가를 보여 줌으로 이루어진다. 그런 다음에 그것은, 이러한 이중의 인식이, 일단 그것의 이론적 함축들이 사유되고 나면, 상호 연관 있는 이중의 기초, 즉 역사적 인식론의 기초와 인식론적 역사의 기초를 생산한다는 점을 보여 주는 것으로 이어진다.

두말할 필요도 없이, 내가 옹호하고 있는 이러한 이론적 입장들은, 일정한 수의 독해 원칙들을 작동시키지 않고서는 나타나지 않는다. 특히 내가 말한 것이 옳다면, 바슐라르의 텍스트라는 건축이 복잡하다는 점은 분명하다. 바슐라르의 텍스트에서는 몇 가지 차원들이 분리될 수 있는데, 그것들은 장과 장 사이에, 구절과 구절 사이에, 심지어는 한 문장과 다음 문장 사이에도 가로놓일 수 있다. 혼란과는 다른 것인 이러한 복잡함은, 바슐라르 인식론이 점하고 있는 위치의 복잡성에서 연유하는 것이다. 그것은 다음과 같이 잠정적으로 도식화될 수 있다.

——그 텍스트는 우리에게 과학적 인식에 관해서 무엇을 말하고 있다. 실제적인 모습에서는, 이것은 작용하고 있는 인식론이다.

——그 텍스트는 우리에게 철학에 관해서 무엇을 말하고 있다. 이것

은 논쟁적 분할선 위에서 작용하고 있는 인식론이다.

——겉으로는 이렇게 작용함과 동시에, 잘 짜맞춰진 '개념들의 체계'(body of concepts)로 구성되는 정확한 인식론적 원리가 다듬어지며 구체화되고 상술된다.

——나 자신을 옹호하기 위하여 추가하자면, 이렇게 다듬어진다는 사실은, 인식론적 원리를 구성하는 상호작용에 관해 철학 그 자체의 영역에서 우리에게 어떤 사실을 알려 줄 수도 있다.

이러한 테제들과 원리들을 옹호하는데, 나는 바슐라르의 사상에 충실하다고 믿고 있다. 이 경우에 내가 생각하는 충실함이란 나 자신을 그의 작업의 거울로 만들거나 심지어는, 그가 사용하는 표현들 중의 하나를 사용하자면, 그의 작업에서 나타나는 '용어법'을 드러내 보이는 것으로 이루어지지 않는다. 오히려 그것은, 어떤 어려운 경로들을 통하여 그의 작업은 열린 철학, 즉 다른 사상들을 제안하는 사상이 되려 하고, 자신의 마지막 교훈을 아직 우리에게 가르치지 않은 인식론이 되려고 노력하는가를 보여 주는 것으로 이루어진다. 이 중에서 가장 중요한 것은, 결국 어떻게 바슐라르가 자신의 원리들에 충실함으로써 자신의 사상을 과학적 진보의 신속성을 따라갈 수 있도록 만들 수 있었으며, 어떻게 자신의 개념들이 훌륭히 재구성될 수 있도록 했는가를 보여 줌으로써 내가 부각시키려는 논점이다.

바슐라르의 작업은 이와 같이, 우리가 그것에 대한 연구를 끝마치게 되었을 때, 우리에게 과학적 사고의 최근의 진보들이라는 학교 안에서 작업을 시작할 것을 요구한다. 나는 이러한 요구를, 내가 서두에서 제기했던 질문들, 즉 다음과 같이 요약될 수 있는 질문들에 대한 궁극적인 답으로 생각한다——'그렇다면 왜 1968년에 바슐라르를 읽었는가?'

1장 인정들

1. 과학들 속으로

바슐라르가 자신의 박사 학위논문 두 편을 제출했던 해인 1927년에, 막스 본(Max Born)은 전자에 관한 통계이론을 공표했고, 하이젠베르크(Heisenberg)는 불확정성의 원리(uncertainty principle)를 정식화했으며, 르메트르(Lemaître)는 팽창하는 우주라는 가설을 정식화했다. 앞선 10년간을 대충 훑어보아도, 가장 중요한 과학적 성과들이 이에 못지 않게 풍부했다는 사실이 분명하게 드러난다. 1925년에 밀리칸(Milikan)은 우주선(cosmic rays)을 발견했으며, 1924년에 하이젠베르크는 양자 역학(Quantum Mechanics)을 확립했고, 루이 드 브로이(Louis de Broglie)가 파동 역학(Wave Mechanics)에 관한 최초의 저서들을 출판한 것은 1923년이었다. 내 자신이 설정한 경계를 약간만 넘으면, 나는 특수 상대성이론과 일반 상대성이론에 관한 아인슈타인의 작업이 1913년에 나타났다는 사실을 추가할 수 있다. 바슐라르가 한참 후인 1951년에 『합리적 유물론』에서 "우리 시대의 10년은 이전 시대의 몇 세기에 해당한다"고 썼을 때, 우리는 그가 말하려고 했던 바를 보다 쉽게 이해하게 된다.

1927년에 그가 이 모든 성과들에 대해서 안다는 것은 불가능한 일이었지만, 바슐라르는 처음부터 과학적 시간의 이러한 가속력을 날카롭게 인식하고 있었다. 그러나 그의 관심을 끈 것은 무엇보다도 이러한 이론들과 그 이론들이 작용시켰던 개념들의 새로움(novelty)이었다. 그는 이미 '변전'이라고 부른 바 있으며, 이후에 '단절'(rupture)이라는 개념을 통해서 사유하게 되는 어떤 것을 목격하고 있었다.

말하자면, 바슐라르는 아주 특별하게 이러한 대변동들을 감지할 수밖에 없었는데, 왜냐하면 그러한 대변동들이 그가 과학들의 여왕으로 간주한——그런데 이 점에 관한 그의 견해는 결코 변하지 않았다——분과에, 다시 말하면 수학적-물리학에 관계된 것이기 때문이다. 그가 가브리엘 라메[1]라는 인물 속에서 자신의 스승을 발견했던 것도 바로 이 분과에서였는데, 바슐라르는 그에게 그칠 줄 모르는 찬사를 표시했다. 그리고, 상대성이론이 다시 문제 삼은 것은 바로 수학적-물리학의 기초 개념들, 예를 들면 공간, 시간, 위치화 등등이었으며, 이 모든 관념들은 재검토되어야 했다. 동시에 전통적인 물리학과 나란히(à côté) 새로운 물리학이 성장하고 있었다——소립자 물리학(Micro-Physics). 바슐라르가 여기서 제기한 질문은 이 '나란히'라는 것에 어떤 의미를 부여해야 하는가였다. 그 새로운 분과는 물리학의 영역으로——아무리 이상할지라도——그것의 부속물로, 그리하여 그것의 확장된 형태들 중의 하나로 간주되어야 하는가? 아니면 반대로, 전체로서의 물리학은 그 분과의 원리들의 지배하에서 출현해야만 하는 것으로 이해되어서는 안 되는 것인가?

---

1) 수학자이자 엔지니어였던 가브리엘 라메(Gabriel Lamé)는 1795년에 태어나 1870년에 사망하였다. 바슐라르는 그의 『고체에서의 열의 복사에 관한 연구』(*A Study of the Propagation of Heat in Solids*)를 모두 라메의 『분석적 열이론에 관한 강의』(*Leçons sur la théorie analytique de la chaleur*, Paris, 1861)를 중심으로 구성하였다.

이렇게 해서 다음과 같은 이중의 문제가 곧바로 제기된다. 새로운 과학의 인식론적 지위의 문제, 그리고 그것을 통해서 나타나는 지식(savoir) '영역들'(regions) 사이의 관계라는 더 일반적인 문제. 낡은 것에 대한 새로운 것의 역사적 지위의 문제, 다시 말하면 지식의 영역에서, 역사를 사유하기 위하여 연대기적 계기(succession)에 의존하는 것이 필요한가? 이 두 질문은, 바슐라르의 초기 저작들에서는 하나의 단일한 문제로 간주될 정도로 결합되어 있다.

덧붙이자면, 이러한 결합에서 지배적인 것처럼 보이는 것은 역사적 측면인데, 그것은 그것의 역설적 형태 때문이다. 바슐라르의 오랜 이론적 노동이 낳은 결론은, 인식론적 질문에 대한 대답만이 역사적 질문을 엄격히 사유할 수 있는 요소들을 제공할 수 있다는 점을 증명하는 것이다. 이렇게 해서 우리는 실제적인 이탈의 관객이 되는 특권을 갖게 된다.

물론 1913년부터1927년 사이에 철학이 생산한 것들의 목록표와, 같은 시기에 과학이 이룩한 성과들의 목록표를 대조하는 것은 철학에게는 모욕이 될 것이다.

어떤 것도 발견되지 않는다――새로운 것이 없다. 어쨌든, 새로운 물리학의 이론들이 제기하고 해결하는 것과 같은 질문을 제기하고 해결하는 새로움, 이러한 새로움을 띠고 있는 것은 없었다. 바슐라르는, 과학자들이 철학에서 이미 나타나고 있는 관념들을 자신들의 활동 속에 작동시키고 있다는 점에서 이러한 불균형을 더욱더 수치스러운 것으로 생각했다. 우리는 이렇게 말할 수도 있다――철학은, 그러한 불균형이 존재했던 한에서, 그것에 의지해서 살아 왔다. 예를 들면, 실재, 물질, 공간, 시간 등등의 관념이 그러하다. 바슐라르가 보기에, 이러한 관념들은 이중의 취급 대상들이다. 그것들은 두 개의 이질적인 개념 체계들에서 기능한다.

『근사적 인식에 관하여』라고 이름 붙은, 1927년의 박사 학위 주 논문에서 이미 주의 깊게 검토되고 있는 것이 바로 이러한 이중의 취급이다. 잠시, 이 책에서 바슐라르가, 그러한 개념들이 과학적 담론에서 기능할 때, 어떻게 그것들이 정확한 정의, 세밀한 변이(variations), 그리고 효과적인 정정 등등을 수용할 수 있게 되는지를 보여 주는 데 관심을 갖고 있었다는 점을 주목해 보자.

그는 또한 다음과 같은 사실을 보여 주고 있다.

——철학은 마치 과학이 그러한 개념들에 대해서 아무것도 말하고 있지 않은 것처럼, 혹은 과학이 그것들에 대해서 말한 것은 자신의 관심사가 아닌 것처럼 그러한 개념들을 사용한다.

——철학은 과학을 자신의 대상으로 삼을 때, 실제로 존재하는 과학과는 매우 거리가 먼 이상 과학(ideal science)을 논의한다. 그가 『과학정신의 형성』에서 쓰고 있는 한 어구에는 "모든 철학은 자기 자신의 과학을 갖는다"[2]라는 표현이 나타나고 있다.

그 당시에 막 출현하고 있는 것들이 갖는 혁명적 성격을 상실한 수학과 물리학을 검토하면서, 이번에도 그는, 그가 끝까지 자신의 것으로 삼았던 다음과 같은 모토를 존중했다——'과학들의 학교로 가라'(Se mettre à l'école des sciences). 그는 그렇게 함으로써 실재와 진리와 같은 철학적 개념들이 올바르게 정정될 수 있다고 확신했다.

우리는 이러한 철학이 특별한 것일 수밖에 없다고 생각할 수 있다. 과학적 사고에 대한 '철학적 이해들'을 확신하고 있기 때문에, 철학을 독학했다는 그의 과거 이력으로 설명될 수도 있는 그의 입장에 의해서,

2) *La formation de l'esprit scientifique*, p. 55. 바슐라르 저작들에 대한 자세한 문헌 목록은 제1부의 부록을 참조할 것.

즉 모든 학파에게서 자유롭기 때문에, 그는 새로운 이론들의 혁명적 성격을 있는 그대로 드러낼 수 있는 유일한 관점, 다시 말하면 과학자의 관점에서 그것을 파악할 수 있는 입장에 이미 서 있었다.

"상대론적 원리들에서 가장 분명하게 나타나고 있는 외적인 특징들 중의 하나는 새로움이다"라고 바슐라르는 1929년의 자신의 저작인 『상대성 원리의 귀납적 가치』의 서두에서 쓰고 있다. 그리고 5년 뒤 『새로운 과학 정신』에서는 다음과 같이 쓰고 있다. "뉴턴 체계와 아인슈타인 체계 사이에는 어떤 이행기도 없다. 인식들을 모음으로써, 측정하는 데 배의 노력을 기울임으로써, 원리들을 약간 수정함으로써 우리는 전자에서 후자로 넘어갈 수 없다. 반대로, 전적으로 새로운 노력이 요구된다."[3] 이 텍스트만으로 따진다면, 그것은 긴 주석의 대상일 수 있지만, 당분간은 상대론적 원리들이 과학자들에게 새로운 노력을 요구하고 있다는 그 텍스트의 주장을 마음에 새겨 두도록 하자. 바슐라르가 이에 상응하여 철학자에게 요구하고 있는 것도 바로 그러한 노력이다.

이러한 새로움을 처음에는 어떻게 특징지을 수 있는가, 혹은 같은 것이 되겠지만, 쏟아야 할 노력의 가장 분명한 모티프들은 무엇인가? 몇 페이지만 뒤로 넘기면 『새로운 과학 정신』에서 답변의 첫번째 요소가 우리에게 주어진다. 상대론적 과학과 더불어 뉴턴 과학 개념들의 파열이 일어난다. 사실상, 바슐라르는 그의 후기 작업에서 몇 번이고 되돌아오게 될 한 개념, 즉 질량(mass) 개념을 검토하고 있다.

그는 이렇게 쓰고 있다.

---

3) *Le nouvel esprit scientifique*, p. 42. 이 구절은 같은 장의 다음과 같은 결론과 비교될 수 있다. "요약하면, 현대 물리 과학과 뉴턴 과학 사이의 인식론적 관계에 대한 일반적인 관점에서 보면, 낡은 원리들로부터 새로운 원리들로의 발전(development)이 있는 것이 아니라 오히려 새로운 사상들에 의한 낡은 사상들의 포괄(envelopment)이 존재한다"(*ibid.*, p. 58).

상대성 원리는 단순한 뉴턴적 정의에 의해서 고정되어 있던 질량 관념을 분리시켰다. 사실상 그것은, 궤도를 따라 계산된 질량(종적 질량)과, 궤도의 변형에 대한 일종의 저항 계수로서 궤도의 수직을 따라 계산된 질량(횡적 질량)으로 구분했다.[4]

질량 개념의 이러한 분리는 개념화의 노력을 요구하는데, 왜냐하면 ——'……라고들 한다'라는 형식으로 철학자의 반대를 직접적으로 표현하면서——바슐라르는 그것이 인위적인 것이라고 말하고 있기 때문이다. 이러한 분리는, 사람들이 명백한 근거들이 있다고 생각해 자연스러운 것이라고 믿고 있는 상식적인 개념을 검토하도록 만든다. 『부정의 철학』의 첫 두 장에서 바슐라르가 드러내고 있는 점은, 뉴턴 역학은 그러한 수정을 요구하지 않았다는 사실이다. 사실상 우리는 마치 '널찍하고 밝은 집'에 살고 있는 사람들이기라도 한 것처럼 뉴턴 세계 속에서 살았다.

상식적이고 자연스러운 개념들과 과학적이고 인위적인 개념들 사이에 존재하는, 이러한 불가피한 분열이, 이때부터 바슐라르의 반성에 중심을 차지하게 된다.

이러한 분열이 함축하고 있는 의미들은, 그에게는 근본적인 철학적 중요성을 갖는 것처럼 보였다. 그것들은 물론 철학자가 과학자와 함께 함으로써 배울 수 있게 되는 최초의 교훈이며, 그리고 또한 작지 않은 교훈이다.

그가 생각하기에는, 상대성 원리들에 의해 이룩된 전통 물리학적 원리들의 수정은 덜 분명하기는 하지만 마찬가지로 교훈적이다. 이러한 수정은 철회(relinquishment)의 형식을 띠게 된다. 『새로운 과학 정신』에

4) *ibid.*, p. 47.

서 바슐라르는 이렇게 쓰고 있다. "그러한 사건 이후에는, 즉 일단 상대주의적 사유에 들어서게 되면, 뉴턴 천문학에 의해 산출된 수치상의 결과들은——절연(mutilations)과 철회를 통해——상대성의 천문학적 계산들 속에서 재발견된다."[5] 후에 우리가 다시 살펴보게 될 이 텍스트에 따르면, 이제까지 과학적 진보는 원리들의 변전에 의해 이루어져 왔다. 바슐라르가 『상대성 원리의 귀납적 가치』에서 어떤 의미로, 이러한 과학은 "선행자들을 가지고 있지 않다"[6]고 말할 수 있었는지가 분명해진다. 과학의 새로움에 대한 설명이 이것보다 더 결정적인 것은 없다.

그런데 이상하고 괴이한 일은 철학이 뉴턴 시대와 동일한 의미로 동일한 어휘들과 동일한 개념들을 계속해서 사용하고 있다는 점이다. 설상가상으로, 앞으로 보게 되겠지만, 철학이 새로운 원리들을 반성한다고 주장할 때, 철학은 과학자와는 정반대의 절차를 따랐으며 새로운 것을 낡은 것으로 '설명하는 방식'[7]을 고집했다. 바슐라르가 의식하고 있던 것은, 철학에 의해서 이루어지는 담론과 새로운 과학에 의해서 이루어지는 담론 사이의 이러한 분열(décalage)이다. 공간, 시간, 운동에 대해서 말할 때(그리고 철학은 이러한 것들에 대해서 말하는 것을 자제하지 않는다), 그가 보기에 철학은 지체되고 있으며, 과학혁명에 뒤처지고 있다. 바슐라르가 이러한 점에 기초하여 계속해서 자신의 사유에 깊이를 더해 갔다는 사실을 우리는 보게 될 것이다. 특히, 그가 새로운 인식론적 개념들을 얻게 될 때면, 철학은 뉴턴 역학조차도 정확하게 사유할 수 없었으며, 따라서 필연적으로 그것의 본질을 참칭했다는 사실이 분명해

---

5) *ibid.*, p. 42.

6) *La valeur inductive de la relativité*, p. 6.

7) 에밀 메이에르송(Emile Meyerson, 1859~1933) 철학의 중심 테제. 1921년에 그는 『과학에서의 설명에 관하여』(*De l'explication dans les sciences*)라는 제목이 붙은 저서를 썼다. 나는 이 장의 3절에서 이것을 자세하게 다룰 것이다.

진다.

이제 이러한 사실에서 벗어나, 새로운 과학의 성립이, 연관되어 있는 두 담론들의 불일치를 만들어 내는 위기적 순간으로 돌아와 보자. 나는 이러한 불일치를 철학의 지체로 특징지은 바 있다. 바슐라르에게서 과학적 사고의 근본적인 특징은 그것의 운동에 있다——그것은 운동이다. 반대로 철학적 사유는, 후에 나타나겠지만 몇 가지 중대한 근거들을 볼 때, '부동성(immobilism)의 경향'을 갖고 있는 것으로 보여진다. 일단은 철학적 사유가 부동성의 증거를 제공해 주고 있다는 점만을 말해 두기로 하자.

이러한 측면에서 1927년의 두 논문은 매우 중요한 의미를 갖는다. 두 논문은 언제나 과학적 사고의 진보적이고 동적인 성격을 높이 평가한다. 바슐라르는 우리에게 이 점을 인식시키기 위하여 모든 메타포를 사용한다. 때로는 생물학으로부터 용어를 차용하고, 때로는——더 자주 있는 것은 아니지만——전술 용어를 빌려 쓰기도 한다. 『근사적 인식에 관하여』에서, 개념화는 연속적으로 에너지,[8] 힘,[9] 활동, 혹은 운동[10]으로 정의되고 있다. 더 나아가, 그것은 투쟁과 전투의 관점에서 정의되고 있다. 우리는 같은 책의 말미에서도 교차하고 있는 두 낱말을 발견하게 되는데, 거기서 그는 다음과 같이 쓰고 있다. "작용 속에서, 정복과 동화(assimilation)의 노력 속에서 파악된, 진정으로 동학적인(dynamic) 인식(강조는 나의 것)."[11]

이렇듯 발전해 가는 활동에도 불구하고, 철학은 창백하게 '굳어버린

---

8) *Essai sur la connaissance approchée*, p. 21.

9) *ibid.*, p. 24.

10) *ibid.*, p. 24.

11) *ibid.*, p. 243.

채로' 남아 있다. 여기에 바슐라르의 사유와 저술을 출현시키는 수수께끼가 있다. 그는 전 생애 동안 이러한 저항의 원인을 이해하고 그로부터 철학자들을 해방시키기 위해 노력했다. 그런데 그는 1927년에도 이미 그에 대한 답을 처음으로 어렴풋이 감지하고 있었다. 그에게는 불일치가 두 담론들 사이의 깊은 유사성 때문에 생기는 것으로 보였다. 내가 지적했듯이, 과학은 철학과 동일한 어휘들을 사용한다. 그러나 바슐라르가 박사 학위논문에서 쓰고 있듯이, 이러한 어휘들은 처음부터 존재론(ontology)을 짊어지고 있다. 그것들은 존재(being)로 꽉차 있다.[12]

여기서 모든 것은 위기에 처해 있는 것처럼 보인다. 철학자가 한 단어를 읽을 때, 그는 거기서 존재를 보려고 한다. 과학자는 거기서 개념을 보는데, 이 개념에 관한 모든 것은 그것이 기입되어 있는 관계들의 체계 속에서 결정된다. 이러한 논제를 지지하려 한다면, 우리는 여기서 『근사적 인식에 관하여』 전체를 상기해야만 할 것이다. 나는 그 책의 주요한 논제들을 상기하는 것으로 만족할 수밖에 없는데, 그 논제들이 후기 저작들에서 지속되고 있다는 사실은 그것들의 중요성을 보여 주는 지표가 된다.

내가 보기에는 모든 반성과 모든 증명——이것들의 목표는 한 개념의 외연(extension)이 그것의 내포(comprehension)에 앞선다는 것을 증명하는 것이다——이 이러한 유형에 속한다. 1932년에 출간된 『현대 화학의 정합적 다원주의』에는 이렇게 씌어 있다. "내포를 밝혀 주는 것은 외연이다."[13] 이것은 하나의 규범으로 변한다. "외연에 대한 연구는 내포에 대한 연구를 대신(해야만) 한다."[14] 나의 논증에 매우 유리하다고

12) *ibid.*, p. 53.

13) *Le pluralisme cohérent de la chimie moderne*, p. 61.

14) *ibid.*, p. 99.

판단될 수도 있는 화학의 문제설정을 떠나도, 『응용 합리주의』는 수학적 개념들에 대해 우리에게, "우리는 한 관념을 극도로 확장함으로써 그것의 내포를 최대한으로 파악할 수 있다"[15]고 말하고 있으며, 더 나아가 다른 맥락에서는 "한 개념의 내포와 외연 사이에는 비례관계(a proportionality)가 존재한다"[16]고 말하고 있다. 이러한 것들이 차용하고 있는 용어법들에도 불구하고, 이러한 언급들은 형식 논리학(Formal Logic)에 대한 연구의 결실이 아니다. 그것들은 과학적 담론의 구조에 대한 직접적인 성찰로부터 나온 것이다.

내가 보기에는, 존재에 대한 관계의 우위성을 확실히 하기 위해서는, 두 논문에서 계속해서 나타나고 있는 중요성의 질서(order of magnititude)라는 개념에 대한 가치 부여에 똑같은 관심을 가져야 한다. 『근사적 인식에 관하여』에서 우리는 다음을 읽을 수 있다.

> (과학의) 학교에서, 우리는 연구되고 있는 현상의 중요성의 질서에 일치해서 사고하는 것을 배운다……크기의 질서는 최초의 검증으로 간주될 수도 있다. 그것은 종종 그 자체만으로도 충분한 증거가 되기도 한다. 그것은 방법을 정당화할 뿐만 아니라, 그것의 주변 상황이 아무리 이상할지라도, 그것은 존재함의 증표로, 제시된 존재자(entity)의 부정확성이 크면 클수록 더욱더 분명해지는 물리학자의 존재론적 믿음의 결정적인 표식으로 나타난다.[17]

이것은, 존재로부터 관계로 이행하는 존재론적 전위(displacement)를

15) *Le rationalisme appliqué*, p. 94.
16) *ibid*, p. 125.
17) *Essai sur la connaissance approchée*, p. 78.

물리학자에게 귀속시키고 있다는 점에서 주목할 만한 구절이다.

전위는 이후의 물리학의 발전에 의해서 확증되는데, 후에 『본체와 소립자 물리학』(*Noumenon and Micro-physics*)이라는 제목이 붙은 『철학 연구』(1933)의 한 논문에서 우리는 논증의 결론으로서 다음과 같은 명제를 읽을 수 있게 된다. "무한히 작은 실체(substance)는 그것의 관계들과 동시적이다." 이렇게 바슐라르는 무익하고 위험하다고 생각되는 실체라는 말을 대체하는 exstance라는 말을 제안하게 된다.[18] 나는 다시 이것으로 돌아갈 것이다.

이와 관련하여, 단순성의 개념과 같이 일차적인 것으로 간주되어 왔던 다른 개념들은 이렇게 관계와 질서를 중요시함에 따라 가치가 격하된다. 그리하여 그는 『새로운 과학 정신』에서 이렇게 쓰고 있다. "실제로 단순한 현상은 존재하지 않는다. 현상은 관계들의 조직(tissue)이다." 한편 『근사적 인식에 관하여』에서 그는 이미, 단순성은 고찰되고 있는 근사적 질서의 한 기능이라는 것을 제시했다.[19] 이 모든 것은 「본체와 소립자 물리학」의 비문과 같은 한 문장 속에 요약되어 있다. "태초에 관계가 있었느니라."

그러나 우리가 본 바와 같이, 관계들의 체계만이 존재하는 곳에서,

---

18) 예를 들면, 『부정의 철학』(영역판 p. 66)과 뒤에 나온 『응용 합리주의』에서, 그는 이렇게 쓰고 있다. "현대 물리학자의 사고와 18세기 물리학자의 사고를 비교해 보면, '전기를 띤'(electric)에 대한 낡은 규정은 전자(electron)에 거의 적합하지 않음이 분명해진다. 전자는, 유체가 전기를 띠었다고 말해질 때의 그러한 의미에서는 더 이상 전기를 띠고 있다고 할 수 없다. '전기를 띤'에 대한 규정에 의해 표현되는 이 개념의 중심이 이동하였다. 전자는 더 이상 진정한 의미에서 전기를 띤 실체가 아니며, 그것은 정확히 말해서 exstance이다"(*Le rationalisme appliquée*, p. 39).

19) *Essai sur la connaissance approchée*, pp. 101ff. 특히 그는 이렇게 쓰고 있다. "이러한 단순성은 법칙의 실재성에 대한 어떠한 증거도 되지 못한다. 그것은 오직 앎의 한 관점일 뿐이며, 인식 안에서도 그것은 완전히 상대적인 것이다."

단어들은 존재자들이 존재한다는 생각을 유도해 낸다. 이렇게 해서 철학은 유혹에 빠지게 되며 관계들을 경화로 간주하게 된다. 철학자는 과학자를 이해할 줄 모른다. 그들은, 과학들이 자신들의 진술들을 통해 나타나는 철학이 아니라, 오히려 자신들의 더듬는 말과 망설임이 보여주는 철학, 그리고 궁극적으로는 진보를 통해 드러나는 철학을 숨기고 있다는 사실을 보지 못한다. 바슐라르에게서 과학의 비밀에 도달하는 것, 자생적인 언어 존재론이 지우고 있는 것을 발견하는 것은 인식론자의 의무이다. 이때 바슐라르는 그의 철학의 초석이 되고 있는 한 원칙으로부터 출발한다. 단어(word)는 개념(concept)이 아니다. 이것은, 개념적인 상호관계들의 체계 속에서의 그 기능에 의해 개념이 규정된다는 것을 의미한다.

이렇게 우리는 하나의 이유에서 또 다른 이유로 되돌아갔다. 왜 철학은 이러한 오류를 범하는가? 어떤 일탈에 의해, 어떤 내적인 결함에 의해 철학은 과학적 담론을 전혀 이해하지 못하는 운명에 처해 있는가? 이러한 질문을 다른 형태로 제시할 수 있다. 우리는 철학을 체념해야만 하는가? 이에 대해 바슐라르가 우리에게 줄 수 있는 해답은, 철학의 지위, 과학적 인식의 본성, 그리고 새로운 인식론의 기능에 동시에 관련되어 있다.

나는, 이 질문——따라서 그것에 대한 해답——의 핵심은 바슐라르가 의식하고 있으며 징후로서 간주하고 있는 것 속에 놓여져 있다는 것을 보여 주려고 노력해 왔다. 새로운 것을 하나의 문제로서 파악할 수 없는 철학의 무능력은 그에게 구조상의 결함을 보여 주는 지표이다. 다른 말로 하면, 철학의 인식론적 결함이 보여 주는 가장 뚜렷한 효과는, 과학사를 20세기 초에 체험된 바대로, 즉 대격변과 혁명 속에서, 완전한 변전 속에서 사고하지 못하는 그것의 무능함이다.

처음부터——매우 특별한 모습으로——인식론과 과학사는 바슐라르의 사고 속에 결합되어 있다. 이러한 결합의 필연성을 설명해 주는 개념 체계가 아직 다듬어지지 않았다고 하더라도, 그것들은 필연적으로 그렇게 결합되어 있었다.

2. 철학적 전위

과학자가 자신의 실천 속에서 해결하려고 늘상 애쓰고 있는 철학적 질문을 제기하려고 한다면, 그는 아마 그것을 다음과 같이 정식화할 것이다. "내가 생산해 낸 인식은 어떤 조건들하에서 과학적이게 되는가?" 만일 철학자가 이것을 흉내낸다면, 그는 이렇게 옮겨 적을 것이다. "과학적 인식의 기초는 무엇인가?" 과학자가 이 두번째 질문을 지지할 가능성이 충분히 있다. 그러나, 그 질문은 [앞의 질문과] 동일한 것이 아니다. 철학자는 이러한 실질적인 대체(substitution)에 의지해 왔다. 더 나아가 보자. 철학자가 질문을 제기함으로써 철학자가 과학자의 질문에 답할 수 있는 길을 언제나 봉쇄할 것이다.

내 생각으로는, 바슐라르가 드러낼 수 있었던 것은 바로 언어의 장막 뒤에서 이루어지고 있는 이러한 미묘한 놀이(play)이다. 그가 항상 고발하고 있는 것은 바로 철학의 이러한 속임수이다. 왜냐하면 죄가 있는 것은 실제로 철학이며, 결국 과학자가 그러한 오류를 교정할 수도 있었을 바로 그곳에서 과학자를 그러한 오류에 빠뜨리는 것도 철학이기 때문이다. 아주 분명하게 드러나지 않는 과학자들의 자생 철학에 철학자들의 철학을 연결시키는 운명의 비밀은 바로 이것이다. 그 비밀은, 이러한 자생성(spontaneity)이 이를테면 수입(importation)의 산물이라는 점이 밝혀지지 않는다면, 이해될 수 없다.

레닌이 다른 맥락(그런데 그것은 보기와는 달리 여기에 나타나는 우리의 맥락과 그렇게 다른 것은 아닐 수 있다)에서 그랬듯이, 나는 다음과 같은 점을 인정할 수밖에 없다. "자생성과 자생성이 있다." 그러나 내가 방금 언급했던 것 이외에도, 첫번째 질문을 가능케 하는 것이 존재한다. 그것은 과학적 지식(savoir)의 구성(constitution), 그 조직(organization), 그 원리들(principles)에 관한 문제를 제기하는 것과 관련을 갖고 있다.

대략적으로 말해서, 이러한 문제들이 바로 과학적 사고에 충실한 바슐라르의 인식론이 대면하고 있었던 것들이다. 바슐라르의 인식론은, 전통 철학이 우주(the Universe)와 정신(the Mind)의 이원성에 관한 질문 속에서 사고하고 있는 인식의 기초나 인식의 보증(guarantees)에 관한 질문을 제기하는 것을 거부한다. 왜냐하면 그 두 질문들은 과학자의 활동 그 자체의 측면에서 보면 아무런 의미도 갖고 있지 않기 때문이다.

바슐라르에 따르면, 어떤 이상한 왜곡을 통하여 철학은 과학자가 제기하는 질문들의 의미를 전환시키는가 하는 물음은 여전히 남아 있다. 나는 일단, 바슐라르와 함께, 인식에 관한 철학적 문제는 과학적 인식에 관한 철학적 문제의 전위(displacement)에 일치해서 정식화되고 있다는 사실을 확인하는 것으로 만족하고자 한다.

이러한 전위는 우주와 정신, 혹은 실재(the Real)와 사고(Thought) 사이의 예비적인 구분이라는 조건하에서 이루어진다. 이러한 구분은 철학의 일이다. 그런데 바슐라르가 공격하고 있는 것은 바로 매우 근거 있어 보이는 그러한 구분이다. 그가 보기에, 그러한 구분은 수학과 물리학을 연결시키는 하이픈의 자리에 가상의 틈(hiatus)을 설정하기에 이른다. 이러한 작용의 신비가 바슐라르의 작업에서는 오랜 연구의 대상이 되고 있다. 그것은 『새로운 과학 정신』의 서두에서 분명하게 드러나고 있으며, 『응용 합리주의』의 첫 페이지에서는 아주 뚜렷하게 표현되고 있다. "철학에서 실재론자와 합리주의자 사이의 논쟁은, 정교한 도구들을 갖춘 실험가와 실험을 엄밀하게 규정하려는 수학자의 대화"에 상응한다. 전자는 논변을 교환하고, 후자는 정보를 교환한다. 철학의 비참한 상황은, 철학에서는 대화 상대자들 사이에 어떠한 가능한 의견일치도 있을 수 없기 때문에 논쟁은 결코 좁혀지지 않는다는 점이다. 한 사람은 사고를 지지하고, 다른 사람은 실재를 지지함으로써 각자 자신의 편에 서 있다.

이러한 점은 내게는 근본적인 것처럼 보이는데, 왜냐하면 그것은 1927년부터 1953년 사이에 바슐라르의 의식적인 철학적 성찰의 대상이 되고 있고 있을 뿐만 아니라, 과학적 사고의 본질을 구성하는 것에 접근할 수 있도록 해주며 철학의 본질을 엿볼 수 있게 해주기 때문이다. 사실, 내 생각으로는, 그가 실재론(Realism)——이 용어의 정의는 감각주의적 경험론과 플라톤적 유형의 본질 실재론 사이에서 다양하게 나타날 수 있다——이라고 부르고 있는 것에 대한 그 자신의 사반세기에 걸친 지속적인 논박, 메이에르송——이 이름은 『동일성과 실재』(*Identité et réalité*)가 나온 지 30년이 넘게 지난 1953년에도 바슐라르의 텍스트에 여전히 나타나고 있다——을 반박하는 고집스러운 노력들은, 바슐라르가 그러한 노력 속에서 철학의 본질을 고발하고 있었다는 사실이 분명해질 때에만 이해될 수 있다.

철학에 의해서 설정된 최초의 개념적 쌍은 이러한 것들이다. 실재/사고 혹은 존재/인식 혹은, 이성/경험뿐만 아니라 존재/사고 혹은 실재/인식으로도 나타낼 수 있으며, 기호에 따라 어떤 결합도 가능하다. 이것들은 거의 모두가 바슐라르의 작업 속에서 비난받는다. 이 각각의 개념 쌍들에서 두 용어는 마주보고 있다. 철학적 문제는 그것들을 함께 연결시키는 것으로 구성된다. 각각의 기초는 이렇게 다른 것 속에서 구해진다.

이제 두 가지 가능성이, 오직 두 가지 가능성만이 존재한다. 인식이나 사고의 기초를 존재나 실재에서 구하는 경우, 우리는 이러저러한 방식으로 '실재론자'가 된다. 그렇지 않고 존재의 기초를 사고에서 찾는 경우에, 우리는 이러저러한 방식으로 '관념론자'가 된다. 바슐라르의 사고는 이 두 전선에서 싸우고 있다. 바슐라르의 사고가 가시화하고 있는 것은, 전자와 후자가 다르지 않다는 사실이다. 거부되어야만 하는 것은 쌍 그 자체이다.

일단 최초의 구분이 확립되고 나면, 철학의 장이 열린다. 다른 개념 쌍들의 생산이 끊이질 않는다. 아주 특별하게 바슐라르의 고찰 대상이 되고 있는 것들을 열거해 보자.[20] 주체/대상, 구체/추상, 소여/구성, 자연적인/인공적인, 직관/연역, 풍부/빈곤……. 바슐라르의 분석을 상세히 살펴보기 전에, 이 목록을 끝까지 밀고가 보자. 그러면 그 목록의 의미가 드러날 것이다. 내 생각으로는 최후의 개념 쌍은 이렇게 정식화될 수 있을 것 같다. 철학/과학. 여기서 '철학'은 소여, 구체적인 것, 풍부한 것이 발견되는 쪽에서 나타난다. 반대로 과학은 추상적이고 인공적이며 빈곤한 것으로 불린다.

「과학적 방법들의 철학적 문제」(Le problème philosophique des méthodes scientifiques)[21]라는 제목으로 이루어진 1949년의 자신의 연설에서, 바슐라르는 이렇게 말했다. "철학자가 인식에 관해서 말한다면, 그는 그것이 직접적이고 즉각적이며 직관적이기를 원한다." 그리고 그는 덧붙였다. "사고가 완고하고 열정적이긴 하지만 생기 넘치는 과학자는 추상적인 사람으로 나타난다." 이를 뒷받침하는 데 다른 많은 텍스트들이

20) 이 점에 관한 주요 텍스트들은 부록에 있는 색인을 참조할 것.

21) Congrès international de philosophie des sciences(1949)에서의 연설.

인용될 수 있다. 그러나 차라리 질문을 하나 제기해 보자. "누가 철학을 실재를 직접적으로 파악할 수 있는 이러한 안락한 위치에 올려 놓았는가?"

답 : 철학자.

이러한 사실은 최초의 구분이 갖고 있는 의미를 드러낸다. 그리고 동시에 철학의 독특하고 구성적인 작용이 그 베일을 드러낸다. 그러한 작용을 통해서, 철학은 철학/과학이라는 위계화된 쌍의 지배하에서 존재/사고의 구분을 사고한다. 나는 바슐라르의 텍스트들로부터, 바슐라르가 철학은 오직 전자에 토대를 제공하기 위하여 후자의 개념 쌍을 확립했을 뿐이라는 사실을 발견했다는 점을 보여 줄 것이다.

『과학 정신의 형성』의 서두에서, 우리는 다음을 읽을 수 있다. "이 책에서 나는 추상적인 과학적 사고의 위대한 운명을 보여 주고자 한다. 그것을 위해 나는 추상적인 사고는, 진부한 비난이 보여 주곤 하는 것처럼, 그릇된 과학적 분별(scientific bad conscience)과 동의어가 아니라는 것을 증명해야만 할 것이다."[22] 철학은 논쟁의 재판관이자 당사자이다. 과학자가 위반하며 그릇되게 판단하는 법칙을 비난하고 진술하는 것은 바로 철학이다. 이 구절은, 마지막 개념 쌍이 사실상 세번째 것(추상/구체)의 진상이라는 것을 충분히 입증하고 있다.

『현대 물리학의 합리주의적 활동』에서는, 보어의 자자(磁子 : magneton)의 개념적 구성에 관한 긴 고찰이 다음과 같은 열정적인 텍스트에서 하나의 결론으로 나타난다.

> 얽히고 설켜 있는 기초 개념들! 입자 원리의 독특한 풍부함! 이러한 개념적 구조를 숙고해 본다면, 철학자는 그가 과학적 사고의 추상

22) *La formation de l'esprit scientifique*, p. 6.

적 성격을 비난했던 판단을 철회할 수 있는 좋은 기회를 갖게 될 것이다.[23)]

현대 과학의 실천에서 나타나고 있는 실재/사고 쌍의 소멸은, 철학/과학이라는 관계를 역전시키는 효과를 갖게 될 것이라는 점이 여기서 분명해진다. 다른 말로 하면, 여기서 우리는 인용되었던 첫번째 텍스트에 반대되는 의미에서 나의 논제를 증명하게 된다. 예들은 다양하게 들 수 있다. 추상/구체 쌍은 모든 곳에서 나타난다. 그것은 모든 곳에서 철학자가 과학자에 대한 자신의 우월성을 확인하기 위하여 즐겨 쓰는 방책으로서 다시 문제시된다.

우리는 바슐라르 인식론의 임무 가운데 하나가 이러한 쌍들을 역전시키는 것이며, 그것들의 무의미함을 나타내기 위하여 그것들을 일그러뜨리는 것이라는 점을 보여 줄 것이다. 이후의 발전들을 너무 앞질러서 고려하지 않더라도, 우리는 바슐라르가 때로는 추상적인 것의 구체화를, 때로는 실재의 탈실재화를 주장하거나, 소여의 구성, 그리고 거꾸로 구성된 것의 직관적 가치를 주장하는 것을 발견하게 될 것이다.

『근사적 인식에 관하여』에서 우리는 다음을 읽게 된다.

> 감각자료(datum)와 소여는 문화에 상관적이다. 그것은 필연적으로 구성 속에 포함되어 있다.……소여는 받아들여져야 한다. 소여의 질서와 그것의 기술 방법은 완전히 분리될 수 없다.……이 두 용어들——이것들은 나에게 정신과 실재의 최소한의 대립을 나타낸다——사이에는, 상호적인 반향을 일으키는 항상적인 반작용이 존재한다.[24)]

23) *L'activité rationaliste de la physique contemporaine*, p. 167.

24) *Essai sur la connaissance approchée*, pp. 14-15.

바슐라르는 『상대성 원리의 귀납적 가치』의 비문과도 같은 구절에서 이 점으로 돌아온다. "일단 소여가 받아들여졌다면, 그것은 이미 이해된 것이다."[25] 다시 한 번, 그것은 철학의 전형적인 개념 쌍을 탈락시키는 문제이다. 증거는 끊임없이 나타난다. 『현대 물리학의 합리주의적 활동』 87페이지에는 다음과 같은 두 구절이 나타난다. 현대 과학은, 철학에서 "전통적으로 수용되던 감각자료 혹은 소여라는 관념을 파괴한다." 더 나아가 보면, "감각자료 혹은 소여라는 전통적인 철학적 관념은 실험적 가치들에 대한 수고스러운 결정의 결과를 특징짓는 데 매우 부적절하다."[26] 마지막으로 논증을 매듭짓기 위하여, 1932년에 출간된 『현대 화학의 정합적 다원주의』의 다음의 구절을 인용해 보자. "감각자료 혹은 소여에 무진장한 다양성이……형식과 내용에서 복합적인, 거대하고 불필요한 다양성이 있다고 생각하는 경향이 있다."[27] 여기서 아주 분명한 점은, 사실상 철학은 소여와 함께 풍부함을 자기 자신에게 속하는 성질로 생각한다는 사실이다.

그러나 나는 이러한 예들에 의해서 주어진 기회를 이용해서 적어도 내가 보기에는 내가 사용하고 있는 독해 방법을 정당화시켜 줄 몇 가지 의견을 개진하고자 한다. 실제로 한 가지 사실은 분명하다. 바슐라르의 텍스트에서 철학은 결코 그 자체로 나타나지 않으며, 결코 그 자체를 위해 설명되지 않는다. 그것은, 과학적 인식에 대한 그것의 비난이나 반대 속에서만 현실로(in actu) 나타난다. 이러한 점은 내가 바슐라르의 담론의 구조(architecture)에 관해서 말했던 것을 확인해 준다. 덧붙이자면, 철학적 개념들은 원칙적으로 바슐라르에 의해 분리되며, 그 다

25) *La valeur inductive de la relativité*, p. 241.

26) *L'activité rationaliste de la physique contemporaine*, p. 124.

27) *Le pluralisme cohérent de la chimie moderne*, p. 11.

음에는 그것들을 탄생시킨 체계 밖으로, 그것들에게는 낯선 영역들로 이전된다. 그 영역들에서 그 개념들은 문자 그대로 그리고 뚜렷하게 '낯설게'(dépaysé) 된다. 예를 들면, 그가 '본체'(noumenon) 개념에 대해서 쓰고 있는 그 기이한——아마도, 칸트에게는 꽤 불쾌할 수도 있는——사용법을 생각해 보라. 나는 다음과 같은 교훈을 이끌어 낸다. 바슐라르의 텍스트에서, 철학 전체의 운명은 종종 단 하나의 단어에 걸려 있다.

아무리 작을지라도 과학적 인식의 존재와 타당성을 인정해야만 하는 철학에 의해 설정된 개념 쌍들 사이에서는, 조화를 확립하는 것이 문제이다. 이것은 진리 개념의 일이다. 그것은, 철학적 사유의 영역에서 객관성이라는 과학적 개념을 대체함으로써 그것을 대신하는 진정한 의미의(par excellence) 철학적 개념이다. 나는 다시 이 점으로 돌아올 것이다. 나는 여기서는 다음과 같은 질문을 제기하는 것으로 만족할 수밖에 없다. 누가 진리를 말할 것인가? 다시 한 번 철학자. 왜냐하면 그는 실재의 편에 서 있고, 실재는 어떠한 매개도 없이 그에게 주어지며, 그는 처음부터 그 개념적 쌍의 통일을 위임받았기 때문이다. 거의 노력을 기울이지 않고도 그는 '과학자의 훌륭한 작업'을 판단할 수 있을 것이다.

심리학적인 용어들을 통해서, 바슐라르는 우리에게 이러한 진리 개념 속에서 철학자의 완전한 '자기 만족'이나 '기만'을 읽도록 요구한다. 달리 말하면, 철학은 자족적인 개념들의 체계를 설정한다. 철학은 거기서, 자기 자신이 확립한 위계의 꼭대기에 자기 자신을 자동적으로 위치시킴으로써, 스스로 입법자가 된다.

나는 결론으로 하나의 특별한 문제가 이러한 모든 반대를 명확하게 한다는 점을 보여 주려고 한다. 이론적 정세로 인하여 그것은 철학적으로 민감한 사안이 되었다. 이것은 우리가 이미 보았듯이, 감각적 소여를 다시 문제 삼은 소립자 물리학의 출현에 의해서 현안으로 등장한 질들(qualities)의 문제이다.

『합리적 유물론』에서, 바슐라르는 이렇게 쓰고 있다.

> 과학자는 물질을 '그 근저에서'(dans son fond) 파악하도록 요구받고 있다. 이렇게 질의 철학(qualitivitism)은 양의 철학(quantitivitism)에 대립한다. 그리고 철학자는, 우리는 아주 미묘한 직관들을 통해서만 질에 접근할 수 있다고 주장한다. 그는 훌륭한 포도주를 맛보듯이, 질을 그 본질에서 파악한다. 그는 그 미묘함들을 체험한다. 감각적인 삶이 감각에 주어지는 물질의 개체성을 한층 더 극도로 개별화하듯이, 그는 질을 '직접적으로' 체험한다.[28]

우리가 이러한 '철학자'에 이름을 부여할 수 있는지의 여부는 우리에게 큰 문제가 되지 않는다. 내가 보기에, 명확히 역설적인 이 텍스트에서 가장 중요한 것은 이러한 종류의 철학이 갖는 지위에 대해서 그것이 제공하고 있는 설명이다. 그 철학이 과학자에게 던지는 도전 속에서, 우리는 그 철학을 떠받쳐 주고 있는 명제——이 명제에 따르면, "과학이 모든 것을 알 수는 없다"[29]——의 논쟁적 표면을 볼 수 있다. 혹은 조금 신중하지 않게 표현하면 이렇게 된다. 과학으로 하여금 제자리를 지키도록 하라. 철학은 해야 할 자신의 말이 있다.

---

28) *Le matérialisme rationnel*, p. 62.

29) 나는 이 표현을 피에르 마슈레이(Pierre Macherey)로부터 빌려 왔는데, 그는 1967~68년에 고등사범학교(Ecole Normale Supérieure)에서 행해진 일련의 강의들에서 다음과 같은 동일한 목적을 위하여 그것을 사용하였다. 자신들의 목적을 위하여 과학들이 갖고 있는 난점들을 이용하는 철학들을 특징짓는 것.

동일한 저작 속에는, 내가 다시 상세히 다룰 기회를 갖게 될 주제가 있다. "우리가 직접적 경험의 대상으로서 버찌의 색을 선택한다면, 그 버찌의 색은 그것이 익은 정도를 말해 주는 표시 이상일 수 없다. 이것은 시장에 가는 가정 주부의 경험이다……." 달리 말해, 그것은 화판대 앞에서의 화가의 경험이라고 바슐라르는 덧붙인다.[30] 그는 이렇게 결론을 내린다. "이 공리주의적인, 혹은 미학적인……경험들은 그것들이 일어난 영역들 속에서, 필요하다면 직관 철학들이 손쉽게 얻는 영광을 그 경험들에 부여하는 주관성의 반향 속에서 연구되어야 한다. 그러나 그러한 경험들은 물질의 질들의 객관성이라는 철학적 문제의 중심적 논제일 수는 없다." 이렇게 이 텍스트에서 우리는 바슐라르가 정정(correction)을 수행하고 있는 것을 목도한다. 전통 철학의 상상적인——따라서 전위된 (자신의 '영역'에서 벗어나 있는)——문제를 그는 현대 과학의 실천 속에서 실제로 제기되고 있는 문제들로 대체한다. 한 단어로 그 문제들을 충분히 특징지을 수 있다——그것은 객관성이다.

나는 여기서 인용을 멈출 것이다. 그러나 그의 많은 저작 속에서, 특히 『현대 화학의 정합적 다원주의』[31]와 『응용 합리주의』에서 유사한 주제들을 찾아 볼 수 있다.

따라서 바슐라르가 발견한 것은, 철학에 의해 설정된 개념 체계는 과학적 인식에 관한 실제적인 문제들을 전위시키면서 그것들을 반복하는 효과를 갖는다는 사실이라고 내가 주장할 때, 그것은 정당한 것이다. 이러한 작용의 결과——결국 우리는 이것이 목적이라는 것을 볼 수 있을 것이다——는 철학에 의해 설정된 인식의 위계에서 철학을 지배적인 위치에 올려 놓는 것이다.

---

30) *Le matérialisme rationnel*, p. 195.

31) *Notably le pluralisme cohérent de chimie moderne*, pp. 34-35, 72-73.

『응용 합리주의』에서 바슐라르가 다음과 같이 썼을 때, 바슐라르가 의도했던 바가 무엇인지는 이미 분명하다. "(많은) 철학들이 나타나서…… 과학적 문화에 초-자아(super-ego)를 부여할 것을 요구한다."[32] 우리가 에밀 메이에르송의 철학과 실재론이라는 특별한 경우들을 연구할 때, 위와 같은 사실은 더욱더 분명해진다.

3. 부동성의 철학

1927년부터——그리고 그 뒤로 계속——에밀 메이에르송은, 과학적 인식을 철학적 수준에 종속시키려는 철학적 질문들과 목적들의 영원한 본성을 자랑으로 여기는 과장된 철학을 구체화했다. 『상대론적 연역』이라는 제목이 붙은, 상대성 원리에 관한 자신의 저서의 서문에서, 메이에르송은 이렇게 쓰고 있다. "그것은 상대성이론들에서 과학적 추론의 일반적 원리들에 관한 인식을 이끌어 내는 문제이다."[33] 달리 말하면, 철학이 지배하는 일반화들을 위해, 상대성이론이 밝혀 냈던 정확한 질문들의 영역으로부터, 그리고 그 이론들에 의미를 부여하는 그 영역으로부터 그 이론들을 분리하는 문제이다. 같은 책 뒷부분에 가면 우리는 다음과 같은 위장된 고백을 읽을 수 있다.

> 이 문제에서 과학자는 항상 자신을 사로잡고 있는, 철학의 영역으로 침입해 들어가려는 유혹으로부터 조심스럽게 자신을 지켜야 한다는 결론을 내리는 데 만족하기로 하자. 왜냐하면, 과학자를 포함해서

32) *Le rationalisme appliqué*, p. 79.

33) Emile Meyerson, *La déduction relativiste*, Paris, 1925, p. 15.

모든 사람은……자신이 체험한 대로 철학을 생산하기 때문이다.[34]

이번에는 우리가, 이 겸손한 말투는 그러한 제안이 갖고 있는 야망, 즉 철학의 법률을 제정하려는 야망을 감출 수 없다는 점을 주목하는 것으로 만족하기로 하자. 나는 바슐라르가 아주 다른 반향을 보이고 있는, 마지막 명제에 대한 이후에 있을 나의 검토 이전까지 미루어 두고자 한다.

『상대론적 연역』은 5년 뒤 『상대성 원리의 귀납적 가치』에서 하나의 응답을 발견하게 된다. 그 반박은 더 이상 명료할 수 없으리만치 명확하다. 때로는 장의 제목이 메이에르송에 응수한다. 이를테면 '정정과 실재'(Rectification and Reality)라는 제목이 붙은 『근사적 인식에 관하여』의 마지막 장은 『동일성과 실재』(*Identity and Reality*)라는 1907년의 저작에 대응하고 있다. 때로는 이러한 대립이 바슐라르에 의해 채택되어 뒤집혀진 한 구절이나 표현에 집중적으로 나타나기도 한다.

메이에르송은 한 벨기에 교수의 글을 인용하면서 이렇게 쓰고 있다.

> 절대적인 것을 획득하기 위하여 우리는 다양한 관찰자들에게 상대적인 것——여기서는 거리에 의해서 표현된다——을 제거한다. 모든 관찰자는 동일한 기하학적 공간을 연구하는데, 물리적 현상이 전개되는 곳은 바로 한 번 정해지면 영원히 불변하는 이러한 무대이다.

메이에르송은 계속 말한다.

34) *ibid.*, p. 76.

이것은 상대론자들이 따르고 있는 사고과정이 과학뿐만 아니라, 그 이전에 상식의 세계를 구성했던 인간 지성의 영원한 규범을 따르는 정도를 감지할 수 있게 해주는 매우 적절한 언급이다. 사실, 영원히 고정된 공간 속에 놓여 있는 이 절대적 불변자들의 세계는 갈릴레오와 데카르트의 역학의 세계일 뿐만 아니라, 그것은 우리의 직접적 지각의 세계이기도 하다.[35]

이 텍스트는 특징적이고 교훈적이다. 바슐라르의 사고와 상대성이론의 본질을 파악하기 위해서는 모든 점에서 정반대의 관점을 취해야 한다. 왜냐하면, 그것은 바슐라르에 의해 끊임없이 고발되고 있는 그 철학자의 과학에 대한 좋은 실례이기 때문이다. 우리의 목적을 위해서, 메이에르송은 어떤 의미와 어떤 조건들하에서 상대성이론의 '연역'에 대해서 말할 수 있었는지 살펴보기로 하자. 공간을 하나의 틀(décor)로 환원하는 제한을 가지고서 과학과 상식 세계 사이에 연속성이 존재한다는 것을 긍정하기 위해서는, 그에 상응하여 '인간 지성의 영원한 규범'의 존재를 먼저 설정해야만 했다. 이러한 철학 내부의 과정이 역사적 정세에 미치는 효과는 상대성이론들의 새로움을 오인하는 것이다. 같은 책에서, 메이에르송은 "가장 최근에 구체화된 과학적 이론들과 그것에 앞섰던 단계들 사이에 존재하는 엄격한 연속성을 의심할 수 없다"[36]고 주장한다.

이제 이 문제의 중심부로 다가가 보자. "상대성이론의 참모습은 확실히 존재론적으로 절대적인 것이며, 진정한 존재 그 자체이고, 심지어는 상식과 아인슈타인 물리학 이전의 것들보다 더 존재론적이다."[37] 이 텍

35) *ibid.*, p. 69.
36) *ibid.*, p. 71.

스트가 보이고 있는 존재론적 도취는 메이에르송이 절대자들을 보존하면서 겪는 곤란함을 숨길 수 없다. 바슐라르가 어느 곳에선가 말하고 있듯이, 메이에르송에게는 '많은 인내와 박식'만이 필요할 뿐이다. 바슐라르의 독자에게는 이상한 일이 되겠지만, 그 책의 전 부분은 시간과 공간에 대한 '고전적인' 이해들로 돌아갈 수 있는 가능성에 대한 추측들——'미래의 세계'(Glimpses of the Future)라는 그럴듯한 제목으로 장식된——을 낳았다. 메이에르송은 이렇게 고백한다. "이성은, 상대성 원리에 의해 자신에게 부과된 형식들에 적응하기 위해서는 자기 자신에게 폭력을 행사하지 않으면 안 된다."[38] 이 구절과 『새로운 과학 정신』의 한 구절을 비교해 보자. 바슐라르는 이렇게 쓰고 있다. "인식이 역사를 갖는 순간부터 정신은 다양한 구조를 갖게 되었다."[39] 우리는, 메이에르송의 철학 원리들이 이성의 절대성인 반면에, 바슐라르는 조르주 불리강(Jeorges Bouligand)을 따라 절대성의 쇠퇴의 시대가 도래했음을 선포하고 있다고 말할 수도 있다. "물리학에서 측정의 우선성을 설명하는 암묵적인 전제는, 실재는 이해가능하다는 심오한 확신이다"라고 메이에르송은 쓰고 있다. '그러나' 그는 다음과 같이 그것에 반대한다.

> 그것은 지지할 수 없는 견해이다. 우리의 지성은 어떤 경우에도 현상에 대한 단순한 기술에 결코 만족하지 않고, 항상 더 나아가며, 그리고 그것이 목표로 하고 있는 인식은 순전히 외적인 것만도, 행동을 촉진하기 위한 것만도 아니며 오히려 우리의 지성이 사물의 진정한 존재를 꿰뚫어 볼 수 있도록 해주는 내적인 인식이라는 사실 이

37) *ibid.*, p. 79.

38) *ibid.*, p. 366.

39) *Le nouvel esprit scientifique*, p. 173.

외에는 어떤 것도 명백하지 않다.[40]

상식의 세계도 이 길의 한 단계에 불과하다. 이 텍스트에 드러나 있는 과학에 대한 순전히 서술적인 견해를 무시하고, 이 텍스트가——바슐라르에 따르면——이런 유형의 철학들의 마지막 말을 구성하고 있다는 점을 주목해 보도록 하자. 더욱 직접적이기 때문에 더욱더 심오하다고 주장하는 다른 종류의 인식을 옹호하기 위해 과학적 인식을 체계적으로 평가절하하는 것. 그것을 나는 다음과 같이 요약한 바 있다.

과학이 모든 것을 알 수는 없다.

마지막으로, 이성의 통일성과 영원성을 긍정하며, 사유 범주들 속에서 과학적 인식의 보증을 찾는 철학은 이러저러한 방식으로 상식의 세계와 과학의 세계 사이에 연속성을 설정할 수밖에 없다는 것을 주목하자.[41]

메이에르송을 넘어 전 철학적 조류가 '실재론'이라는 이름으로 지칭된다. 『상대성 원리의 귀납적 가치』에는 다음과 같은 잠정적인 정의가 나타나고 있다. "나는 인상들(impressions) 그 자체의 수준에서 인상들의 조직을 주장하고, 개별적인 것의 배후에 그 개별적인 것의 단순화로서 일반적인 것을 위치시키며, 그리하여 개별적 감각의 장황한 풍부함과 추상하는 사유의 체계적 빈곤함을 믿는 모든 원리를 실재론이라 부른다."[42] 이 모든 특징은 메이에르송의 원리에 엄격하게 적용될 수 있다.

---

40) *La déduction relativiste*, p. 13.

41) 이것은 고전 철학의 운명이다. 그러나 스피노자 철학은 예외이다.

42) *La valeur inductive de la relativité*, p. 206.

이러한 엄격한 정의의 반대쪽 극단에서, 바슐라르 최후의 위대한 인식론적 저작은 다음과 같은 테제를 포함하고 있다. "모든 철학은 명백하게 혹은 암묵적으로, 정직하게 혹은 은밀하게, 실재론적 기능을 이용한다. 모든 철학은 실재를 설정하거나 객체화하며 전제한다."[43)]

나는 이 두 텍스트가 보여 주고 있는 거리(écart)를 측정하는 것이 매우 중요하다고 생각한다. 내 생각으로는, 그것은 철학적 원리로서의 실재론에 대한 정의로부터 인식론적 기능으로서의 그것에 대한 인정으로의 이행이다. 바로 이러한 사실 때문에 우리는 바슐라르의 텍스트에서 '실재론'이라는 용어에 관해 나타나고 있는 변화들을 기록하고 숙고해야 한다. 이것은 바슐라르의 텍스트에서 한 단어의 의미나 의미들을 확립한다는——이미 그 자체로 정당한——만족을 위해서가 아니라, 우리가 발견하게 될 것은 실제로 모든 철학에 타당하다는 생각에서이다.

나는 다음의 것이 「인정들」의 마지막 질문이 될 것임을 보여 줄 것이다. 철학이 과학적 사고에 부여해 온 왜곡된 표상들——이 속에서 과학적 사고는 스스로를 성찰하고 있다고 생각했다——로부터 과학적 사고를 해방시키는 것. 과학적 사고의 본질은 이렇게 나타날 것이다. 그러나 또한——말을 바꾸면——철학은 전도될 것이고, 새로운 분과의 과제들이 전면에 나타나게 될 것이다.

내가 보기에, 이러한 텍스트들을 읽을 때, 바슐라르에 의해 제기된 실재론에 대한 (철학적) 문제는 세 가지의 정확한 (과학적) 개념들에 대해서 나타난다. 대상(object)이라는 개념, 경험(experience) 혹은 실험(experiment)이라는 개념, 그리고 감각자료(data) 혹은 소여(given)라는 개념. 이러한 개념들은 그의 작업에서 항상적인 놀이와 작업의 자리이다. 왜냐하면 그것들은 과학자와 철학자가 명백하게 공유하고 있는 언어의 일

---

43) *Le matérialisme rationnel*, p. 141.

부를 구성하고 있기 때문이다. 실재, 이성, 자연, 정신……등의 개념들이 과학자의 활동에 그처럼 개입하지 않는다는 것은 분명하다. 그것들은 과학자의 실천에 외재적이며, 과학자는 실험실을 떠나서 자신이 철학적인 것으로 알고 있는 자신의 작업에 관해 스스로 질문을 제기할 때만 그 개념들을 신용한다.[44)]

그러나 경험이나 실험, 대상, 그리고 감각자료나 소여 등의 개념은 과학 내적임과 동시에 철학적이다. 나는 그 개념들이 철학이 과학적 인식의 실천 속으로 은밀하게 개입해 들어가는 지속적인 미끄러짐과 편견의 장소임을 바슐라르가 어떻게 파악했는지를 보여 주려고 한다. 결과는 적대적이고 모순적인 힘들 사이의 **투쟁**이다. 여기서 그 개념들은 말 그대로 '결정적'이다.

『현대 물리학의 합리주의적 활동』의 서두에서 우리는 다음을 읽을 수 있다. "내가 보기에 대상 개념은 소립자 물리학에 의해서 요구되고 있는 전위를 통해서 혁명화되고 있는 것 같다."[45)] 이러한 전위의 정확한 본질을 이해하기 위해서, 우리는 하나의 예로서 『사유와 운동』(*La Pensée et le mouvement*)이 나온 지 2년 후인 1936년에 간행된 『지속의 변증법』을 읽을 수 있다. 그 책은 다음과 같이 반박하고 있다. "과학적 대상들은 우리가 만든 것이며, 그 이상도 그 이하도 아니라는 인식 수준에 도달했다……우리는 점차로 우리의 이론적 사고를 **실현하고** 있다."[46)] 또한 『과학 정신의 형성』에서는 이렇게 쓰고 있다. "대상은 **직접적으로** '객관적인'(objective) 것으로 나타날 수 없다. 달리 말하면, 대상

44) 루이 알튀세르는 최근에(1967~1968년 고등사범학교에서 행해진 강연들) '과학자의 자생 철학'과 그의 '세계관'을 구분할 것을 제안했다. 나는, 이 구분이 바슐라르가 착수는 했으나 주제화하지 못한 것을 올바르게 다루고 있다고 생각한다.

45) *L'activité rationaliste de la physique contemporaine*, p. 16.

46) *La dialectique de la durée*, pp. 63-64.

을 향한 일보는 처음에는 객관적이지 않다. 따라서 감각적 인식과 과학적 인식 사이의 진정한 단절(rupture)을 수용하는 것이 필수적이다."[47]

그가 제안하고 있는 말의 유희(대상 - 객관적인, object-objective)를 통해, 항상 그러하듯이 바슐라르는 언어의 자생적 존재론을 경계할 것을 우리에게 요구하고 있다. 그는 그러한 존재론으로부터 벗어날 수 있는 장소로 우리를 위치시킨다. 바로 이 지점에서, "낡은 어휘들이 모든 것을 말하기에는 충분하지 않다"[48]는 사실을 인식하고 있는 바슐라르는 몇 가지 새로운 어휘들을 만들어 낸다. 그래서 그는 『부정의 철학』에서 '*sur-objet*'라는 개념을 제안한다. 그는 그 개념을 다음과 같이 정의한다.

> *sur-objet*는 비판적 객관화의 결과이며, 그것이 비판한 대상의 일부만을 보유하고 있는 객관성의 결과이다.[49]

『새로운 과학 정신』에서, 그는 또 다른 말의 유희를 통해 우리가 언어의 자생성으로부터 벗어나도록 하고 있다. "주체를 넘어서, 직접적인 대상을 넘어서, 현대 과학은 프로젝트에 기초해 있다."[50] 그러나 어떤 새로운 것을 말하려고는 하지만 자신을 이해시키기 위해서 일상적인 언어를 사용할 수밖에 없는 사람들의 운명에 굴복해서, 『합리적 유물론』에서 그는 이전의 신조어 사용을 포기하고 내가 '적절하지 않은 규정'이라고 부르고자 하는 다른 절차——그의 작업에서 빈번하게 나타나는——를 사용한다. 대상이라는 말 대신에 바슐라르는 '이차적 대

47) *La formation de l'esprit scientifique*, p. 239.
48) *Le rationalisme appliqué*, p. 134.
49) *The Philosophy of No*, p. 119.
50) *Le nouvel esprit scientifique*, p. 11.

상'(secondary object)이라고 쓴다. '이차적'이라는 조건은 '대상'이라는 말에 스며들어 있을 수도 있는 모든 경험주의적 함축을 제거하는 효과를 갖는다. 탄소가 사면체라는 견해에 대한 토론을 채택해서 바슐라르는 다음과 같이 쓰고 있다. "우리가 보게 될 것처럼, 이 토론은 정확히 일상적인 경험 속에 존재하는 직접적인 실재론적 가치를 갖지 않는 대상, 이차적 대상으로 지칭되어야만 하는 대상, 이론들이 앞서는 '대상'을 향하고 있었다."[51] 그리고 그는 다음과 같이 덧붙이는데, 그것은 나의 주장을 정당화하고 있다. "나는 이러한 철학적 관찰들을 계속 반복할 것이다. 왜냐하면 나는 위험을 무릅쓰고 과학적 인식과 일상적 인식 사이의 단절에 관한 테제를 지지하고 있기 때문이다."

여기서 바슐라르가 드러내고 있는 것은, 과학자와 철학자가 대상이라는 말을 사용할 때, 즉 그들이 자신들의 담론에 그 말을 도입할 때, 그들은 동일한 것에 대해 토론하지 않는다는 점, 더욱 정확히 말하면 철학은 사물에 대해 토론하고 과학자는 결과에 대해 토론한다는 점이다. 우리는 왜 바슐라르가 『합리적 유물론』에서 다음과 같이 쓰고 있는지 이해하게 된다. "대상은 합리적 객관성의 긴 과정의 끝에서만 구성된다."[52] 철학자에게 이것은 실로 불가능한 명제이다. 이러한 점에서 철학적 작업은 다음과 같이 특징지을 수 있다. 철학은 대상 - 결과를, 즉 과학적 개념을 자신의 주제로 채택해서 주체/대상이라는 철학적 개념 쌍 속에 집어넣는다. 철학이 과학적 개념에 대해서 말하는 것은, 철학적 담론의 대상 - 사물의 경우에만 여전히 타당하다.

동일한 논증이 경험 혹은 실험 개념에 대해서, 감각자료 혹은 소여 개념에 대해서, 다시 말하면 관찰, 사실 등등의 파생 개념들에 대해서

---

51) *Le matérialisme rationnel*, p. 142.

52) *ibid.*, p. 187.

반복될 수 있다. 동일한 결론들이 도출될 것이다. 철학은 일상적인 직접적 경험──체험된──과 과학적 사고의 생산 사이에 존재하는 불연속성을 없애거나 메우기 위해서 위와 같은 어휘들을 이용한다. 철학은, 과학적 사고 체계에서 자신들이 차지하고 있는 위치에 따라 의미들을 획득하는 개념들을 분리시킨다. 철학은, 그 개념들을 철학적 용어 속에 집어넣음으로써 의미가 전환되어서 사용되는 말들로 만들어 버린다. 과학적 개념을 무화시키기 위하여 과학적 인식의 필요불가결한 진보를 인정하는 것, 이것은 철학자가 항상 따르는 절차이다.

그러나 우리는 한 걸음 더 나아갔다. 이제 과학적 사고의 기준은 인식 외부의 대상에서, 즉 일종의 환각을 일으키는 철학적 기능 속에서 찾아질 수 없다는 점이 명백하다. 바슐라르처럼 일단 과학적 사고가 갖는 현격한 진보적 성격을 확신한다면, 확고한 토대, 유일한 확고한 토대는 철학이 사고하는 데 실패한 객관화의 과정이다.

그러나 과학적 인식을 하나의 과정으로 사고하는 것은 전통적인 질문들을 전위시키는 것이다. 그것은 인식을 특정화(specification)하지 않고 사고하는 것을 거부한다. 그것은, 인식은 매개 없이 그 자신에 도달할 수 있다고 인정하는 것을 거부한다. 결국, 그것은 과학적 인식에 필수불가결한 담론성이 그 인식의 객관성에 대한 보증임을 긍정하는 것이다.

결론을 내리기 위해, 나는 이제 서둘러 우리가 바로 앞에서 목격했던 지반의 변화가 어떻게 진리라는 철학적 개념에 반향을 일으키는지 보여 줄 것이다. 이 반향은 다음과 같이 정의될 수 있다. 그것의 효과는 진리 개념을 철학적인 것으로 드러내는 것이다. 이러한 효과가 나타나자마자 그것은 또 다른 효과를 낳는다. 오류 개념──진리 개념과의 관련 속에서 사고되는──이 정정되어야만 한다.

사실, 바슐라르는 자신이 오류에 아주 새로운 의미를 부여했다는 것을 보여 주기 위하여 종종 이 점으로 되돌아오곤 했다. 따라서 오류의 긍정성이 그의 인식론의 '공리'에 속한다고 말하는 것이 가능했다.[53] 여기서 우리는 오류에 관한 질문이 어떻게 해서 그의 인식론에서 실로 필수적인 것이 되고 있는지를 보게 된다. 오류 개념은 철학자들과 자신을 구분짓는 지점이다.

1927년의 논문에서조차, 바슐라르는 이렇게 쓰고 있다.

> 내가 보기에 오류의 문제는 진리의 문제에 앞서 나타난다. 정확히 말하면, 나는 세세한 오류들을 일소하지 않고서는 진리의 문제에 대한 어떠한 가능한 해결책도 발견할 수 없었다.[54]

『응용 합리주의』에서는 이렇게 쓴다.

> 과학적 오류들의 지반에서 오류의 문제를 제기한다면, 오류와 진리는, 순전히 논리적이고 형식적인 철학이 유도하고 있는 생각과는 달리, 대칭적이지 않다는 점이 매우 분명하게, 정확히 말하면, 구체적으로 나타난다.[55]

과학적 사고가, '전제되고 설정되고 투영된' 실재가 아니라 언제나 이미 사고되고 조직된 실재가 출발점과 도착점을 이루는 하나의 과정

53) Georges Canguilhem, "Sur une épistémologie concordataire", *Hommage à Gaston Bachelard*, 1957, p. 5.

54) *Essai sur la connaissance approchée*, p. 244.

55) *Le rationalisme appliqué*, p. 58.

이라면, 오류는 더 이상 그 과정의 우연한 사건이 아니라 인식의 본질적이고 필수적인 추동 계기임이 분명해진다. 또한, 독립적으로 참과 거짓을 결정할 수 있는 영원한 심급도 존재하지 않는다. 왜냐하면 철학은 더 이상 그러한 특권을 갖고 있지 않기 때문이다. 사정이 이러하다면, 오류는 역사적 과정 속에서 정정된 후에만 오류로서 나타날 것이다. 이렇게 우리는, 과학에 대한 이데올로기적 철학으로서의 실재론, 혹은 기본적인 과학적 이데올로기로서의 실재론에 대한 이러한 논쟁의 끝에 이르러, 바슐라르와 더불어 역사가 인식론 속에 도입되고 있다는 것을 발견하게 된다.

나는 철학적 이데올로기 혹은 이데올로기적 철학이라는 용어들을 바슐라르의 것으로부터 빌려 오지 않았다. 그러나 내가 보기에 그것들은 그의 작업과정 속에서 실재론이라는 용어에 의해 획득된 확장을 설명할 수 있도록 해준다. 그것의 본래적 지반의 경계를 넘어, 그 개념은 점차 모든 종류의 철학을 지칭하는 데 쓰이고 있다. 경험주의뿐만 아니라 『현대 물리학의 합리주의적 활동』에서의 현상학, 실존주의, 또한 우리가 본 것처럼, 순전히 논리적이고 형식적인 철학——이러한 확장의 유일한 존재 이유(raison d'être)는 과학의 옆에서 철학에 의해서 수행되고 있는 기능('실재론적 기능')이다. 상세히 논증했듯이 이러한 기능은 과학적 인식에 외적인 목적들을 위해 과학적 개념들을 전위시키는 것이다. 엄격히 말해서, 우리는 그것이 루이 알튀세르가 정의한 의미에서 과학에 대한 일반적 이데올로기의 문제라고 말할 수 있을 것 같다. 나는 바슐라르가 자신의 사고에서 아주 새로운 것을 정확히 표현할 수 있는 새로운 단어들을 그 속에서 발견할 수 있기 때문에, 위와 같은 용어를 너그러이 수용할 것이라고 감히 생각한다.

4. 수학과 언어

나는 바슐라르의 눈에는 과학적 인식에 대한 모든 '이데올로기적' 견해가 궁극적으로는 수학의 역할과 본성에 대한 오인에 의존해 있는 것으로 보였다는 사실을 증명할 것이다. 실제로, 아무리 잘 만들어진 것일지라도, 수학이 하나의 언어로서 간주될 수 없다는 것은 『근사적 인식에 관하여』에서부터 1950년대의 저작들에 이르기까지 변함 없는 주제였다. 이러한 주장을 나는 하나의 지표로 삼을 것이다. 철학이 수학의 기능을 설명하려 할 때, 철학이 계속해서 그것을 언어라고 말한다면 그것은 확실히 우연이 아니다. 바슐라르가 철학이 과학적 사고의 본질을 놓치고 있다는 것을 보여 줌으로써 항상 이 논제에 철저하게 대립했다는 사실도 우연의 일치일 수는 없다.

『새로운 과학 정신』에서 바슐라르는 이렇게 쓰고 있다.

> 매우 심대한 정정들에도 불구하고 과학 정신이 그 근원에서는 동일하다고 생각하는 것은, 과학적 사고 속에서의 수학의 역할을 정당하게 평가하지 않기 때문이다. 사람들은 계속해서 수학은 언어, 즉 한갓 표현 수단일 뿐이라고 생각해 왔다. 사람들은, 수학을 자기 자신을 의식하는 이성, 전-수학적(anté-mathématique) 명료성을 갖춘 순수한 관념들의 주인인 이성이 자유로이 사용할 수 있는 수단들로 간주하는 데 익숙해 있다. 이러한 분할은, 직관이 갖는 최초의 이미지들이 제안적 힘을 갖고 그리하여 이론이 자신을 구성하는 데 도움을 주었던 과학적 사고의 발생기에는 일정한 의미를 가졌을지 모른다.[56)]

---

56) *Le nouvel esprit scientifique*, p. 53.

여기서 이 긴 인용문을 끝내지만, 3장의 초반부 전부는 이것에 대한 주해로서 논의되어야만 한다. 방금 제시한 인용이 부동적 이성의 영원성이 결국에는 수학에 대한 어떤 견해에 의존해 있다는 점을 드러내고 있는 것이라면, 그것은 우리가 우리 문제의 중심부를 떠나지 않았다는 것을 입증하기에 충분할 것이다.

『과학 정신의 형성』에서, 바슐라르는 18세기에 지배적이었던 관찰의 철학 전체가 어떻게 수학과 물리학의 분리를 하나의 동기로서 갖게 되었는지를 보여 주고 있다. 그는 다음과 같은 견해를 제시한 바 있는 드 마리베츠(De Marivetz)를 인용한다. "현상을 계산한다는 말은 매우 부적절하다. 그것은 설명하는 방법보다 계산하는 방법을 더 잘 알고 있는 사람들에 의해 물리학에 도입되었다." 바슐라르는 다음과 같이 주석을 달고 있다. "수학은 표현할 뿐 설명하지 않는다는 최근에 계속해서 반복되고 있는 인식이론을 발견하기 위해서는 물리학에서의 수학의 역할에 대한 이러한 견해에서 몇 마디만 끌어내는 것으로도 충분할 것이다. 이러한 이론과는 달리, 나는 수학적 사고가 물리학적 설명의 기초를 형성하며, 이제 추상적 사고의 조건들은 과학적 실험의 조건들과 분리될 수 없다고 생각한다."[57] 여기서도 우리는 바슐라르가 수학과 물리학 사이의 실제적 관계는 인정하면서 다른 한편으로 추상/구체의 철학적 개념 쌍을 수정하고 있다는 것을 알 수 있다.

『근사적 인식에 관하여』에서, 그때까지도 철학적 어법에 갇혀 있었던 바슐라르가 이미 그것의 부적절성을 충분히 느끼고 있었다는 사실을 본다는 것은 흥미 있는 일이다. 그래서 우리는 이러한 기이한 문장을 읽을 수 있게 된다. "물리 과학은, 자신의 실험적 기초로부터 어렵지 않게 자신을 분리시키는 언어, 말하자면 스스로 모든 것을 사고하는 언

57) *La formation de l'esprit scientifique*, p. 231.

어를 수학에서 발견했다."[58] '말하자면'(pour ainsi dire)이라는 말이, 모든 것을 스스로 사고하는 언어는 전통 철학에게는 더 이상 언어가 아니라는 점을 우리에게 감출 수 없다.

바슐라르에게 수학의 본질은 그것이 갖고 있는 발명의 힘에 있다. 그것은 과학적 사고의 동학을 추동하는 요소이다. 『부정의 철학』에서 그는 다음과 같이 쓰고 있다.

> 원자를 이해하려고 하는 현대적 사고의 노력들을 추적해 보면, 우리는 원자의 근본적인 역할은 사람들로 하여금 수학을 하게 만드는 것이라는 사실을 가까이에서 알게 된다. 무엇보다도 수학으로부터…….[59]

이 금언(bon mot) 뒤에서 우리는 매우 심오한 확신을 읽게 된다. 이미 앞에서 인용한 바 있는 『철학 탐구』의 「본체와 소립자 물리학」라는 논문에서, 그는 자신의 생각을 다음과 같이 발전시키고 있다.

> 수학적 - 물리학적 실재는 이중의 동학에 의해서 풍부해진다. 그것을 연구함으로써 우리는 정리들로서의 현상을 발견할 수 있는 기회를 많이 갖게 된다. 어쨌든, 이렇게 발견된 정리들을 실현하는 지점에 도달하는 것이 항상 필수적이다. 왜냐하면 이러한 과제는 19세기에 계속해서 반복되어 온 것처럼, 실험에 의해 드러난 사실들을 수학적 언어로 옮기는 문제가 더 이상 아니기 때문이다…….

실제로, "발견의 힘은 거의 전적으로 수학적 이론으로 넘어갔다."

---

58) *Essai sur la connaissance approchée*, p. 10.
59) *The Philosophy of No*, p. 32.

20년이 지난 뒤에는, 사태가 보다 명확해진다. 『현대 물리학의 합리주의적 활동』에서 우리는 다음을 읽게 된다. "수학에서 언어 이외에 아무것도 보지 못하는 '회의적인 철학자들'이 소중하게 생각하는 고정 관념과 단절하는 것이 필요하다. 반대로, 수학은 사고, 자신의 언어를 갖고 있는 어떤 사고이다. 물리학자는 실험을 이러한 수학적 사고를 가지고 사유한다."[60] 이 텍스트에 그것이 갖는 진정한 중요성을 부여하기 위해서는 바슐라르가 회의적 철학자들이라고 쓸 때, 그가 겨냥하고 있는 것은 어떤 특정한 철학의 학파가 아니라 수학이 갖는 발명의 힘을 회의하는 철학자들 일반이라는 사실을 깨달아야 한다. 다른 한편, 바슐라르가 수학이 사고(pensée)라고 쓸 때 '사고'라는 말로써 그가 의미하는 바를 파악하기 위해서는 다른 텍스트들이 제시되어야만 한다. 이제 「본체와 소립자 물리학」에서, 우리는 다음을 읽게 된다. "훌륭한 물리학적 가설은 반드시 본질적으로 수학적이다." 그리고 『합리적 활동』에는 이렇게 씌어 있다. "이제부터 과학적 가설들은 그것들의 수학적 형식과 분리될 수 없다. 그것들은 진정으로 수학적인 사고들이다."[61] 따라서 수학이 물리학에 가설들의 체계를 제공하는 것으로——간단히 말하면 그 이론들을 제공하는 것으로 이해되어야 한다.

그리고 우리는 바슐라르가 『근사적 인식에 관하여』에서는 단지 암시만 할 수 있었던 것을 명백하게 표현하고 있는 것을 보게 된다. "수학이 관찰된 사실들을 자기 방식대로 표현하는 한갓 언어에 불과하다고 말한 것은 너무 성급한 것이었다. 이 언어는, 다른 어느 것보다도 더 사고와 분리될 수 없다. 수학을 수학적으로 이해하지 않고서는 사용할 수 없다." 이것은, 바슐라르가 20년 전에 수학은 모든 것을 스스로 사

60) *L'activité rationaliste de la physique contemporaine*, p. 29.

61) *ibid.*, p.

고하는 언어라고 썼을 때 말하려고 했던 것이다.

논증을 조금 더 밀고가자. 이러한 '회의적 철학자들'이 어떤 모순도 없이 수학의 형식주의와 대상의 경험주의를 단일한 사고 속에서 결합시키고 있다는 것이 동시에 드러난다. 모든 담론에 대해서 준비되어 있는 '보편적 표상 수단'[62]의 역할이 수학에 부여 된다. 달리 말하면, 수학자는 해석자이다. 그는 이미 나타나 있지만 잠재되어 있는 언어를 명확한 형태를 갖는 자신의 언어로 대체한다. 그가 그것을 거의 이해할 수 없다고 해도, 실재는 풍부한 것이다. 이것은 인식을 단순한 번역으로, 즉 실재 속에 기입되어 있는 또 다른 텍스트를 읽는 것으로 간주하는 모든 견해를 포함하고 있다.[63]

바슐라르의 이론적 천재성은, 이러한 견해가 수학적 사고에 대해서 마련해 놓은 취급 수단을 통해서, 그것이 이전의 모든 철학이 갖고 있었던 견해임을 본 것이었다.

이러한 착오는 다른 많은 것에 접근할 수 있는 열쇠를 제공한다. 그러나 우리는 아직 그러한 착오의 이유를 발견해야만 한다. 이 연구는, 바슐라르가 지나간 길을 따라, 우리를 철학적 사고의 밖으로, 과학적 사고의 밖으로 내몰게 될 것이다. 그러나 나는 미리 예단하지 않을 것이다. 나는 오히려, 한 특별한 개념에 대한 성찰을 통해 수학 일반에 대해 내가 정식화할 수 있었던 결론들을 설명할 것이다.

바슐라르의 사고 속에서 중요한 역할을 하고 있는 이 개념은 연산자(operator)라는 수학적 개념이다. 1940년에 출간된 『현대 물리학에서의 공간의 경험』의 4장 전체는 『합리주의적 활동』의 8장과 마찬가지로, 이

62) 이 개념은 피에르 마슈레이에 지고 있는 또 다른 부채이다.

63) 이에 관해서는 루이 알튀세르의 *Reading Capital*, NLB, London, 1970, Part 1을 참조할 것.

개념에 할애하고 있다. 『공간의 경험』에 나타나고 있는 바슐라르의 표현을 빌리자면,[64] 우리는 이 개념을 통해서 수학적 형식주의와 철학적 실재론이라는 대립하고 있는 두 개의 전선에 대해 싸울 수 있다. 우리는 "양자에 대해서 동일한 대답을 할 수 있다. 수학은 창조적 사고 속에서 관습과 실험 모두를 뛰어넘는다."

형식주의가 '형식'으로 간주하는 것은 '연산자'로 간주되어야 한다. 연산자는 이렇게 수학적 법칙의 실현을 위한 플랜으로 나타난다. 우리는 바슐라르가 압전기의 문제에서 실험실의 결정체를 다음과 같이 정의하고 있는 것을 볼 수 있다.

> 실험실에서 창조된 결정체는 더 이상 진정한 의미에서의 대상이 아니다. 그것은 도구이다. 보다 정확히 말하면, 수학이 연산자들에 대해서 말할 때와 같은 의미에서, 기술적으로 형성된 결정체는 현상의 연산자이다.[65]

이 메타포를 바꾸어 이렇게 쓸 수 있다. 사고의 결정체인 수학은, 그것 없이는 물리학이 진보할 수 없는 그런 것이다.

이렇게, 철학으로 하여금 과학을 인식의 역사적 생산과정으로서 사고할 수 없도록 만들고 있는 것은 바로 과학적 사고에서의 수학의 역할에 대한 오인이다. 바슐라르가 항상 우리를 데려가는 곳은 바로 이 지점이며, 그는 언제나 모든 철학을 그것과의 관련을 통해 특징짓는다.

---

64) *L'expérience de l'espace dans la physique contemporaine*, p. 94.
65) *La rationalisme appliqué*, p. 202.

5. 철학적 위상학

바슐라르처럼, 과학적 인식의 영역 밖에서 그것의 토대라는 구실로 과학적 인식의 기준을 찾지 않아야 한다는 것을 우리가 인정한다면, 과학적 인식이 구성하고 있는 과정은, 사고가 작용을 가하게 되는 오류 덩어리로서의 원료——원한다면 '소여'라고 부를 수도 있는——를 반복을 통해서 드러내는 계속적인 정정의 점진적 객관화과정이라는 것을 인정한다면, 내가 이미 보여 준 바 있듯이, 우리가 이러한 인정들을 계속해 나간다면, 우리는 철학에 그것의 진정한 본성을 부여할 수 있게 된다. 왜냐하면 이러한 인정 행위가 즉시 이루어지지 못하도록 한 것이 바로 철학이라는 사실이 분명하기 때문이다. 부적절한 개념 쌍들을 구성하고 위압적인 지배권을 확립함으로써, 아주 분명한 것조차 분명해 보이지 않게 한 것은 철학이다. 그런데 이러한 일은, 철학자들에 의해서 뿐만 아니라, 보다 심각하게는, 스스로 철학적 문제들을 제기하게 된 과학자 자신들에 의해서 이루어졌다.

우리가 목격할 수 있었던 일련의 결과들과 논쟁적 성과를 통해서, 내가 서술한 바와 같이, 과학적 활동과의 관련 속에서 모든 철학을 특징지을 수 있게 되었다. 이러한 의미에서 실로 '과학이 철학을 결정짓는다'고 말할 수 있게 되었다. 그것은 바슐라르가 『응용 합리주의』[66]에서 철학적 스펙트럼이라는 조작적 메타포를 제안할 수 있었던 방법이다. 나는 여기에서 그것을 재현하여 논의할 것이다.

---

66) *La rationalisme appliqué*, p. 5.

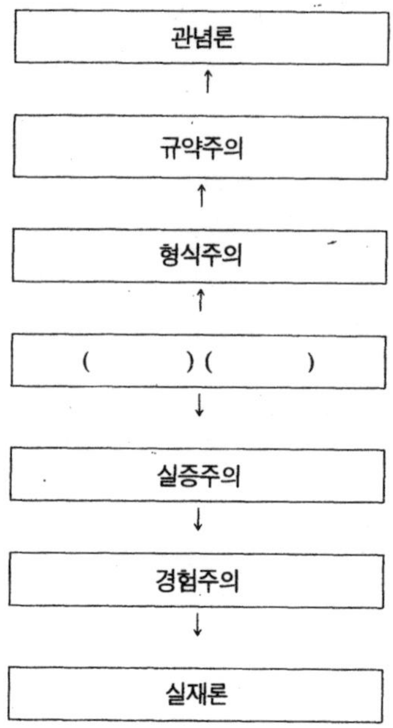

첫번째 관찰. 위와 같이 재현함으로써 나는 바슐라르의 텍스트에 충실하지 않은 셈이다. 왜냐하면 나는 중앙 부분을 빈 칸으로 남겨 두었기 때문이다. 이것은 설명의 필요성에 의한 것이다. 왜냐하면 바슐라르에게서 그 빈 칸에 나타나는 용어들은 우리가 아직 그 개념들의 장소를 지정해 주지 않은 새로운 인식론을 지시하기 때문이다.

그러나 내가 남겨 놓은 빈 칸들이 완전히 미결정적인 것은 아니다. 실제로, 우리는 그것들에 대해서, 그것들은 그 현실에서, 즉 그 구조(그 형식들의 배열)나 발전에서 과학적 절차를 존중하는 원리를 위한 장소를 제공할 것이라고 말할 수 있다. 더 나아가 우리는, 이러한 원리는 개념 생산의 합리적 측면과 내가 잠정적으로 과학의 응용이라고 부르는 것의 실험적 측면 모두를 존중해야 한다고 말할 수도 있다. 이것이 내가 하나의 빈 칸이 아니라 두 개의 빈 칸을 나의 도식에 그려 넣은 이유이다. 추가한다면, 이 빈 칸들은——완전히——일치해야만 한다. 그렇지 않으면 어떤 형이상학이 그것들 사이의 틈으로 들어 설 것이다. 그리고 그 형이상학은 자신의 것으로 만들 수 있는 개념 쌍을 재발견하며 몹시 기뻐할 것이다.

한 발 더 나아가 보자. 과학적 인식의 활동에 가능한 한 가깝게 구성된 새로운 인식론은, 그것의 중심적 지위를 통하여 우리가 모든 철학의 참모습을 볼 수 있게 해준다. 새로운 인식론으로부터 모든 철학은 자신의 참모습을 받아들인다. 여기에서 우리에게 제시되는 것은 바로 철학적 위상학[67]의 조직 원리이다.

나는 단지 모든 과학 철학이 아니라 '모든 철학'이라고 말하고 있다. 왜냐하면 모든 철학은, 이러저러한 측면에서, 그것이 그렇게 의지하든 하지 않든, 과학 철학이라는 것이 분명하기 때문이다. 모든 철학은 자신의 주요한 부분으로 '인식이론'을 포함하고 있는 정도, 정확히 그 정도 만큼 말할 수 있다. 우리가 본 바와 같이, 이 모든 것은 바슐라르가 우리에게 생각하도록 요구한 것이다. 사실, 위에서 제시된 스펙트럼은 우리에게 일종의 '계열'을 제공한다. 실증주의와 형식주의와 같이 과학적 사고와 긴밀하게 연결된 것으로서 제시되고 있는 철학들로부터, 우리는 훨씬 더 느슨하게 연결되어 있는 '철학적 기능'들로 넘어가게 된다. 그런데 모든 철학은 그 철학적 기능들의 이름을 통해서 자리를 발견할 수 있다.[68]

---

67) *ibid.*, p. 7.

68) 한 특정한 개념의 경우에 스펙트럼 분석이 어떻게 작동하고 있는가를 알고 싶은 독자는 『합리주의적 활동』의 7장을 보면 된다. 그것은 이렇게 시작되고 있다. "스핀 개념은 그 자체로 엄밀한 논의를 추구하는 철학자들의 토론장에서 논의 대상이 될 수 있다. 이 개념은 인식 철학들에 대한 스펙트럼 분석의 보기로서 매우 적절하다"

이제 우리는 바슐라르가 이러한 위상학에 대해서 하고 있는 설명을 면밀하게 추적해 보아야 한다. 그런데 이것은 결국 내가 지금까지 드러내지 않았던 것, 즉 원리들 모두를 연결시키고 있는 수직의 화살표에 대한 주석을 다는 일이 될 것이다. 매우 형식적이기는 하지만 중요성이 없는 것은 아닌 첫번째 관찰——이 화살표들은 중앙선에 대해서 대칭을 이루고 있으며 방향은 반대로 되어 있다. 달리 말하면, 도식을 중앙에서 접으면, 그것들은 일치하게 된다.

이때 접는다는 것은 무엇을 의미하는가? 그것은 그 원리들 각각이, 그 본질은 전혀 변화됨이 없이, 외관상으로는 모순적인 것으로 보이는 원리로 바뀌질 수 있다는 것을 의미한다. 이는, 내가 이미 실재론(이것은 앞에 제시한 위상학의 용어들 가운데 하나이다)에 대한 분석을 마쳤기 때문에 결코 놀라운 일이 아니다. 그러나 그것은, 우리가 이미 확인한 바 있는 역전의 원리적 이유를 확정짓도록 해준다.

그 원리들 각각의 본질이 그 자신 속이 아니라 포개짐(the fold) 속에, 즉 철학적 공간의 고정된 지점에 있다는 것이 그 이유이다. 이 경우에, 원리들 사이에 나타나는 백터들은 물리적으로 정향되어 있지 않다. 대칭은 순전히 기하학적인 것이다. 누가 '규약주의'로 표시된 지점에 위치해 있다면, 그는 '경험주의'와 동일한 지점에 위치해 있는 것이다. 왜냐하면 궁극적으로는 이 분산(dispersion)의 절대적 가치만이 중요하기 때문이다.

그밖의 다른 것에 대해서도 다른 방식으로 동일하게 말할 수 있다. "단지 방향만 정반대일 뿐 동일한 관계를 갖는 동일한 요소들을 지니고 있는 두 사고 체계는 근본적으로는 단일한 형태로 환원될 수 있다."[69]

(*L'activité rationaliste de la physique contemporaine*, p. 163). 바슐라르는 그 장에서 그 분석에 대한 요약으로 나아가고 있다.

그러나 바슐라르는 더 있다고 말한다. 그래서 그는 철학적 스펙트럼에 대한 설명을 계속한다. 포개지는 서로 다른 각 측면의 원리들은 보완적이며, 바깥쪽 극단들과의 관련 속에서, 즉 한쪽의 관념론과 다른 한쪽의 실재론과의 관련 속에서 배열된다. '열등한' 원리들의 정합성을 보증해 주고 있는 것은 바로 이러한 두 극단의 지점들이다. 따라서 내가 보기에는 기입되어 있는 화살표들을 정반대 방향의 화살표들로 이중화한다 해도 틀리지 않을 것이다. 게다가 이 새로운 화살표들은, 철학자가 과학들과 맺고 있는 자신의 관계 속에서 의식하고 있는 것을 표현하게 될 것이다. 철학자는 과학적 인식과 자신의 관계를, 예를 들면 '관념론적 관점에서' 혹은 '관념론적 체계 속에서' 체험한다.

우리가 바슐라르의 위상학으로부터 이끌어 낼 수 있는 것은 이러한 것들이다. 우리가 이미 획득한 결과들을 마음에 새겨 두도록 하자.

그러나 나는 우리가 매우 중요한 몇 가지 보충적 결론들을 이끌어 낼 수 있다고 생각한다. 그 첫번째 것은 이렇게 말할 수 있다. "철학은 대상을 갖지 않는다."[70] 실제로, 모든 철학은 특별히 그것이 취하고 있는 과학적 실천으로부터의 분산에 의해 결정되고 있는 것으로 보인다. 철학은 이러한 분산 이외에 어떤 본질도 갖고 있지 않다. 우리가 본 바와 같이, 바슐라르가 그의 일생을 통해서 연구한 것은, 바로 이러한 분산을 제로로 만들기 위함이었다.

그러나 한 가지 질문이 여전히 답이 내려지지 않은 채 남아 있다. 궁극적으로 왜 이러한 철학의 분산이 존재하는가? 우리는 분산 속에 자리잡고 있는 것이 무엇인지를 분명하게 확인한 바 있다. 그것은 과학적

---

69) *Les intuitions atomistiques*, p. 3.

70) 이 테제는, 1967~1968년에 있었던 고등사범학교에서의 강의에서 알튀세르에 의해 이런 식으로 표현되었다. 내 생각에, 이 테제는 바슐라르의 사고와 정확히 일치한다.

인식에서의 수학의 역할에 대한 인식의 착오로 인하여 개념들의 역사적 생산을 오인한 점이다. 그러나 우리는, 철학이 의식적으로든 아니든 이러한 분산을 겪는 이유를 결정짓지 않았다.

바슐라르는 정확히 이곳으로 우리를 초대한다. 그것을 한 마디로 말하면, 분산은 어떤 목적들에 따라 조직된 기능으로서 나타난다. 이제 우리는, 그러한 목적들을 인식하기 이전에도, 그러한 목적들은 초-과학적임과 동시에——우리는 이것에 놀라지 않는다——초-철학적이라고 안심하고 말할 수 있다. 우리가 바슐라르를 따라 닫힌 영역을 가장 뚜렷한 특징으로 하는 위상학을 구성하지 않았다면, 우리는 그러한 사실에 놀랐을 것이다.

우리가 이해해야 할 것은 철학이 항구적으로 범하고 있는 착오의 원인이다. 내가 『과학 정신의 형성』을 읽고자 하는 것은 이러한 관점에서이다. 나는, 이 저작의 풍부함이 내가 이제 막 제시하려고 하는 내용들을 훨씬 뛰어넘는다는 것을 잘 알고 있다. 그러나 내 스스로 설정한 원칙들에 근거해서 그것을 읽고 또 읽음으로써 나는 이 경탄할 만한 텍스트의 본질에 이르게 되었다.

내가 보기에, 『과학 정신의 형성』에서 분명하게 나타나고 있는 것은, 철학은 과학에 초-과학적 가치들을 수입하는 기능을 갖는다는 사실이다. 이러한 가치들에 대해 바슐라르는 구별되지만, 겹쳐지고 있기 때문에 혼동되어 나타나는 두 개의 질문에 답한다. 직접적으로 눈에 띄는 것으로서, 모든 주석가들에 의해 채택되고 있으며 바슐라르 철학의 기초 부분이기도 한 첫번째의 것은, 이러한 가치들의 탄생 기반에 관한 것이다. 일상 생활, 원초적 경험, 전-과학적 인식. 이러한 것들이 그것에 주어질 수 있는 대답들——나에게는 잠정적인 것들이긴 하지만——이다.

덜 분명해 보이는 두번째의 것은, 이러한 탄생 기반에 대한 가치평가의 원인에 관한 것이다. 이 두번째 질문에 즉시 대답하는 것은 쉽지 않다.

바슐라르가 7장의 서두에서 '반사 심리학'(Reflex Psychology)[71]으로 서술하고 있는 이론적 성찰 속에서, 바슐라르가 이러한 가치들을 파악하고 있는 것은 객관적 인식에 대한 그것들의 효과들(반향들)이라는 수준에서다. 우리가 여전히 수수께끼 같은 그 메타포로서, 즉 '인식론적 장애들'이라는 개념으로서 바슐라르가 의미하고 있는 바를 정확히 이해하고자 한다면, 우리는 위와 같은 간접적 결정을 마음에 새겨 두어야만 한다. 확신컨대, 바슐라르에게 하나의 메타포는 하나의 개념을 대신할 수 없다.

우리가 그 효과의 차원에서 '인식론적 장애'라는 핵심 개념을 이해한다면, 그 효과는 단절을 메우는 것이라고 말할 수 있다. 따라서 인식론적 장애는, 그 본성상 다양한 형태를 갖지만 하나의 효과만을 갖는다. 우리가 그 개념을 구체적으로 서술할 기회를 갖게 되는 것은, 그 개념이 이러한 단일한 효과의 차원에서 작동하고 있기 때문이다. 이제, 이러한 효과가 항상 동일하다면 인식과정에서의 그것의 자리는 변화가능하다는 점이 드러난다. 그것은 인식의 구성 시점에서 일어날 수 있다. 아니면, 그것이 이미 과학적 인식으로 구성되어 있다면, 그것의 이후의 발전과정중에 어떤 단계에서 일어날 수 있다. 첫번째 경우에 그것은 '반 - 사고'(conter-thought)라고 말할 수 있으며, 두번째 경우에 그것은 '사고의 정지'(arrêt de pensée)이다. 그러나 동일성 속에서의 이러한 변이는 용어 사용에 관계될 뿐이다. 그것은 장애들을 사고에 대한 사고의 저항의 지점으로 나타낸다. 분명하게 말한다면, 과학적 사고가 확실히

71) *La formation de l'esprit scientifique*, p. 132.

진보적이고 그 진보는 스스로를 재조직함으로써 이루어진다는 데 동의한다면, 인식론적 장애는 이미 존재하고 있는 사고 구조가 위협 받고 있을 때는 언제나——그러나 오직 그 때에만——출현할 것이라고 말할 수 있다. 덧붙이자면, 그것은 단절이 임박해 있는 지점——이 지점들은, 바슐라르 이외의 다른 연구자들이 '중층 결정'(overdetermination)의 장소들임을 보여 주었던 지점들이다——에서 나타난다. 그러나 그것의 출현과 동시에 장애는, 『부정의 철학』의 용어를 따르자면, '완고한 오류들의 조직'인 특정한 사고 구조와 연관되어 있다는 사실이 분명해진다.

그런데 자신을 드러낼 때는 언제나, 위험에 직면한 구조물을 수리하는——순간일 뿐이긴 하지만——효과를 갖는 장애는 관심들의 천위를 통해서 발생한다. 이것은 바슐라르 자신의 말이다.

어떤 경우에, 이렇게 말할 수 있을지는 모르겠지만, 장애는 질문이 제기되기 이전에도 질문을 전위시킨다. 즉 장애는 어떤 특정한 질문이 제기되지 못하도록 하며, 실제적인 질문을 상상적인 질문으로 대체한다.

다른 경우에, 그것은 질문을 의미와 분리시킨다.

달리 말하면, 어떤 경우에 그것은 과학적 사고가 나타나지 못하도록 하며, 다른 경우 즉 과학적 사고가 이미 나타났을 때에는, 그것은 과학적 사고를 일상적 사고 수준으로 떨어뜨린다. 왜냐하면 궁극적으로 모든 것은 과학적 사고와 일상적 사고-사이의 단절된 연속성을 재확립하는 것으로 귀결되기 때문이다. 첫번째 장애——가장 직접적이지만 가장 지속적이면서 결국에는 가장 저항적인——는 일상적 사고가 시작되는 정확한 지점을 자신의 탄생 기반에서, 즉 감각적 경험에서 갖는다는 것은 분명하다. 실제로 바슐라르는 자신의 연구를 통해서 그것을 지식(savoir)의 영원한 원시성이라고 비판한다.

그러나 『과학 정신의 형성』에는 훨씬 더 많은 것이 있다. 거기서 바슐라르는 원초적 경험에 대한 부당한 가치평가의 원천들을 보여 주려고 한다. '실재론자에 대한 정신 분석'이라는 제목이 붙어 있는 7장을 읽어 보면, 이제 우리가 모든 철학의 부속물로 알고 있는 '실재론적 기능'이 단절의 지점들에서 가장 완고한 장애들을 생산하는 오류들의 조직을 체계적으로 조직한다는 것을 우리는 알게 된다.

그렇다면 실재론자의 사고를 조직하는 원리는 무엇인가? 바슐라르를 따라 그가 제시하고 있는 구체적인 분석들을 살펴보자. 바슐라르에 의해 항상 논의되고 있는 18세기 과학의 경우를 보자. 바슐라르가 그것에 대해 우리에게 말하고 있는 것은 매우 주목할 만하다. 그가 보기에 결정적인 요소는 이러한 과학의 사회적 지위이다. 그것은 응접실에서 앉아 말할 수 있는 소재들이다. 그것은 여가, 안이함, 나태함,[72] 심지어는 경박함[73]의 흔적도 있다. 바슐라르는 '선웃음짓는 수학'(mathématiques minaudées)이라는 표현까지도 쓴다. 바로 이러한 사실 때문에, 과학에 대한 관심들은 그 근본에서부터 잘못된 것이다.[74] 그 관심들은, 이 사회가 문학이나 여행자의 이야기에 보이는 관심과 유사하다. 간단히 말하면, 자연은 책으로 간주되고 있었으며, 따라서 그것을 알고 평가하기 위해서는 책장을 넘기기만 하면 된다. 나중에 살펴보겠지만, 내가 보기에 여기에는 심오한 어떤 것이 있다. 그것은 사람들이 과학적 인식과 관계맺는 방식인데, 그것은 사람들이 과학적 지식(savoir)의 내적 구조에 대해서 갖는 표상을——특정화될 필요가 있는 양상 속에서——결정짓는다. 이것은 바슐라르가 과학 서적들은 18세기에 지배적이었던 과학에 관한

72) *ibid.*, p. 30.
73) *ibid.*, p. 34.
74) *ibid.*, p. 40.

이데올로기에 결정적인 중요성을 가졌던 문학 서적들과 관련 있다는 것이 궁극적으로 사실임을 보여 줄 때(왜냐하면 그는, 비록 자신이 그것을 입증하지는 못한다고 하더라도, 보여 주고는 있기 때문이다), 그가 우리에게 시사하고 있는 점이다.

이를 통하여 우리는, 그가 전-과학적 서적들에 나타나는 장황한 서문들을 매우 집요하게 인용하고 있는 점을 이해할 수 있게 된다. 그것은 확실히 자신의 박물관의 한 부분——그것이 아무리 '진기한' 것일지라도——을 우리에게 공개한다는 즐거움 때문이 아니다. 그것은 오히려 내가 보기에는 매우 근본적인 이것에 우리의 관심을 불러일으키려는——심지어는 공포스러운 전율에 의해서——것이다. 한편, 바슐라르는 매우 조심스럽게 과학에 대한 이러한 사회적 표상이 그 시기의 가장 믿을 만한 과학 서적들에도 그 효과를 미쳤다는 점을 보여 주고 있다. 예를 들면, 레모뮈르(Réaumur)의 책들도 그러한데, 그 책들은 과학사의 입장에서 볼 때 과학적 업적으로 '영원히' 남을 것이다.[75)]

이 책에서 과학 교육의 문제들에 대해 부여하고 있는 중요성은 따라서 결코 놀랄 만한 일이 아니다. 바슐라르는 특정 사회가 지식에 대해서 스스로 채택하고 있는 표상을 교육 제도 속에서 본다. 그의 책이 그가 '교육적 유토피아'라고 부르고 있는 것과 함께 끝을 맺고 있다는 사실은, 우리 사회——그의 시대인 1930년대의 사회——가 지식에 대한 표상에서 이데올로기, 즉 18세기에는 매우 뚜렷하게 나타났던 여가-과학(leisure-science)이라는 이데올로기를 완전히 제거했다고 전혀 생각하지 않고 있다는 것을 입증하기에 충분하다. 바슐라르는 그것이 전위되고 위장되어 있긴 하지만, '일반적' 문화의 한 부분으로서 과학에 대

75) 이것은 뒤에 『합리주의적 활동』과 「과학사의 실제」(1951)에서 사용된 표현이다. 나는 이것으로 다시 돌아올 것이다.

한 견해 속에 여전히 작동하고 있음을 재발견하고 있다.

몇몇 경우에서는, 이 테제는 과학 분과들의 연속되는 전문화에 대한 찬양으로 변화되어 나타난다. 이를 테면, "과학적 사고 영역에서 전문화는 특수한 유형의 진보이다. 그것을 회고적으로 추적하는 것은 정확한 진보의 관점을 취하는 것이다." 몇 줄 앞에서는 이러한 긍정의 논쟁적 가치들이 나타난다. "과학적 전문화가 그렇게 쉽게, 그렇게 상투적으로, 사고의 불구화로 비난받고 있다는 것은 놀라운 일이다."[76]

나의 테제가 받아들여진다면, 이러한 '안이함'과 '상투성'은 전형적인 철학적 저항의 효과로 이해될 것이다. 이와 관련하여 가장 주목할 만한 텍스트는 『프랑스 철학 회보』에 실려 있는 「합리주의의 본질에 관하여」(On the Nature of Rationalism)이다. 그것은 이렇게 시작된다. "합리주의자에게 긴장감을 주는 것은 바로 전문화이다! 정신을 활력 있게 만드는 것은 바로 전문화이다! 당신이 어제의 선상에 있다는 확신을 당신에게 주는 것은 바로 전문화이다! 당연히, 당신이 합리주의의 철학적 요소들 속에 머무른다면, 합리주의는 어떤 일도 하지 않으며, 따라서 당신은 합리주의를 위태롭게 하지 않게 된다……."[77] 여기에서 찬양은 찬송가가 되고 설교가 되고 있다.

그런데 18세기의 예를 선택함으로써 내가 나의 논의에 가장 유리한 부분을 취했다는 점은 인정해야겠다. 그러나 그 18세기의 예가 그 책에서 중요한 역할을 하고 있다는 점만은 최소한 인정될 것이다. 따라서 바슐라르의 텍스트로 다시 돌아가겠다.

사람들은 그 책이 연금술사들을 항상 언급하고 있다는 사실에 놀라지 않을 수 없을 것이다. 이러한 집요함의 의미는 무엇인가?

---

76) *L'activité rationaliste de la physique contemporaine*, p. 13, 10.

77) 1950년 4-6월호. *L'engagement rationaliste*, pp. 45-88에 재수록.

그 자신이 우리에게 이렇게 말하고 있다. 엘렌 메츠거(Hélène Metzger)를 따라서 그는 "연금술이, 엄밀하게 고찰해 보면, 지적인 비교 전수(initiation)라기보다는 도덕적인 비교 전수라는"[78] 점을 보여 준다.

연금술이 과학에 대한 그릇된 관계——이것이 과학의 구조에 대한 표상을 결정한다——임을 다시 한 번 보여 주는 것은 나에게는 쉬운 일이다. 우리는, 이 경우에는 과학과 그 대상 사이에 상상적으로 설정된 관계는 첫번째 경우의 정반대라는 것을 보게 된다. 관찰이라는 이데올로기에서, 대상은 언제나 이미 주어져 있는 것으로서 이용가능한 것이다. 연금술의 이데올로기에서는, 대상은 아직 획득되지 않는 것으로서 숨겨져 있는 것이다.

그러나 우리가 관심을 가져야 하는 것은 연금술사가 일부의 현대 철학적 이론들을 특징짓는 준거로서 여러 번 사용되고 있다는 점이다. 이를 테면, 앞에서 인용했던 곳에서 두 페이지만 앞으로 가면, 우리는 다음을 읽게 된다.

> 연금술 실험은 베르크손이 말하는 지속(duration) 속에서, 즉 생물학적이고 심리학적인 지속 속에서 발전한다고 말할 수 있을지 모른다.……각각의 존재는 성장하고 생산되기 위해서는 그 정확한 시간, 그 구체적인 지속, 개별적인 지속을 필요로 한다. 그렇다면, 즉 우리가 쇠약해지는 시간, 성숙할 수 없는 모호한 환경, 무용하고 조용한 내적 압력을 비난할 수 있다면, 우리 모두는 그 실험의 경우들을 내부로부터 설명할 필요가 있다.[79]

78) *La formation de l'esprit scientifique*, p. 51.
79) *ibid.*, p. 51.

베르크손에 대한 이러한 언급이, 이 점에 관해서는 이 책에서 유일한 것은 아니다. 더욱이, 현대의 어떤 철학적 테제들과 전-과학적 텍스트들을 비교하는 것은 바슐라르가 항상 사용하고 있는 방법들 중의 하나이다. 왜냐하면 그가 보기에 그것들은 동일한 이데올로기를 공유하고 있기 때문이다. 그런데 그 이데올로기의 지배적인 가치는 알려고 하는 순수한 노력에 벗어나 있으며, 그 이데올로기는 주어진 사회의 시멘트라고 할 수 있는 도덕이나 종교와 같은 어떤 실천적 이데올로기들부터 빌려 온 것이다. 이 경우에, 우리는 바슐라르식으로 이렇게 말할 수 있다. 철학에 의해 체계적으로 전승되고 있는 과학에 대한 근본적인 이데올로기는 도덕, 종교, 정치 등과 같은 사회적 가치들에 의존해 있다.

이것이 바로 '인식론적 장애들'의 골격을 구성하는 '가치평가하는 관심들'에 대해서 우리가 줄 수 있는 궁극적 설명이다.

이것에 대한 확증을 원한다면, 실체론적 장애가 관련된 곳에 다음과 같은 중요한 방정식이 나타나고 있음을 보여 줄 수 있다.

실체=내부=귀중한 부분[80]

그리고 바슐라르는 자신의 논의 전개를 이렇게 끝맺고 있다. "신중한 사람이 자신의 창고 안에 그렇게 하듯이, 실재론자는 힘이 하나의 관계임을 깨닫지 못한 채 실체 안에 능력들(powers), 효능들(virtues), 힘들(forces)을 축적한다." 이렇듯 실제로 철학을 통해서 인식으로 침투하는

80) *La formation de l'esprit scientifique*, p. 98. "모든 그릇은 거기에 들어 있는 물질보다 덜 귀중하고 덜 실체적이다——기능상 필요불가결한 나무 껍질은 나무의 단순한 보호 수단으로서만 평가된다. 이러한 그릇들은 죽은 자연 속에서조차 필수적인 것으로 보인다." 실로 장 전체를 인용할 필요가 있다.

것은 사회적 태도들이다. 실체론자는 빈곤이라는 말을 문자 그대로 받아들이며, 바슐라르의 문구대로 그 빈곤에 대해 '소유자의 충만한 즐거움'[81]을 느낀다.

마찬가지로 7장을 압축적이고 희화적으로 요약한다면, 우리는 다음과 같은 세 개의 '공리들'을 제시할 수 있다:

> 모든 실재론자들은 구두쇠다.
> 실재론자는 대식가다.
> 부르주아에게 영양 섭취보다 더 방법론적인 것은 없다.

그러나 이러한 고찰들은 그만두겠다. 이제 결론을 내릴 시간이다.

바슐라르가 보여 주고 있는 것은, 모든 인식론적 장애는 위계화된 이데올로기적 가치들의 대표자인 철학이라는 매개를 통해서 그 가치들의 체계가 위험에 처한 시점에서 과학적 인식에 개입한다는 점이다.

철학은 이러한 개입의 기능일 뿐이라는 결론이 뒤따라 나온다. 내가 보기에는 여기에 철학에 관한 이론과 철학사에 대한 개념 구성을 위한 요소들이 존재한다. 이것은 또 다른 연구 대상이다. 여기서 그것을 논의할 수는 없다.

우리가 논의할 것은, 바슐라르가 과학적 사고를 개념들의 역사적 생산으로 인식함으로써, 그리고 철학을 그 참모습으로, 즉 그 원천으로 되돌려 놓음으로써 무엇을 사고할 수 있었는가 하는 점이다. 이러한 오랜 노동의 끝에 설정된 두 가지의 새로운 문제틀들이 있다——개념들의 규제된 체계로서의 역사적 인식론, 그리고 이론적 사고 대상으로서의 과학사.

---

81) E.g., *ibid.*, p. 101.

2장 새로운 문제틀들

이제 바슐라르가 『부정의 철학』에서 그들을 위해 기도했던 '재세례파 철학자들'의 시간이다!

왜냐하면 이 새로운 인식론자들은 어떤 의미에서는 여전히 철학자들이기 때문이다. 이 의미는 매우 정확하기조차 하다. 우리는 그 의미가 바슐라르가 구성한 '철학적 스펙트럼'에서 내가 남겨 두었던 빈 칸에서 자신의 정의를 발견하는 것을 보게 될 것이다.

그들은 전통 철학의 모든 믿음들, 모든 도그마를 단호히 부정한다는 점에서 '재세례파'일 것이다. 이제 우리는, 우리가 이러한 말을 완전히 문자 그대로 받아들인다면 결코 위험에 빠지지 않을 것이라는 사실을 알게 된다.

그들은 바슐라르가 그곳에 도착했을 때는 아직 처녀지였던 영토, 과학적 인식 그 자체가 그 실제적 실천에서 지반이자 수평선이 되는 이 영토에 자리 잡을 것이다.

그러나 분명히 이러한 철학자들은 이미 역사가이며, 이 영토의 역사가들은 필연적으로 철학자들일 것이다. 실제로, 과학적 사고의 관점에서 전통 철학의 개념들을 연구하는 바슐라르의 작업에서, 우리는 이미 역사가 개별적으로 나타나고 있음을, 역사가 고전 철학과 인식론이 묻어 놓았던 그늘로부터 출현하고 있음을 보았다. 억압에서와 마찬가지로 이 출현에도 이론적 필연성이 존재한다. 그러나 이 새로운 분과의 새로운 개념들의 접합에 대한 세심하고 주의 깊은 연구만이 그 필연성을 밝혀 줄 것이다.

1. 비-철학적 철학

철학에 대한 필요성이 일어났던 것은 바로 그것에 대한 반박 속에서이다. 실제로, 우리가 철학이 그 대상을 통해서가 아니라 그 기능을 통해서 정의되며, 내가 앞으로 '철학적 심급'으로 부르게 될 것을 무화시키기 위하여, 그리고 그렇게 될 정도로 과학의 영역으로 개입하는 것이 철학의 기능이라고 인정되는 한, 필연적으로 그것에 정합성을 부여하는 조건들은 억압된다.

이것은 바슐라르에 동조하여 내가 앞 장에서 수행했던 분석들에 따르면, 모든 이데올로기——도덕적, 정치적 혹은 종교적——가 제거되어야만 한다는 것을 의미한다. 달리 말하면, 과학은 이데올로기적 진공 속에, 즉 사회적 진공 속에 자리 잡아야만 한다.[1] 이러한 조작은 사고 속에서나 이루어질 수 있다. 결과는 유토피아를 건설하는 것이다. 그러나 바슐라르는 유토피아는 시인에게 맡긴다. 인식론자가 논의하는 것은 바로 이(this) 세계이다.

---

1) 내가 바슐라르로부터 물려받은 이러한 주장은, 내 생각으로는, 맑스주의 역사 과학 혹은 '역사적 유물론'의 틀 속에서 정확한 이론적 지위를 획득할 수 있다.
Louis Althusser, "Matérialisme historique et matérialisme dialectique", *Cahiers Marxistes-Léninistes* no.11, April 1966.

철학적 심급을 무화시키는 또 다른 방식이 존재한다. 그것은 모든 과학을 억압하는 것이다. 이 경우에, 철학은 말하자면 '대사관 없는 대사'이다. 그것의 존재에서 모든 목적을 제거한다면, 그것은 사라질 것이다. 그러나 과학은 존재한다.

따라서 철학이라는 분과에 대한 명백한 필요성이 존재한다. 왜냐하면 사실상 이데올로기와 공존하고 있는 과학들이 있기 때문이다. 그러나 철학은 전도되어야만 한다. 과학에 대해서 이데올로기의 대변자가 되어서는 안 된다——오히려 철학의 임무는, 이데올로기들의 담론을 중화시키고, 그렇게 함으로써 가능한 한 장애들의 출현을 막는 것이어야 한다. 적어도 철학은 주어진 담론 속에서 과학적 실천에서 나오는 것과 이데올로기적 담론들 속에서 유래하는 것을 구별하는 일을 자신의 임무로 삼아야 할 것이다.

바슐라르가 새로운 인식론에 부여하고 있는 것은 바로 이러한 경계(vigilance)의 기능이다. 과학들의 진보를 '호위하면서', 철학이 항상 관심을 가져야 하는 것은 과학자가 나아가는 도정에서 일어나는 철학적 관심들을 가려내는 일이다.

달리 말하면, 새로운 인식론은 전통 철학에는 아주 낯설은 문제들을 다룬다. 그것은 철학자들이 흥미 있는 것으로 생각할 수 없는——아니면 생각하려 하지 않는——문제들을 제기한다. 두말할 나위 없이 이러한 '문제들'은 변화할 수도 있다. 과학이 진보하는 한, 그것이 간직하고 있던 '가치들'은 변화하고, 그것이 이데올로기에 부여했던 기반도 이동한다. 다른 한편, 새로운 과학의 출현은 이론적 정세를 변화시킬 수도 있다. 끝으로, 이러한 이론적 정세에서 한 특정 과학의 지배적 위치가 다시 문제가 될 수 있다——나는 특히 바슐라르의 시대에 지배적이었던, 그러나 항상 그러했던 것도 아니고 아마 영원히 계속 그러하지도 않을 수학적 물리학을 염두에 두고 있다.

이러한 모든 이유로 인해, 그 새로운 분과는 '열린' 철학이 될 것이다. 바슐라르는 단언한다. "과학적 인식의 철학은 개방적이어야 한다……그것은 미지의 것에 작용함으로써 자신의 기초를 세우는 정신의 의식이 될 것이다."[2] 단지 이러한 원칙들을 기술하는 것만으로도, 과학적 정세의 진전이 요구한다면 그 말의 바슐라르적 의미에서 비-바슐라르적 인식론이 가능할 만큼 과학적 인식의 철학이 개방적이라는 점이 밝혀진다.

새로운 철학은, 개방적이기 때문에 비-체계적일 것이다. 그것은 바슐라르가 전통 철학의 특징으로 보고 있는 체계가 되려는 경향을 거부할 것이다. 바슐라르로부터 나온 이것은, 잘못된 이유들로 해서 상식이 철학에 대해 직접적으로 쏟고 있는 비난의 문제가 아니라, 과학적 인식의 본성 자체로부터 유래하는 하나의 정언명령이다. 과학은 하나가 아니다. 상이한 과학적 인식들 사이에는 발전의 불균등이 존재한다. 바슐라르는 『과학 정신의 형성』의 서두에서 이 점을 분명히 하고 있다. 따라서, 그 자신의 표현을 빌리면, 단일한 인식론은 존재하지 않는다. 더욱 정확히 말하면, 과학 철학의 정확한 과제가 제기되는 것은 각 개념의 수준에서이다.[3] 그리하여 '차별적인(differential) 철학'이 구성될 것이다. 그 새로운 분과는 개념의 철학이 될 것이다.

마지막으로, 과학자의 실제적인 작업 조건들, 상이한 과학 영역들의 특수성과 그 관계들의 전개에 주의를 기울임으로써, 그리고 문화 세계로의 과학적 지식의 편입을 경계함으로써, 이 새로운 분과는 역사적 철학이 될 것이다.

이러한 일반적 서술을 마치고 개념들의 구성을 상세히 살펴보기 이

2) *The Philosophy of No*, p. 9.

3) *ibid.*, p. 12.

전에, 나의 설명 방법에 대해서 한 마디 해두기로 하자. 두말할 나위 없이 내가 채택한 순서는 결코 역사적이지 않다. 나는 먼저 개념의 완전한 형성을 보여 주고 그 다음에 그 개념들이 작동하는 것을 보여 주어야 한다고 주장하지 않는다. 이것은, 내가 계속해서 바슐라르의 모든 저작에서 이끌어 낸 사실에 근거해 볼 때 아주 명백하다. 진정한 의미에서 보다 역사적인 취급은 이 책의 마지막 부분을 위해서 남겨 두고 있다. 내가 여기서 수행하고 있는 분석은 당분간은 아주 상이한 지반 위에 위치해 있다. 이를 테면 바슐라르의 인식론의 논리적 구조를 파악하는 것이 내가 하고자 하는 일이다. 정확히 말하면, 나는 그 자체가 인식론적 역사의 전제조건이기도 한 역사적 인식론――어떤 의미에서 이것은 여전히 구체화되어야 한다――의 전제조건들을 보여 주었으면 하는 희망을 갖고 있다. 이제 여러분이 곧 읽게 될 것은, 어떻게 이러한 전제조건들이 일관적이고 조정된 원리를 형성하는가에 대한 설명이다. 우리는, 우리가 이미 논쟁적 관점에서 살펴본 바 있는 일부의 개념들이 규범들로 전화되고 있는 것을 재발견하고 놀라서는 안 된다. 바슐라르의 인식론이 그의 후기 저작들에서 더욱 성숙해지고 또한 명백하기 때문에, 나는 우선 그것들에 의지하고 있으며, 따라서 동일한 개념들이 더 부정확하고 심지어는 더 애매한 형태로 이미 작동하고 있는 초기 저작들을 회고할 필요가 없다. 나는 개념들의 진화를 통해 한 개념이 후기 저작들에서 명백히 상이한 의미를 갖게 되는 몇몇의 경우들에서만 초기 저작들로 돌아갈 것이다.

2. 변증법

변증법은 정확히 그러한 개념 가운데 하나이다. 변증법은 첫번째 저작과 마지막 저작들 사이에서 진화하고 있다. 그럼에도 불구하고, 우리는 이러한 진화 속에서 그 의미의 전도를 인식해야만 한다. 더 정확히 말하면, 그 개념의 기능은 변화하고 있으며, 결과적으로 그것의 의미는 그 개념의 한 극단에서 다른 극단으로 바뀌고 있다.

따라서 사태를 분명히 하기 위하여 우리는 그 개념의 기능을 밝혀야 한다. 결국 그 기능은 한편으론 가설과 이론의 조달자이며 또 다른 한편으론 실험의 대가인 수학자와 물리학자 사이의 대화 속에서 발견될 것이다. 그 대화는 우리가 본 바와 같이 바슐라르가 인식론에 부여하고 있는 중심적 지위——얻기 어려운——를 점유하지 않고서는 이해될 수 없다.

이 대화의 정확한 의미는 무엇인가? 그것은 그 최종 결과가 이론과 실험을 조정하는 것이 될 정보의 교환이다. 그러나 우리는 고정된 대상에 의지할 수 없기 때문에, 이러한 조정은 형식적인 합치가 아니라 역사적 과정으로서 사고되어야만 한다. 그것은, 어떤 보증도 갖고 있지 않으며, 이론에게 언제라도 자신을 실현할 수단을 찾게 될 것이라고 약속해주는 어떤 운명도 갖지 않은 역사 속에서 이루어진다. 따라서 이 역사는 위험한 것이며, 그 안에서 두 적대자는 자신들이 이룬 성과를 통일시키지 않으면 안 된다.

이러한 위험의 또 다른 표현은 실패이다. 특정 시기에 물리학자의 언어와 수학자의 언어는 모순에 빠질 수도 있다. 철학은 성급하게 여기서 과학의 '위기'를 볼 것이다. 수학자와 물리학자에게, 그것은 어떤 작업을 위한 기회일 뿐이다. 전자에게는 자신의 이론들을 검토해 보고 다른 가설들을 세우는 기회가 되며, 후자에게는 자신의 실험을 엄밀하게 하고 도구들을 조사하는 기회가 된다. 간단히 말하면, 지식의 재-조직이 발생할 것이다. 바슐라르가 변증법이라고 부르고 있는 것은 바로 이러한 재-조직이다.

이렇게, 그가 이 말을 통해서 지시하고자 하는 것은 과학적 사고에 대한 특히 진보적인 관점이다. 그러나 우리가 본 바와 같이, 이러한 특수한 형태의 운동을 사고하기 위하여 '실재론적' 철학들에 대한 활발한 논쟁을 가동할 필요가 있다. 이것이 초기 저작들에서 변증법 개념이, 인식이 한 상태에서 다른 상태로 이행할 때 실험이 인식에 부과하게 되는 단절, 그 단절의 방향으로 더 기울었던 이유임에 틀림없다. 반면, 후기 저작들에서 강조되고 있는 것은 오히려 이후의 계기가 갖는 진보적 성격이다. 이러한 변화가, 바슐라르 자신의 연구 결말 부분에서 그 '단절'의 국면을 사고할 수 있는 다른 개념들을 획득했다는 사실과 관련 있다고 보는 것은 매우 합당하다. 나는 다시 그 개념들을 살펴볼 것이다.

이러한 정의에서 볼 때, 변증법 개념이 전통 철학에서 변증법이라는 단어로 지시되던 개념들의 그 어느 것과도 일치하지 않는다는 것은 충분히 알아챌 수 있다. 나는 여기서 조르주 캉기옘이 「변증법과 부정의 철학」[4]이라는 논문에서 제시한 바 있는 그것에 대한 증명을 되풀이하지 않을 것이다. 그러나 나는, 이전의 철학에 대해서 갖는 바슐라르 인식론의 위치를 고려할 때, 이 개념은 어떤 철학적 개념과도 동등한 가치를 가질 수 없다는 점을 지적해야겠다. 나는 1장에서 이것을 증명하려고 한 바 있다.

---

4) "La dialectique et la philosophie du non", *Etudes d'histoire et de philosophie des sciences*, Vrin, Paris, 1970.

3. 기술적 유물론

따라서 과학적 사고는 동요를 통해서, 그것의 최정점에서 일어나는 토대의 재조직을 통해서 진보한다. 그러나 이러한 운동은 과학적 실험 속에서만, 그리고 오직 그것을 통해서만 발생한다. 즉 그것은 다른 대화 상대자의 입장에 섬으로써 일어난다. 구체적인 기술적 조건 속에서 이루어지는 과학적 실험이 우리에게 사고하도록 만드는 것이 여기에 존재한다——그것은 철학자들에게는 알려지지 않은 과제이며, 바슐라르가 그 원리의 기초를 마련해 놓은 바 있는 과제이다.

바슐라르가 '물질화된 이론'(materialized theories)으로서의 과학적 도구들과 그것들의 조합에 관한 이러한 이론을 처음으로 제시하고 있는 텍스트들은 잘 알려져 있다. 그의 테제는 완전히 새로운 이론 체계를 형성하고 있는데, 그는 그것을 '특정화된 유물론'(instructed materialism) 혹은 '기술적 유물론', 다시 말해서 과학이 실험의 구성을 위해서 사용하는 물질에 관한 연구라고 부르고 있다.

이러한 개념 체계는 바슐라르의 사고 속에서 점차 다듬어져 갔는데, 바슐라르 사고의 본질적인 토대는 도구들이 소립자-물리학에서 하고 있던 역할에 대한 성찰이었다. 그 형식, 그 영역과 그 과제는 『응용 합리주의』에서 그 기초가 제시되고 있으나, 일찍이 1927년에 자신의 『근사적 인식에 관하여』에서 바슐라르는, 그가 생각하기에 철학자들이 간과하고 있는 것으로 보였던, 물리학적 인식에서의 도구들의 역할을 강조한 바 있다.

그러나 이론들이 이런 식으로 물질화된다면, 따라서 인식론이 '특정화된 유물론'의 구성을 지켜 보아야만 한다면, 이것의 목적은 엄밀하게 과학적 현상으로 정의될 현상을 만들어 내기 위한 것이며, 자연적 관찰이라는 외피를 쓰고 어떤 이데올로기적 개입도 과학적 인식의 기능 속에서 일어나지 않게 하기 위한 것이다.

바슐라르는 특별히 과학적인 현상의 이러한 생산에 재미있는 이름을 붙인다. 현상 - 기술학(phenomeno-technics)이 그것인데, 그것은 현상에 관해서만 이야기할 수 있을 뿐 어떤 것도 생산하지 못하는 현상학과는 근본적으로 양립불가능한 것이다. 『새로운 과학 정신』에서, 바슐라르는 다음과 같이 단언한다. "따라서 진정한 과학적 현상학은 현상 기술학이다. 그것은 자신이 구성한 것에 의해서 가르침을 받는다.……과학은 더 이상 실재 속에 잠재해 있는 마술적 힘이 아니라 정신에 내재해 있는 합리적 힘에 의해 세계를 건설한다."[5)]

『과학 정신의 형성』에서는 더욱 분명하게 말하고 있다. "현상 기술학은 현상학을 확장한다. 한 개념은, 그것이 기술적일수록 즉 기술적 실현이 수반될수록 과학적이게 된다."[6)]

이렇게 과학적 사고 활동의 핵심적 요소는, 이론적으로 정의된 도구들을 통해서 그리고 합리적 실현의 프로그램에 따른 장치들의 조합을 통해서 추상적인 것과 구체적인 것의 결합을 산출하는 것이다. 바슐라르의 또 다른 표현을 사용하면, 그것은 추상적인 것을 구체화하는 것이다.

인식론자의 사고가 위치해야만 하는 곳은, 철학자로서는 생각할 수 없는 이 과정의 중심부이다.

결과적으로, 경험은 철학의 중심적인 주제가 된다. 그러나 그것은 아주 새로운 의미를 갖는다. 바슐라르는 이렇게 쓰고 있다. "잘 수행된 실험은 항상 긍정적인 결과를 낳는다. 그러나 이러한 결론이 경험 그

5) *Le nouvel esprit scientifique*, p. 13.

6) *La formation de l'esprit scientifique*, p. 61.

자체의 절대적 긍정성을 복원시키지는 않는다. 왜냐하면 실험은 완벽할 경우에만 잘 이루어진 실험일 수 있기 때문이다. 그런데 그러한 완벽한 경우는 연구된 프로젝트가 실험에 선행하고, 실험이 완성된 이론으로부터 출발하는 경우이다. 결국, 실험(experiment)의 조건들은 실험작업(experimentation)의 전제조건들과 동일한 것이다."[7]

이러한 실험의 대상들도 새로운 의미에서 이해되어야만 한다. 다른 예들 가운데서, 바슐라르는 『현대 물리학의 합리주의적 활동』에서 다음과 같은 예를 들고 있다.

> 가장 추상적인 이론과 가장 어려운 기술적 연구가 만나는 지점에 위치해 있는 중간자(meson)는 지금 현대 물리학의 모든 존재자에게 요구되고 있는 이중의 존재론적 지위를 부여받고 있는 입자이다.[8]

따라서 바슐라르가 다음과 같이 결론을 내리고 있는 것은 이해할 수 있다. "작용하는 정신과 작용받는 물질의 중앙에 자신을 위치짓는 사람은 정신의 본래적 투명성과 감각 세계의 실재성을 주장하는 많는 철학

---

7) *Le nouvel esprit scientifique*, p. 9.

8) *L'activité rationaliste de la physique contemporaine*, Chapter 4, section IX. 여기서 우리는 이 긴 절 전체를 검토해야 한다. 나는 이 절을 내가 옹호하고 있는 테제들에 대한 매우 정확한 설명으로 생각한다. 첫 줄은 다음과 같다. "중간자의 존재는 검토하는 데 책 한 권이 필요할 정도의 철학적 문제들을 제기한다. 왜냐하면 우리는 이전의 우주론의 용어들과는 전혀 다른 용어들 속에서 제기되고 있는 우주론적 문제들을 제기해야만 할 것이기 때문이다.……우리는 가설과 실험의 관계에 대한 아주 단순화된 생각들의 틀을 다시 짜야 한다. 실제로, 중간자라는 가설은 처음에는 본질적으로 수학적인 가설이었지 실험과 관련된 이미지는 아니었다.……우리는 다음과 같은 것을 중간자의 철학이라고 부를 수 있다. 원자핵에 관한 수학적 이론들에서 우주선(宇宙線)에 대한 천문학적 실험으로"—강조는 르쿠르.

적 전통들을 버릴 수밖에 없다."

4. 응용

이제 분명한 것은, 과학적 활동의 차원에서 내가 앞의 스펙트럼에서 남겨 놓았던 빈 칸을 채울 인식론적 분과들을 우리가 결정했다는 점이다. 우리는 그것들을 한편으로는 '응용 합리주의'(Applied Rationalism)로, 다른 한편으로는 '기술적 유물론'으로 부를 수 있다.

그러나 그것들에 이러한 이름들을 부여하는 것은 곧바로——바슐라르가 했듯이——그 두 이론들 사이의 효과적인 상호작용을 생산하는 어떤 구별을 그것들 각각에 설정하는 것이다. 다시 말해 합리주의에서, 즉 개념들의 생산에서, 이 단계에서조차 그것들의 응용 조건들에 주의를 기울여야 한다. 바슐라르가 표현한 대로 우리는 "개념 속에 그것의 응용 조건들을 통합시켜야 한다." 이때 이러한 합리주의는 단일한 것——혹은 통일적인 것——이 아니며 이미 분할된 것이다. 더 정확하게 말하면, 그것은 변증법적 합리주의이다.

'기술적 유물론'에서, 실험을 설정하는 문제들은 그 해결책 속에 형식화의 이론적 조건들을 합체시켜야 한다.

이렇게 이 두 분과는 대등한 위치에서 상호작용한다. 이러한 상호작용은 이번에는 내가 과학적 탐구의 문제들이라고 부르게 될 것과 더 엄밀하게 실험작업의 문제들이라고 할 수 있는 것 사이의 중요한 구별을 가능케한다.

이러한 구별의 첫번째 효과는 '방법' 개념의 가치절하이다. 더 정확하게 말해서 그것은, 바슐라르가 데카르트의 예와 관련하여 반복해서 언급하고 있는 생각, 즉 지식의 실제적 운동을 놓치고 있는 '일반적인 과학적 방법'이라는 개념은 공허하다는 생각이다. 이와 관련된 중요한 예문들은 『새로운 과학 정신』과 이미 앞에서 언급한 바 있는 「과학적 방법들에 관한 철학적 문제들」이라는 연설문 속에 나타나 있다. 앞의 제목은 그 자체로 중요한데, 왜냐하면 바슐라르에 따르면 그것은 하나의 방법이 아니라 각각의 과학에 고유한, 심지어는 어떤 특정 과학의 특정 시기에 고유한 방법들이 존재한다는 것을 분명하게 나타내고 있기 때문이다.

바슐라르의 흥미를 끄는 것──이것은 인식론의 기능을 발견하게 되었을 때 더 잘 이해될 수 있다──은, 방법에 관한 모든 담론이 그러하듯이, 과학자들이 사건이 있은 후에 자신의 탐구 순서를 정할 때 생각하게 되는 개념들의 체계가 아니다. 오히려 그것은 주저와 후퇴와 실수를 수반하는 탐구의 현실이다. 한 마디로 말해 '정점'에서, 바슐라르의 표현을 빌리면, 문제들의 힘겨운 정식화라는 차원에서 나타나는 탐구의 현실이다.

5. 문제들

일찍이 1927년에 바슐라르는 문제의 인식이 과학적 진보의 원천임을 주장한 바 있다. 이후의 연구에서 그는 이러한 생각을 계속해서 간직하고 있었다. 이것에 대한 완벽한 표현은 『응용 합리주의』에서 나타나고 있는데, 거기서 바슐라르는 그가 이미 실험과 정의의 장(경험과 주의의 집합체)이라는 메타포 속에서 기술적 유물론의 개념들을 사고하려 했던 것과 마찬가지로 그가 이미 장(문제들의 집합체)이라는 수학적 메타포 속에서 사고하려 했던 것을 새로운 인식론의 틀 속에서 설명하기 위하여 문제틀이라는 새로운 개념을 도입하고 있다.[9] 문제틀 개념은, 응용합리주의의 다른 개념들과 맺고 있는 관계들을 통해 더욱 풍부해진다.

그것은, 내가 제안한 바 있는 용어법에 따르면 감각자료 혹은 소여라는 철학적 개념을 '어느 곳에서나 대체하는' 적극적 개념이다. 그것은 일반적 방법 개념의 상관자인 회의라는 전통적 개념을 재흡수한다. 이 점을 더 분명히 해보자. 바슐라르는, 우리가 과학적 인식의 일반적 방법이 존재한다는 것을 인정한다면, 그 첫번째 계기가 될 회의는 결코 고유성을 획득할 수 없다고——데카르트에 반대하여——말한다. 달리 말하면, 그 회의는 순전히 형식적인 것이며, 그것은 어떤 정정도 생산할 수 없으며, 따라서 어떤 인식도 생산할 수 없다. 예를 들면, 『과학정신의 형성』에서 우리는 다음을 읽을 수 있다.

> 스폰지에 대한 자신의 이미지가 명료하다고 생각하는 데카르트의 확신은, 실제로는 객관적 인식의 세부적인 사항들의 차원에 자신의 회의를 설정할 수 없는 자신의 무능력과 실재의 모든 매듭과 이미지의 모든 구석을 풀어 헤칠 수 있는 담론적 회의를 발전시킬 수 없는 무능력의 징후이다.[10]

---

9) 이와 관련하여 수학으로부터 빌려 온 이러한 메타포들이 바슐라르의 연구 속에서 분리되고 있지 않다는 점이 주목할 만하다. 우리는, 바슐라르 철학에서 사용되고 있는 어휘의 기본구조는 성격상 과학적이라고 말할 수도 있다. 전통 철학의 기본구조는 성격상 도덕적이고 법적이며 종교적이다. 이러한 사실에 주목하면서, 나는 여기에서 우리는 바슐라르 철학이 갖는 새로움의 지표를 확인할 수 있다고 감히 주장한다. 초-과학적인 이데올로기적 가치들의 매개 수단이기를 거부하는 철학은 자신이 사용하고 있는 단어들의 차원에서 그러한 가치들로부터 자신을 방어하는 것으로부터 출발해야 한다. 이것은, 바슐라르를 읽을 때 우리가 느끼게 되는 낯설음(dépaysement)의 또 다른 이유이다.

10) *La formation de l'esprit scientifique*, p. 79.

덧붙이자면, 이러한 연구는 이 모든 것이 결국은 인식의 외부에서 그것의 토대로 기능하는 대상을 찾는 철학적 관념에 의지해 있는 것임을 증명했다.

문제틀이라는 바슐라르의 개념은 정확히 대상이라는 철학적 개념에 대한 자격 박탈을 시도하고 있다. 그 개념은, 소여 개념과 회의 개념을 다른 지반에서 연결시키고 있다고 볼 수 있다. 그 다른 지반이란 객관화과정으로서의 인식이라는 지반이다. 바슐라르는 이렇게 쓰고 있다.

> 보편적 회의는 어쩔 수 없이 소여를 이질적인 사실들의 더미로 만들어 버린다. 그것은 과학적 탐구의 어떤 실제적 경우에도 해당되지 않는다. 보편적 회의를 내세우는 대신에, 과학적 탐구는 문제틀의 설정을 요구한다. 그것의 진정한 출발점은, 아무리 잘못 제기된 것일지라도, 문제이다. 이때 과학적 자아는 실험의 프로그램이다. 반면에 과학적 비-자아는 이미 구성되어 있는 문제틀이다.[11)]

이렇게 과학자의 작업에는 미결정의 미지의 것은 존재하지 않는다. 미결정의 미지의 것은 그에게는 어떤 관심거리도 되지 못한다. 반대로 그의 모든 노력은 미지의 것을 특정화하는 것이다. 새로운 인식론자가 언제나 이중적인 자신의 임무를 수행하는 데서 초-과학적 개념들의 침입으로부터 과학자를 보호하고 동시에 역사의 특정 시점에서의 특정 과학의 진보에 관해 배우게 되는 것은 바로 이러한 특정화의 차원에서이다.

---

11) *Le rationalisme appliqué*, p. 51.

6. 과학적 대여들

그러나 바슐라르는 우리가 과학적 개념들의 모든 생산구조에 대한 결정——필연적으로 형식적인——으로 더 나아갈 수 있도록 해준다. 실제로 그는, 특히 『응용 합리주의』에서 상이한 과학들의 문제틀들이 서로 완전히 독립적이지 않고 상대적으로만 자율적이며 부분적으로 중첩되는 영역들이 나타나기도 한다는 사실을 보여 주고 있다. 바슐라르가 초-합리주의(trans-rationalism)[12]라고 부르고 있으며, 그가 압전기와 관련하여 작동하고 있는 것을 목도하고 있는 점은, 그것이 우리로 하여금 과학적 대여(scientific loan)에 관한 이론의 요소들을 제기할 수 있게 해주는 한에서 흥미를 끌 수 있다.

바슐라르는 초-합리주의가 오랜 이론적 노력의 끝에서, 대수학적 구성을 매개로 확립된다고 말한다. 그것은 인식의 출발점에서 무원칙한 경험주의에 의해 확립된 모호한 대응과는 아무 관련이 없다.[13] 이와는 반대로, 합리성의 영역들 사이에서 '간섭들'(interferences)이 일어날 수

12) *ibid.*, p. 125, 129.

13) *ibid.*, p. 133. "질문은 더 이상 국지적인 합리주의들(regional rationalisms)의 공통 부분들을 모은 일반적 합리주의를 정의하는 것으로서 제기되지 않는다. 그러한 방법들을 통해서는 우리는 기껏해야 일상생활에서 사용되고 있는 최소의 합리주의만을 발견하게 될 것이다. 구조들은 파괴될 것이다. 이와는 반대로, 중요한 것은 그러한 구조들을 복수화하고 정교하게 하는 것이다. 그것은 합리주의적 관점에서 볼 때 구조화의 활동으로서, 그리고 실험들의 복수성에 상응하는 복수의 공리 체계들의 가능성에 대한 결정으로서 표현되어야 한다. 이렇게 포괄적 합리주의(integral rationalism)는 단지 상이한 기초적인 공리 체계들 중에서 지배적인 것일 뿐일 수 있다. 그리고 그것은 합리주의를 변증법적 활동으로 나타낸다. 왜냐하면 다양한 공리 체계들은 변증법적으로 상호 접합되기 때문이다." 이 주목할 만한 구절에 주석을 다는 것은 쓸데없는 일이다. 내가 보기에 이 연구의 전부는 그러한 임무를 수행하고 있다.

있는 것은 훨씬 더 정확한——그러나 지금까지는 알려지지 않은——변수들의 결정을 통해 정교화되는 기술적 구성의 차원에서이다.

그러나 바슐라르가 우리에게 제공하고 있는 원리들이, 이러한 과학적 대여들의 구체적인 내용들을 지배하는 메커니즘을 정확하게 알 수 있을 만큼 충분한 예들에 적용되지 않았다는 점이 인정되어야만 한다. 그러나 적어도 형식적으로 그 원리들은 세워졌고, 장은 정리되었다. 남은 것은 일에 착수하는 것뿐이다.

바슐라르가 『과학 정신의 형성』 이후 항상 가장 중요하게 생각했던 점을 지적하면서 새로운 인식론의 주요 개념에 대한 설명을 끝내고자 한다. 그는 과학적 개념 생산의 구성은 탈육체화된 정신의 순수한 공간에서 발생하지 않는다는 점에 가장 큰 중요성을 부여했다. 그 구성은 직관, 회의, 토론……의 형태 속에서 물질화된다.

그 결과 바슐라르가 '과학 공동체'(scientific city)라고 부르는 것이 구성된다. 그리고 그는 항상 현대 과학의 지극히 사회적인 성격에 우리의 주의를 돌린다. 따라서 바슐라르는 우리에게 이 공동체의 결합과 그 효율성을 평가해 볼 것을 요구한다.

그 효율성. 바슐라르가 '상호교육'으로 이해할 것을 제안하고 있는, 그 공동체에서 이루어지고 있는 '의사 소통'을 수단으로 해서,[14] 이론들은 보다 빠르게 순환하게 되어 발견을 가속화할 수 있다. 바슐라르는

14) *L'activité rationaliste de la physique contemporaine*, p. 6. 같은 페이지에서 우리는 반-철학적 논박을 보여 주고 있는 다음과 같은 귀절을 읽게 된다. "학교——과학들 안에 있는——는 주저하지 않는다. 학교——과학들 안에 있는——는 전진한다. 과학적 문화는 그것의 과제와 그것의 성장 노선을 부여한다. 철학적 유토피아들은 이 영역에서는 아무것도 할 수 없다. 관념론은 아무것도 증명하지 못한다. 우리는 학교로, 현재 있는 그대로의 학교로, 형성되고 있는 학교로, 자신을 전화시키는 사회적 사고 속에 놓여 있는 학교로 가야 한다."

『합리주의적 활동』에서 이렇게 쓰고 있다. "고립된 연구자는 혼자의 힘으로는 그러한 발견을 할 수 없을 것이라는 점을 인정해야만 한다."[15)]

거꾸로, 그 공동체의 결합(cohesion)은 어떤 특정 연구의 주관적 성격에 관련된 모든 일탈을 제거하도록 해준다. 현대 과학은 이전 세기의 과학에 방해가 되었던 모든 몽상으로부터 자유롭다. 이러한 의미에서, 내가 증명했던 원리에 의해 필연적으로 인식론적 장애들의 출현이 불가피하더라도, 그것들이 형성되는 것은 더욱 어려워지고 있다――따라서 우리 시대에는 과학적 시간의 가속화가 일어날 것이다.

결론을 보자. 자신의 규범을 창출하는 것은 과학 공동체이다. 객관성이나 진리의 기준을 지니고 있는 것도 이 공동체이다. 우리는, 바슐라르가 보여 주고 있는 바와 같이, 그 공동체의 기술적 영역들 속에서 그러한 기능을 파악할 수 있다. 거기서 우리는 물질적 형태로 과학 공동체 일반의 특징을 읽을 수 있다.

이를 테면 『합리적 유물론』에서, 바슐라르는 현대 화학에서 보편적 규범에 따라 표준화되어 대량생산되고 있는 '시약'이 현대 과학의 사회적 성격을 나타내 주는 좋은 예로 지적하고 있다.[16)] 그는 『응용 합리주의』에서 금속의 동질성과 관련하여 동일한 점을 증명하고 있다.

따라서 우리는, 과학 공동체가 철학자들의 이성을 대체하고 있다고 결론 내릴 수 있다. 다른 한편, 바슐라르가 『응용 합리주의』에서 과학적 가치들의 자명성을 심리학에 속하는 어휘들 속에서 기초하려고 하는 것을 보게 되는 것은 기이한 일이다. 그는 사회적 성격이 무엇보다

---

15) *Le rationalisme appliqué*, p. 23. "과학적 문화는 항상 현실의 과학자를 학생의 위치로 밀어넣는다." 이것은 다음을 함축한다. "다른 한편, 철학자는 항상 선생의 역할을 하고 있다."

16) *Le matérialism rationnel*, p. 78.

도 상호주관적 성격이라는 점, 객관적 인식의 이러한 상호주관성은 주체 내부에 분할(division)을 낳는다는 점, 그리고 우리가 과학적 가치와 접촉하게 될 때 느끼게 되는 의무는 이러한 분할 속에 위치해 있다는 점을——매우 독창적인 연구를 통해서——보여 주려고 한다.

바슐라르는 어떤 문제——이 문제의 용어들은, 그가 철학적 문제틀에 의해 구성된 이성, 규범을 생산하는 이성이라는 관점과 단절한 순간부터 그에게는 금지되어 있었다——를 이런 식으로 해결하려고 하는 것 같다. 우리는 바슐라르가 자신의 성찰의 끝에서 갑자기 '철학적인 죄의식'(bad conscience)에 맞닥뜨리지 않았는지 물어 보아야만 한다. 이러한 탐구들은 아마도 철학자들의 근거지로 되돌아가서 거기서 자신을 정당화하고자 하는, 그의 연구에서는 주변에 위치해 있는, 시도이다.

이렇게 바슐라르의 인식론적 연구의 결과로서 우리는, 다른 어휘를 사용하자면, 이론적 생산양식 개념[17]이 확립되었음을 주장할 수 있다. 모든 생산양식에서 불변하는 형식적인 원리들은 그 개념 속에서 제기되고, 20세기 초의 물리학과 화학의 경우들을 통해서 시험된다. 어떤 논쟁적 노력을 통해서 이 새로운 개념의 장이 정리되었는지 고찰한 연후에 우리는 그것의 내적 접합들을 방금 막 살펴보았다.

그런데 이론적 생산양식 개념을 구성함으로써 바슐라르는 특정 생산양식에서 다른 생산양식으로의 이행(transition)을 사고할 수 있는 위치에 서게 되었다. 비록 그가 자신의 연구에서 이러한 문제를 포괄적으로 다루지 않았다고 하더라도, 우리는 적어도 그것이 어떤 특수한 개념들 속에서 작동하고 있음을 목격할 수 있다.

그가 새로운 과학사 개념을 정초하는 방식은 이와 같다.

---

17) 루이 알튀세르가 이 개념을 발전시켰다.

7. 과학사 개념

바슐라르는 그의 말기 저작들과 1951년에 팔레 드 데쿠베르트(Palais de Découverte)에서 이루어진 강연에서만 이 개념을 그 자체로 사고했다. 그러나 실제로는 그것은 1927년의 그의 논문 「물리학에서의 문제의 진전에 관한 연구 : 고체에서의 열의 복사」에서 이미 나타나고 있다.

이 책은 다음과 같은 말로 시작되고 있다.

> 우리는, 최초의 관찰에 나타난 대로의 문제에 맞서기 위해 사고 속에서 어떠한 노력도 하지 않은 채, 과학적 문제들은 복잡성을 더해 가면서 역사적으로 계기한다고 쉽게 믿는다.

기획의 완전한 새로움은 이 문장 속에 새겨져 있다. 그 새로움은 그것이 분명하게 반박하고 있는 실증주의적 '역사'에 대하여 논쟁적 형태로 주장된다. 확실히, 그것은 이전의 관점으로 되돌아가려는 노력으로 정의된다. 더 정확히 말하면, 이러한 노력은 어떤 의미에서도 미학적이지 않다. 그것은 과거를 되살리는 문제가 아니라 그것을 판단하는 문제이다. 왜냐하면 "일단 해결책이 발견되면, 그것의 명료함이 이전의 자료들을 밝혀 주기 때문이다."

따라서 이러한 역사의 첫번째 특징은 그것의 규범성(normativity)이다. 바슐라르는 이것을 여러 번 반복해서 말한다. 그는 "모든 규범적 판단에 대한 역사가의 자생적 적대감"에 반대하여 이것을 주장한다. 이것은 곧바로 두번째 특징으로 이어진다. 생산된 판단은 회귀될(recurrent) 것이다. 바슐라르에 따르면, 과학사가 다른 모든 것과 똑같은 역사일 수 없는 것은 바로 이러한 이유 때문이다.

이러한 이중적 특징의 첫번째 효과. 모든 형태의 조사(investigation)의 그 자격이 박탈된다. 예를 들면, 모든 과학적 발견에 대해 선구자들을 찾는 연구가 그것이다. 이를 테면 『응용 합리주의』에서, 바슐라르는 헤겔을 맥스웰의 선구자로 보는 사람들을 공격한다. "셸링이나 헤겔의 철학에는 전기와 광학 영역의 종합을 준비하는 어떤 것도 존재하지 않는다……그 기초는 반복에 의해서 확립된다. 우리는 정점에서 토대를 본다."[18] 마찬가지로 『합리주의적 활동』에서 그는, 라스파일(Raspail)이 1855년에 원자의 혹성 이미지를 제안했기 때문에 그가 러더포드(Rutherford)와 보어(Bohr)의 선구자라고 주장하는 사람들을 공격한다.[19]

보어와 러더포드는 이미지를 제안한 것이 아니라 개념을 제안했다. 그 둘 사이에는 어떤 가능한 연속성도 없다는 것이 밝혀졌다. 과학사는 인식론으로부터 가르침을 받을 때만 자신의 판단을 내릴 수 있다.

그러나 인식론 자체는 어디에서 교훈을 얻는가? 우리가 본 바와 같이, 그것은 연구들이 활발하게 진행되고 있는 살아 있는 과학에서이다. 결론이 직접적으로 나온다. 회귀는 최종적으로 이루어질 수 없다. 그것

---

18) *Le rationalisme appliqué*, p. 153. 바슐라르는 이렇게 쓰고 있다. "그러나, 셸링은 어떤 전기적 현상의 발광적 양상은 빛과 전기의 원리적 통일의 지표라는 점을 생각할 수 있었다. 그러나 매우 분명한 것은 셸링의 비교가 피상적이라는 점이다." 그 발광적 양상은 『응용 합리주의』의 다음과 같은 올바른 관점에서 이해되고 있지 않다. "그것은 어떤 구성적 사고도 선도하지 못한다. 그것은 어떤 기술도 촉진시킬 수 없다."

19) *L'activité rationaliste de la physique contemporaine*, p. 69. 라스파일은 이렇게 말한다. "기관차를 볼 수 없는 채 움직이고 있는 궤도 열차를 상상해 보라: 이러한 운동은 추진력(propulsion) 가설 의해서 뿐만 아니라, 똑같이 견인력(traction) 가설에 의해서도 설명될 수 있다. 이것은 열차의 앞이나 뒤에 기관차가 놓여 있다고 생각할 수 있는 것과 마찬가지이다." 이것이 라스파일이 자신의 '원자론적 천문학'에 대해서 하고 있는 정당화이다.

은 항상 다시 이루어질 수밖에 없다. 그래서 바슐라르는 자신의 강의에서 이렇게 말하고 있다.

> 과학사가들이 과학의 현대성 속에서 가르침을 받는 한, 그는 과학사적 사실들의 내부에 존재하는 더욱더 많고 더욱더 미묘한 뉘앙스들을 구분할 것이다.……계몽적인 과학사는 그것의 전개와 완전히 동시대적일 수 없다는 점이 드러날 것이다.

그리하여 역사가는 잘못된 반복——선구자들을 찾는 것이 그것이다——을 주의 깊게 경계해야 하며, 뛰어난 감각으로 전진해야 하고 뿐만 아니라, 과학의 과거가 갖는 진보적 가치들을 긍정해야만 한다는 결론이 나온다.

그러나 역사적 인식론은 이미 우리에게 과학은 급격한 움직임, 갑작스러운 변전, 그 원리들의 재구성, 즉 간단히 말하면 변증법적 단면들을 통해 진보한다는 것을 가르쳤다. 과학사가 그 자체로 변증법적일 수밖에 없는 것은 바로 이러한 이유에서이다. 과학사는 과학의 토대가 재구성되어 가는 '위기의' 시기를 특별히 주목할 것이다.

과학사는 철회된 원리들 속에서 과학적 실천에 대한 어떤 인식론적 장애들의 영향을 보게 될 것이다. 그런데 인식론은 과학사가 그 장애들을 규정하도록 가르친다. 바슐라르가 두 유형의 위기의 시기를 구별하게 되었던 이유가 이제 분명해진다.

——적어도 어느 한 지점, 한 특정한 영역에서 이전까지 존재하던 이데올로기의 조직(tissue)이 붕괴되고 과학이 들어서는 시기. 이것은 그가 단절의 시기라고 부르던 것이다.

——특정 과학이 자신의 토대를 재구성하게 되는, 과학이 도입되고

난 이후의 시기. 이 시기는 개조(refonte)나 재구성으로 분류된다.

이러한 구별의 효과는 과학사를 둘로 쪼개는 것이다. 실제로 재구성에서 재구성으로 나아가면서 우리는 한편으로 명료하고 신속한 긍정의 역사[20]를 다른 한편으로는 더디게 나아가는 부정적인 것의 역사를 발견하게 된다. 이것이 바슐라르가 제안한 승인된 역사와 폐기된 역사(Histoire sanctionnée et histoire périme)의 구분이다.

그러나 더 말할 나위 없이, 과학사가의 임무는 양자 모두에 주의를 기울이는 것이며, 따라서 그것들이 상호관계를 갖고 있음을 분명히 하는 것이다. 실제로, 이것은 그가 인식론자라면 그에게는 충분히 뚜렷하게 드러나야 한다.

바슐라르가 우리에게 그 원리들을 제공하고 있는 새로운 분과의 특징들은, 그 논리적 형식으로 환원에서 말한다면 이러한 것이다. 우리는 이 각각의 특징들이 어떻게 새로운 인식론의 개념이 갖는 효과가 되는지 살펴보았다. 우리는, 인식론이 역사적이게 되면, 과학적 인식에 의해 생산된 개념들의 역사성을 그 대상으로 갖는다는 의미에서, 인식론은 스피노자적 방식으로 새로운 과학사 개념과 그 새로운 개념에 의해 지배되는 새로운 분과를 포괄한다고 주장할 수도 있다.

20) 『강연』의 용어로 표현하면 '과거의 청산'으로서 나타나는 이 역사의 가장 좋은 예는 수학의 역사이다.

3장 개념들의 재조정

바슐라르는 한 가지 입장만을 '고집스럽게 추구하면서 인생을 소비하는 철학자들이나 철학 교수들을 매우 기이하게 생각한다.[1]

"그러한 철학자는"——바슐라르가 가장 많이 언급하고 있는 표적인 메이에르송을 의미하는 것 같다——"자신이 30세에 주장했던 논제를 60세 때의 저술 속에서도 여전히 옹호하고 있다"고 바슐라르는 말한다. 그가 부동성으로 간주했던 이러한 불변성은 원칙에서의 확고함을 보여주는 증표가 결코 아니다. 그는 그것을 무사고 혹은, 그 자신의 표현을 빌리면, 반-사고의 표지로 보았다. 왜냐하면——내가 보여 준 것 처럼——그는 과학적 사고의 활동 속에서 진보적 사고의 모델을 보았기 때문이다. 과학 정신의 과감한 행위와 비교해 볼 때 철학적 반추는 우스꽝스러운 것이라고 생각했다.

그러나 그가 보기에 과학은 계속적인 자신의 재구성들을 통해서 구성되었다. 그가 이론적으로 사고한 바 있는 필연성에 의해 철학이 과학을 뒤따라간다면, 철학도 계속해서 그 원리들의 '수정'을 피할 수 없을 것이다. 바슐라르는 종종 '재겨냥된 것들'(revisées. re-aimings)이라는 말을 쓴다. 이것은 철학이 '개방적'이어야 하고 또 그렇게 남아 있어야

1) *Le rationalisme appliqué*, p. 43.

한다는 또 다른 서술 방식이다. 따라서 바슐라르를 그 자신의 말에 근거해서 이해하고 있다는 점에서, 그리고 그가 그의 동료들에게 요구했던 것처럼 실제로 자신의 개념들을 계속해서 재구성하고 있는지를 검토하려고 한다는 점에서 나는 정당하다.

나의 과제는 바슐라르가 생애에서 두 번이나 동일한 문제틀을 다루고 있다는 사실 때문에 손쉬워질 것이다. 캉기옘이 자신의 논문 「바슐라르와 철학자들」에서 말하고 있듯이, 『원자론적 직관들』에 『현대 물리학의 합리주의적 활동』이 대응하고, 『현대 화학의 정합적 다원주의』에 『합리적 유물론』이 대응한다. 이 책들을 갈라 놓는 16년이란 세월은 저자의 사고 속에 미세한 변형들 이상의 것을 생산해 내기에는 불충분하다는 점에서 위와 같은 비교에 반대할 수도 있다. 그러나 그는 과학사가 햇수에 따라 기능하지 않는다는 것을 정확히 우리에게 가르친 바 있다. 과학사는 자기 자신의 시간을 갖는다. 그것은 더딘 시간과 활기찬 시간을 갖는다. 그리고 이 연구의 초두에서 나는 과학적 시간의 엄청난 가속력에 대한 바슐라르의 날카로운 인식이 얼마나 그의 철학에서 결정적이었던가를 보여 준 바 있다. 그가 자신의 시대의 10년은 지난 시대의 수세기의 가치가 있다고 말했던 것을 상기해 보라. 바슐라르의 철학은, 이 빠르게 진행되는 전개에 전화되지 않을 수 없었다.

그 텍스트들의 핵심에 들어가기에 앞서, 프로젝트가 정당화되어야 하며, 많은 문제가 제기되어야 하고, 몇 가지 관찰들이 제시되어야 한다. 첫번째 관찰. "우리 시대의 10년은 지난 시대의 수세기의 가치가 있다"는 판단은 반복적 사고를 통해서만 정식화될 수 있다는 점에서 분명하다. 따라서 그의 철학을 다루는 데서 우리도 또한 회귀(recurrence)를 통해서 나아가야 한다.

그러나 그것이 미완의 회귀일 것이라는 점은 자명하다. 바슐라르의 가르침에 전적으로 충실히 따른다면, 우리는 그가 수학, 물리학, 화학에서 최근에 이루어진 발전들의 관점에서 다루고 있는 과학사의 시기를 검토해야 한다. 이와 관련된 문제는 없으며, 나는 1950년대에서 1930년대로의 회귀를 수행하는 데만 관심을 가질 것이다.

두번째 관찰. 내가 이미 논증한 것으로 생각되는 이론적 메커니즘의 필연성을 통해서 볼 때, 방해가 될 수도 있는 것으로부터 과학적 인식을 보호하려는 바슐라르의 철학은 본질적으로 논쟁적이다. 『지속의 변증법』에서 그가 다음과 같이 말하고 있다는 점을 상기해 보라. "구성의 시점에 있는 모든 인식은 논쟁적 인식이다. 그것은 그 구성을 위한 공간을 정리하기 위해서 먼저 파괴해야만 한다."[2] 그는 이러한 변증법적 운동을 존중하고 그것을 보증하는 것을 새로운 인식론의 과제로 삼았다. 그런데 이론적 정세에 매우 민감한 바슐라르는, '철학적으로 민감한 지점들'이 어디에 있는지, 혹은 '싸워야 할 전선들은 어느 것인지' 알고 있다. 그러나 이러한 전선들은 이동한다. 1930년의 주요한 전선은 실재론-경험주의였다고 말할 수 있다. 1950년의 위협은 관념론-실존주의로부터 오고 있는 것처럼 보인다. 메이에르송에 대한 공격은 부분적으로는 상기해 본 것처럼, 바슐라르의 마지막 저서에서 '시대에 뒤떨어진 연금술사들'의 반열에 나타나고 있는 사르트르에 대한 고발로 옮겨진다.

우리는 개념 분석이 그러한 변이들을 기록할 수 있다는 것을 보았다. 그러나 내가 여기서 막 하려고 하는, 그리고 내가 그 개념 분석에 대한 보충으로서 생각하는 역사적 분석은 더 이상 그 변화의 이론적 원리가 아니라, 그 변화의 운동에 주의를 기울여야 한다. 따라서 나는, 바슐라르 자신의 말기 저서들에서 근본적으로 '경험주의적인' 이데올로기——

---

2) *La dialectique de la durée*, p. 14.

그는 여전히 메이에르송을 이 이데올로기의 화신으로 보고 있다——의 관념론적 변형에 대해서 1930년에 그랬던 것보다 더 민감했다는 것을 보여 줄 것이다. 그런데 그가 싸우고 있는 전선에 따라 그의 논제는 이러저러한 방향으로 영향을 받는다. 그의 방식대로 표현하면, 그의 철학 운동을 파악할 수 있는 유일한 가능성은 그 거부의 변증법을 조사하는 것이다.

이러한 일반적 원칙들이 제시되었기 때문에, 나는 바슐라르의 텍스트들의 매우 정밀한——매우 기술적이기도 한——내용들로 들어갈 수 있다.

이미 언급한 바 있는 팔레 드 데쿠베르트에서의 강연에서, 그는 과학사의 역사를 추적하는 것이 얼마나 유용한 일인가를 강조했다. 바슐라르 자신에게 그 제안을 적용하는 것은 매우 해볼 만한 일이었다. 그래서 나는 '바슐라르적인 역사들의 역사'를 내놓을 수 있었다. 불행하게도, 우리가 본 바와 같이, 과학사 개념이 바슐라르의 저작들에서 포괄적인 연구의 대상이 되고 있는 것이 사실이라 해도, 과학사는 그의 저작들에서 그처럼 연구되지 못했다. 이것이, 과학사 개념을 포함하는 개념들의 재구성에 대해서 말하는 것을 선호하는 이유이다. 그런데도 내가 보기에는, 정확하고 매우 제한된 어떤 지점에서는 역사에 대한 이러한 역사학적 방법을 작동시키려는 시도가 가능한 것처럼 보였다. 그 지점이 광화학(photo-chemistry)이다.

1. 광화학사의 역사

이것은 정확한 예가 주는 편리함에 나 자신을 내맡기려는 문제가 아니라, 바슐라르가 그 중요성을 강조했고 그가 몇 번이고 되돌아왔던 한 경우를 검토하는 문제이다.

그는 그 중요성을 강조했다. 1934년에 그는 『형이상학과 도덕 평론』(*Revue de métaphysique et de morale*)에 「빛과 실체」라는 제목의 논문을 썼다. "광화학은 실증 과학으로부터 배우려는 형이상학자의 관심을 끄는 인식론적 굴절(inflection)의 지점에 위치해 있다." 나는, 바슐라르의 눈에는 확실히 비현실적으로 보이는 위에서 언급된 존재자를 그 위치에 의해서 이해할 것을 제안한다. 그 존재자란 실증 과학으로부터 배우는 형이상학자이다. 어려운 문제는 아니다.

그것이 '인식론적 굴절의 지점'에 관한 문제라는 사실을 기억해 두자. 다시 한 번 본질은 수학적 메타포 속에 놓여 있다. 수학에서와 마찬가지로, 인식론에서도 굴절의 지점보다 더 흥미롭고 특징적인 것은 없다.

바슐라르는 과학사에서의 이 지점을 네 권의 텍스트에서 검토하고 있다. 「빛과 실체」, 『응용 합리주의』, 『합리적 유물론』, 『합리적 활동』, 즉 1934년의 한 텍스트와 1950년대의 세 텍스트. 우리의 예는 적절하다.

1934년 논문의――하나의 이론(異論)일 수도 있는――첫번째 관찰인 빛의 역사는 『합리주의적 활동』의 첫 장보다 훨씬 더 간략하고, 훨씬 더 불완전하게 나타나고 있다. 이것은 의심할 것도 없이 논문에는 책에서처럼 자신의 생각을 포괄적으로 발전시킬 만한 시간도 없고 그것을 바랄 수도 없다는 사실과 관련 있다. 그러나 그것은 부차적인 것이다. 왜냐하면 바슐라르는 다음과 같이 쓰고 있기 때문이다. "역사가

짧을수록, 논증은 분명해진다." 따라서 우리는 분량이 다른 두 텍스트를 비교하는 데 전혀 망설일 필요가 없다.

가장 분명한 것으로부터, 그리고 또한 가장 도식적인 것으로부터 출발한다면, 우리는 먼저 1934년에 우리에게 제시되고 있는 빛의 역사의 단계들——여기서 광화학은 자리를 발견하게 될 것이다——을 주목할 것이다.

(a) 소박 실재론의 시대로 특징되는 전 - 과학적인 18세기

(b) '결정적인 사건'——프레스넬

(c) 문제들이 그 의미들을 변화시킨다고 바슐라르가 말하는 20세기 인식론적 혁명이 존재한다.

『합리주의적 활동』에서도 기본적인 연대기는 동일하다. 그리고 1934년에서와 마찬가지로 프레스넬의 개입은 결정적인 것으로 간주된다. 우리는 다음을 읽을 수 있다.

> 결국 프레스넬이 나타나 파괴될 수 없는 토대 위에 광학을 세웠다. ……프레스넬의 연구는 수용되어야만 할 문화적 가치를 항상 보유하고 있을 것이다.[3]

프레스넬이 광학에서 '수학의 지배'를 확립했다는 사실이 그에게 과학적 가치를 영원히 부여하고 있다. 이러한 언급으로 우리는 놀라지 않는다. 그러나 일단 프레스넬이 현대 광학을 특징짓고 난 후에, 바슐라르는 문제가 그 의미를 변화시킨다고 더 이상 말하지 않는다. 그는 우리가 '역사적 종합'(historical synthese)을 목격하고 있다고 말한다. 그가 흥미 있게 생각하는 것은 불연속 속에 종합이 존재할 수 있다는 사실

3) *L'activité rationaliste de la physique contemporaine*, p. 44.

이다. 미묘하긴 하지만, 나는 정식화에서의 이러한 변화를 진지하게 다룰 것의 제안한다. 그것을 정확히 개념들의 재구성의 지표로 간주할 것을 제안한다.

이를테면 1934년에 바슐라르는 연속성의 철학자인 메이에르송에 반대하여 현대 광학의 근본적인 불연속성을 주장할 필요를 느꼈다. 「빛과 실체」에서 바슐라르가 실제로 형이상학자들을 겨냥하고 있었다는 것이 밝혀진 그때 나로서는 모든 것이 분명해졌다——이것은 내가 조금 전에 했던 해석에 다른 중요성을 부여한다. 그가 "문제가 그 의미를 변화시킨다"고 주장할 때, 우리는 '그 문제는 형이상학자가 자신에게 제기한 문제'라는 사실을 이해해야 한다. 1950년 바슐라르는 현존하는 모든 형이상학의 자격을 박탈함으로써 자신의 인식론을 구성했다. 우리는 모든 철학과의 거래를 청산하는 일이 그에게 역사적 인식론의 장을 열어주는 일임을 보았다.

따라서 그가 이제 지식(savoir)의 재구성을 말할 때, 그것은 인식(connaissance)에 관한 일반적 문제들이 아니라 과학적 지식의 문제라는 의미이다. 그는 이제 '문제틀'이라는 새로운 개념을 사용하게 되었고, 역사를 문제틀의 변전으로 생각하였다. 이리하여 우리는, 그가 이러한 순간을 역사적 종합으로, 즉 프레스넬에 의해 개시된 단절과정의 한순간으로 지칭할 수 있는 이유를 이해할 수 있다. 우리는 또한 1934년에 바슐라르가 이러한 순간을 종합——정확히 말하면 그것을 종합과 불연속 모두로 사고하는 것——으로 지칭할 수 없었던 이유를 이해한다. 그는 논쟁의 필요에 의해 그것을 단지 근본적인 불연속으로만 생각할 수 있었고 또 주장할 수 있었다.

이 지점에서 우리는 회귀를 통해서 바슐라르가 하나의 사실로서의 단절에 대한 인식으로부터 과정으로서의 단절이라는 완성된 개념으로 이동함으로써 개념들을 재구성하고 있음을 파악할 수 있다. 따라서 연대기에 나타나는 겉보기의 유사성에도 불구하고 앞에서 설명한 두 텍스트에서 역사는 동일한 방식으로 씌어지지 않았다고 말할 수 있다. 보다 정확히 말하면, 1934년에는 역사가 사고되고 있지 않다. 역사를 사고하기 위하여, 바슐라르는 그 당시에는 획득할 수 없었고 오직 역사적 인식론의 구성을 통해서만 구성할 수 있었던 개념들의 유기적 체계가 필요했다.

나는 이로부터 하나의 확증과 하나의 결론을 이끌어 낼 것이다. 과학사 개념의 형성은 『응용 합리주의』와 동시대적이라는 사실의 확증——그 결정적인 근거들에 대해서 말하자면, 그것들은 이미 다른 곳에서 제시했다고 생각한다. 하나의 결론——1930년대의 텍스트들에는 어떤 단어들, 어떤 표현들, 심지어 어떤 개념들의 출현은 다른 개념들의 부재의 결과이다. 우리가 유의해야만 하는 것은 바로 이러한 개념들이다.

따라서 이는 우리에게 텍스트에 대한 세밀한 탐구를 요구하고 있다. 18세기에 관해서 말하자면, 우리가 본 바와 같이, 특징들은 모든 점에서 동일하다. 그것은 소박 실재론의 문제이다. 인식론적 장애라는 말이 1934년의 텍스트에 나타나지 않는다고 해도, 그것에 대한 개념은 이미 나타나 있다. 실제로, 바슐라르는 18세기에는 빛의 화학적 작용에 관한 과학——이것이 광화학이 될 것이다——은 구성될 수 없다는 점을 보여 주려고 한다. 그리고 그는 이렇게 말한다. "그 당시의 화학자는 현상이 실체에 귀속되지 않을 수도 있다는 것을 상상도 할 수 없었다." 우리는 여기서, 그가 『과학 정신의 형성』의 용어로 실체론적 장애라고 지칭하는 것을 인식할 수 있다. 사실 그는 이러한 논제를 뒷받침하기 위하여 마케르의 동일한 텍스트를 두 번 인용한다.

빛이라는 독특한 실체는 모든 식물에 붙박여 있으며, 가연적인 요소들 중에서 유일한 유질의 부분을 구성할 때 물질적으로 흡수된다. ……빛은 모든 색깔의 원인이 된다.[4)]

이 텍스트를 통해 우리는, 탐구를 막고 사고의 정지를 낳는 것은 바로 실체론적 장애의 필수조건인 물질적 흡수의 이미지라는 것을 보게 된다.

그러나 바슐라르가 세 번이나——위에서 언급한 두 텍스트와 『합리적 유물론』에서——인용하고 있는 또 다른 텍스트에는 많은 자세한 설명이 나타나고 있다. 이 텍스트는 프랑스 혁명 2년(1974)에 나온 것으로 푸르크르와의 것이다. 그 핵심적인 구절은 다음과 같다.

파랑 혹은 빨강으로 불리는 색은, 반사되는 파랑 혹은 빨강을 제외한 다른 모든 광선을 흡수함으로써 물체 안에서 생겨난다.……빛과의 접촉이나 충돌에 노출된 물체가 다른 어떤 분명한 이유도 없이 본질의 변화를 겪는 것이 사실이라면, 빛 자체가 작용자이며 화학적 인력에 의해 그러한 효과를 낳는다는 결론을 내려야만 한다.[5)]

1934년에 바슐라르는 이 텍스트에서 단지 '직접적인 감각적 경험에 고정된 논의'의 좋은 예만을 발견한다. 1951년에는 더 많은 것을 말한다. 『합리주의적 활동』에서 그는 이렇게 쓰고 있다.

---

4) Pierre Joseph Macquer, *Dictionnaire de Chymie,* Paris, 1766, vol.2, p. 292.

5) Antoine François de Fourcroy, *Elements of Chemistry and Natural History*, English translation, 5th edition, Edinburgh, 1800, pp. 141-42.

> 18세기 말에 중력과 화학적 친화력이 본질적으로 동일한 것으로 간주되었다면, 푸르크르와는, 빛이 화학적 실체에 만들어 내는 변화들은 빛이 물체이며 그것은 화학적 인력을 통해 이러한 회절현상을 만들어 낸다는 사실을 증명한다고 결론 내릴 수 있다.[6]

이것은 화학적 인력이라는 한 특별한 표현으로 주석의 위치를 옮기는 문제가 아니다. 바슐라르가 여기서 우리에게 보여 주는 것은 실체론적 장애의 원인인데, 그것은 역사적인 특정한 문제틀로의 그것의 편입이라는 이론적 수준에서 나타난다. "푸르크르와는……라고 결론 내릴 수 있다"는 "푸르크르와는……라고 결론 내리지 않을 수 없다"로 이해되어야만 한다. 간단히 말하면, 그것은 과학사를 쓰는 또 다른 방식의 문제이다.

이것에 대한 확증을 원한다면, 우리는 『합리적 유물론』에서 그것을 발견하게 될 것이다. 푸르크르와의 동일한 텍스트를 인용하면서 바슐라르는 이렇게 덧붙인다.

> 과학사가가 사실과 이성을 분리시킬 수 있는 다양한 철학적 뉘앙스들에 비추어 자신의 판단을 형성하지 않는다면, 이것은 과학사가에게 매우 위험한 텍스트이다. 실제로 우리는 '빛은 물체에 화학적으로 작용한다'는 정식화가 직접적 경험에 의해 풍부하게 실증된 실재에 상응한다고 주장할 수 있다. 우리는 이러한 진리가 화학이 발전하는 동안에 정확히 광화학으로 불리는 과학에 의해 폐기되었다고 덧붙일 수 있다.[7]

---

6) *L'activité rationaliste de la physique contemporaine*, p. 32.

7) *Le matérialisme rationnel*, p. 88.

이제 그의 논증의 목적은 이후에 이러한 언급이 갖는 잘못된 성격을 고발하려는 것이다. 그것은 정확히 푸르크르와가 흡수라고 하는 실체론적 장애와의 충돌을 피할 수 없기 때문이다.

다시 한 번 우리는 공백을 통해 1934년 텍스트에 문제틀이라는 개념이 부재한 것이 미치는 효과를 파악할 수 있다. 한 가지 더 언급할 것이 남아 있다. 따라서 우리는 우리가 고찰하고 있는 두 텍스트들을 남김없이 파헤치게 될 것이다. 그것은 지금의 경우에 절대적으로 긍정적인 것으로 간주되는 광화학에 관한 것이다. 「빛과 실체」에서, 바슐라르는 약간의 유보에도 불구하고 페랭(Perrin)의 이론에 집착하는데, 페랭은 광화학적 반작용의 원인으로서 충돌(choc) 개념을 복구할 것을 제안한 바 있다. 그는 이렇게 말한다. "이렇게 충돌은 그 파동의 특징 속에서, 그리고 진동 에너지로 환원되는 충돌 에너지 속에서 다소 간접적으로 분석되어야만 할 것이다. 그때 화학적 작용은 곧 시공간 속에서 분석되어야만 할 것이다.……그런 후에, 공간과 시간의 절대적 분리에 전적으로 기초해 있는 실체라는 관념은 틀림없이 심하게 수정되어야만 할 것이다." 그는 다음을 인정한다. "이러한 대응의 세세한 내용을 보기란 여전히 어렵다." 그런데 『합리주의적 활동』에는 다음과 같은 말이 나온다. "충돌 개념과 더불어 우리는 일종의 인식론적 괴물에 직면해 있다."[8] 여기서 사물주의(choisisme)의 또 다른 형태이고 히드라라는 실재론의 또 다른 머리인 충돌주의(choquisme)에 대한 전면적인 공격이 뒤따른다. 여기서 우리는 인식론적 가치들에 대한 평가 - 재평가의 훌륭한 예를 볼 수 있다. 우리가 본 바와 같이, 이것이 바로 바슐라르가 철학에 부여했던 과제이다.

『응용 합리주의』의 116페이지와 117페이지을 읽어 보면, 우리는 충

8) *L'activité rationaliste de la physique contemporaine*, p. 84.

돌 개념을 버림으로써 얻게 되는 유리함을 알게 될 것이다. 거기서 바슐라르는 빛과 색에 관련하여 합리성의 다른 축들, 즉 물리학의 축, 화학의 축, 시각 생리학의 축, 시각 심리학의 축을 정할 수 있게 된다. 1934년 텍스트의 '모호한 대응들' 이후에 가로지른 거리는 매우 뚜렷하다.

2. 물리학적 문제틀에서의 개념들의 재조정

나는 이제 물리학에서의 문제틀 개념의 재구성을 검토할 것이다. 여기에는 하나의 난점이 존재한다. 검토될 두 저작——『원자론적 직관들』과 『합리주의적 활동』——은 상이한 프로젝트를 갖고 있다. 바슐라르는 『원자론적 직관들』의 서문에서 자신의 임무를 '매우 단순하고 매우 교육적인 것'[9]으로 생각한다고 말하고 있지 않은가? 따라서 고전적인 원자론들을 분류하려는 이러한 시도는 학생들을 위한 입문서처럼 보인다. 학생들은 이 책에서 원자론 철학의 몇 가지 중요한 특징을 발견하게 될 것이다. 그러나 『합리주의적 활동』에서는 다음을 읽을 수 있다. "물리학자들은 실제보다 더 실재론적이어서는——전통적으로 더 실재론적이어서는——안 되며, 현대 과학의 원자론은 메이에르송에 의해서 그렇게 된 것처럼, 철학자들의 원자론에 연결되어서는 안 된다."[10]

이제 우리는 『원자론적 직관들』의 교육적 프로젝트가 보여 주고 있는 외견상의 겸손——알기 쉽게 소박함이라고 말할 수도 있다——뒤

9) *Intuitions atomistiques*, p. 13.

10) *L'activité rationaliste de la physique contemporaine*, p. 78.

에 무엇이 숨겨져 있는지 볼 수 있다. 논쟁적 기획. 여기서 메이에르송은 주요 공격 대상으로, 철학적 부동성의 상징으로 선언했다. 이것은 우리를 놀라게 하지 않는다. 그러나 중요한 것은, 이러한 분류를 통해, 바슐라르는 우리에게 이렇게 말할 수 있다면, 원자에 관한 철학적 이론들은 '분류된 것들'(classées), 즉 폐기된 것들(déclassées)이라는 사실, 그것들은 그가 그때 '공리론적 원자론'(axiomatic atomism)이라고 부르던 현대 원자론의 개념들에 이르기 위해서는 단절되어야만 한다는 사실을 보여 주려고 한다는 점을 이해하는 것이다. 그래서 우리는 정당하게 이 두 저작이 서로 부합한다고 말할 수 있다.

1930년대는 물리학에서 심대한 전화들(transformations)의 해였다. 1930년에, 디랙(Paul Dirac)은 파동 역학에 대한 자신의 상대론적 해석과 양전자(positive electron) 가설을 내놓았다. 1931년에는 앤더슨(Anderson)이 우주선(宇宙線)에서 양성자를 발견했다. 같은 해에, 최초의 싸이클로트론이 로렌스(Lawrence)에 의해 완성되었다. 1934년에는 채드윅(Chadwick)이 중성자를 발견했고 중간자는 1936년에 발견되었다. 이러한 연도는 지표들로서 나타난다. 그것들은 바슐라르가 자신의 연구에서 이러저러한 면에서 성찰한 바 있는 사건들과 관계 있다. 그러나 그가 『원자론적 직관들』을 썼을 때인 1932, 1933년에는 모든 입자들이 아직 발견되지 않고 있었다. 따라서 그는 그때까지 이루어졌던 입자들의 발견이 갖는 함축을 상세하게 성찰할 수 있는 처지에 있지 못했다.

따라서 단순한 비교를 하는 것, 즉 1933년의 저작에 나타나고 있는 것과 나타나고 있지 않는 것을 살펴보는 것은 우리의 목적에는 별로 도움이 되지 않을 것이다. 그것은 1930~1950년 사이에 이루어진 과학적 발견들의 목록을 제시하는 것 이상이 되지 않을 것이다. 달리 말하면, 그것은 단순히 나의 논의를 되풀이하는 것이 될 것이다. 우리가 바슐라르의 저작에서 발견하게 되는 모든 것은, 바슐라르가 얼마나 당시의 과학의 운동을――그의 펜에서 종종 흘러 나오고 있는 용어로 표현하면――그 현실 속에서 주의 깊게 그리고 쉴새 없이 뒤따라갔는지 알 수 있는 또 하나의 증거가 될 것이다. 『합리주의적 활동』에서 바슐라르가 일반적 영역을 설명하는 두 장(3장과 4장)을 입자 개념에 할애하고 있다는 것을 보면 매우 흥미롭다. 그런데 두 장은 처음부터 이를테면 『원자론적 직관들』에서 수행된 검토를 반복하고 있다. 3장의 첫 줄은 다음과 같다.

> 현대 물리학을 연구하기 시작한 철학자는 처음에는 누구나 다 그러하듯이 상식의 무게에 의해, 그 다음에는 모든 교양인이 다 그러하듯이 자신의 문화의 기억에 의해 당황하게 된다. 그리하여 그는 규범적 생활의 직관을 쫓아 입자는 작은 물체라고 상상하며, 데모크리토스 철학을 존중하는 전통에 따라 원자는 불가분적이며 물질의 최종적 분할 요소라고 생각한다.[11]

그가 『원자론적 직관들』에서는 「먼지의 형이상학」이라는 제목의 첫 장 전체를 상식의 무게에 할애하고 있고, 다른 다섯 장들 중에 네 장을 최근의 원자론들에 관한 데모크리토스적이고 에피쿠로스적인 철학에 할애하고 있는 반면에, 『합리주의적 활동』에서는 그 둘에 약 4페이지 정도를 할애하고 있다는 점은 나에게는 주목할 만한 사실이다. 반복하지만, 다음과 같은 질문은 쓸모 없는 것이다. 우리는 다음을 읽게 된다.

> 나는 상식에 기초해 있는 논의가 미치는 이러한 모든 영향을 알리

---

11) *ibid.*, p. 75.

고 있다. 왜냐하면 그것은 객관적 인식의 정신 분석을 확립하는 데 유용하리라고 생각되는 것들에 반하고 있기 때문이다. 상식과 과학적 인식의 연속성을 옹호하려고 하는 철학자는 아직도 비슷한 주장을 받아들일 것인가? 문화의 문턱에서 그것을 유지하는 것은 성급한 표상들에 만족하는 정신의 게으름을 받아들이는 것이다. 현대 과학은 무지한 자의 반론으로부터 완전히 해방되었다.[12]

따라서 바슐라르가 1951년에 이 점을 더 간략하게 언급했다면, 그것은 그 자신이 이미 『원자론적 직관들』에서 그 작업을 수행했다고 생각했기 때문이라고 생각할 수도 있다. 내 생각에는, 또 다른 이유가 있다. 그리고 그것은 더 새로운 것이다. 사실 바슐라르는 이제 이러한 반론들이 불가능할 것이라는 생각을 가지고 있다. 여기서 내가 의미하는 것은 과학의 내부이다. 왜냐하면 철학자에게는 모든 것이 가능하기 때문이다. 중요한 것은, 1951년에는 유사한 철학적 반론들이 과학의 전진적 발걸음을 더 이상 막을 수 없다는 점이다. 그것들에게 남아 있는 유일한 관심은 철학적 지체를 드러내는 것이고, 가능하다면 철학이 자신의 입장이 갖는 공허함을 깨닫도록 하는 것이다. 반면에 1934년에는 그러한 반론들이 여전히 과학의 내부에 현실성을 갖고 과학을 위협하고 있었다. 이에 대한 확증은 『합리주의적 활동』에서 찾을 수 있는데,[13] 거기서 바슐라르는 과학이 더 이상 상식에 의해 고무된 철학적 반론들을 두려워할 필요가 없게 된 것은 현대 과학의 고도의 사회적 성격 때문이다. 철학적 침입들로부터 스스로를 방어할 수 있는 과학 공동체가 존재한다. 『응용 합리주의』에서 발전되고 있는 주장으로 되돌아와서, 그

12) *ibid.*, p. 41.
13) *ibid.*, p. 42.

는 이 공동체의 규율에 따르지 않으려는 사람은 문 앞에, 그 문턱에 남아 있을 수밖에 없다는 것을 보여 주고 있다.

분명히 이 과학 공동체는 이미 1930년에 건설되었다. 그러나 (a) 바슐라르는 아직 그것에 대한 개념을 다듬지 못하고 있었다. (b) 물리학자들의 공동체, 혹은 더 정확히 말해 그 핵심 지역은 그것이 이후에 획득하게 되는 일관성을 갖고 있지 못할 수 있었다.

나는 이제 바슐라르가 두번째 책에서 했던 정정, 그가 우리에게 있는 그대로 제시하고 있고 따라서 우리의 관심을 끌기에 충분한 그 정정을 설명하는 데 전념할 것이다. 실제로 『합리주의적 활동』에서 그는 밀리칸의 실험에 대해서 다음과 같이 쓰고 있다. "과학의 철학적 측면들을 결정하는 과제를 떠맡고 있었기 때문에, 다른 상황에서 내 자신이 내렸던 판단들과는 반대로, 밀리칸의 실험들이 실재론적인 관점, 혹은 심지어는 사물주의적인 관점에서 이뤄진 것임을 강조하지 않을 수 없다."[14] 그것들에 대한 서술에 들어가기에 앞서, 이러한 실험들은 1925~1926년에 수행되었고, 그 실험의 목적은 전자의 질량과 기본 전하를 결정하는 것이었음을 상기해 두자. 밀리칸의 실험이 구성하고 있는 것은 이것이다. 『전자』(*L'électron*)[15]라는 자신의 책에서 다르므와는 밀리칸의 중심 사상을 다음과 같이 요약하고 있다(바슐라르가 다르므와의 책을 여러 번 언급하고 있기 때문에, 그를 선택한다). "분무기를 통해, 비휘발성 유적(석유, 수은)을 콘덴서 판막 사이로 집어넣는다. 이 유적들은 분무기를 통과함으로써 전화(電化)한다. 콘덴서에 전기장이 없을 경우에, 그것들은 천천히 낙하한다. 전기장을 설치하면, 이 낙하는 가속될 수도 있고 감속될 수도 있다. 심지어 그것들은 상승할 수도 있다. 모든 경우에 유적

14) *ibid.*, p. 99.

15) Eugène Darmois, *L'électron*, PUF, Paris, 1947, p. 3.

들의 속도는 측정될 수 있다. 판막들 사이에 있는 대기를 이온화하면, 가끔씩 유적의 속도가 갑작스럽게 변화하는 것을 관찰할 수 있다."

이것은, 기체의 이온과 만날 때 유적의 전하가 변화한다는 것을 주장하는 것으로 해석될 수 있다. 측정치들을 비교해 보면, 포획된 전하들은 요소 전하의 배수이다. 그런데 1903년 이후로 *e/m*의 비율(에너지/질량)은 알려져 있기 때문에, 밀리칸의 또 다른 실험으로 두 개념은 이제 확립될 수 있게 되었다.

『원자론적 직관들』은 이에 대해서 무엇이라고 말해야만 하는가?

바슐라르는 이 실험을 그가 나중에 기술적 결정론이라고 부르게 되는 것의 훌륭한 예로 생각했다. 즉 반(反)실재론적 논변의 예로 간주했다. 그러나 20년 후에 바슐라르는 자신의 생각을 정정한다. "이 실험들은 여전히 실재론적이었다." 우리에게 이것은 회귀와 재구성의 훌륭한 예가 된다. 1934년에 그가 밀리칸의 실험에서 실재론적 형태의 실험, 즉 과학적으로 순수하지 못한 실험을 발견할 수 없었던 이유를 파악하는 것은 우리의 몫이다. 그의 해석을 공리론적 방향으로 기울게 한 것이 반실재론적 논쟁이라고 말하는 것은――그것이 어느 정도 중요성을 갖고 있더라도――사실상 불충분하다. 왜냐하면, 그것은 단순히 굴절(inflection)의 문제가 아니라 그가 근본적인 것으로 생각했던 점에 대한 관점의 전환(about-turn)의 문제이기 때문이다.

다시 한 번 나는, 회귀에 힘입어 드러날 수 있게 된 어떤 과학적이고 인식론적인 개념들의 부재가 갖는 효과를 이러한 전환 속에서 이해할 것을 제안한다. 나는 과감히 다음과 같은 설명을 시도한다. 1934년에 바슐라르는 『합리주의적 활동』의 주요 개념, 즉 전자-원인이나 입자-원인 개념을 사용할 수 없었다. 그는 아직 하나의 실체인 화학적 원자와 하나의 원인(cause)인 물리학적 입자를 구분하지 못했다. 이것은, 필요한 변경을 가한다면, 페랭의 충돌이론을 논의하면서 내가 드러냈던 사고에서의 주저와 동일한 것이다. 나는 『합리주의적 활동』에는 원자론에 대한 더 이상의 어떤 질문도 존재하지 않는다는 단순한 관찰을 그것의 지표로 들 수 있다. 바슐라르는 이에 대해서 다음과 같은 설명을 제시하고 있다.

> 더구나 여기에 현대 물리학의 입자들을 구별하는 철학적 특징이 있다. 이러한 입자들은 독특한 원자론적 직관 속에서 나타나지 않는다. 현대의 원자는 화학의 가설이며, 그것의 진정한 특징은 분자들을 산출하는 상이한 원자들의 조합으로부터 나온다. 현대의 입자는 물리학의 가설이다.[16)]

따라서 물리학자보다는 화학자와 더 자주 관계 맺고 있는 책이라는 혼합된 성격을 『원자론적 직관들』에 부여하고 있는 것은 문제틀의 구별에서 보이는 불확실성이다. 덧붙이자면, 그러한 구별은 입자들의 발견 후에야 엄격하게 이루어질 수 있다. 그때 이후로 1934년의 텍스트를 면밀히 검토해 보면, 바슐라르가 현대 과학은 효과들의 과학이라는 것——이 유명한 구절은 그 앞 페이지에 있다——을 증명하려는 논증의 맥락에서 다음과 같이 쓰고 있음을 보게 된다. "밀리칸의 장치는……직접적으로 전자나 원자의 기능으로서 생각된다." 나는 논점의 핵심이 여기에 있다고 생각한다. 공백과 그 공백의 징후적 효과인 모호함이 동시에 존재한다. 1951년에 바슐라르 자신이 그 실험의 실재론적 성격에 관해 우리에게 말한 것을 염두에 둘 때, 그 공백은 '(생산된) 전자의 기능으로서'이다. 모호함은 '-의 기능으로서' 속에 있다. 이것은 공리론적

16) *L'activité rationalste de la physique contemporaine*, p. 90.

설명의 경우와 실재론적 생산의 경우 모두에 유효하다.

달리 말하면, 비-실재론적 관점에서 그 실험을 설명했지만, 이제는 사실상 실재론적인 것으로 보인다고 주장할 때, 바슐라르는 자신이 그 때에는 그것을 실재론적인 것으로 생각할 수 없었다고 덧붙여야만 한다. 왜냐하면 그 자신이 그 점에 대해서는 여전히 실재론자였기 때문이다. 바슐라르가 공리론적 입장을 취하도록 만든 것이 실재론의 과잉이라는 점을 함축하고 있는 이러한 역설을 고찰해 보자. "그가 입자를 공리론적 사고를 위한 준거점으로 삼을 수 있었던 것은 그가 입자를 사물로 생각했기 때문이다. 은밀하게, 즉 매우 미묘하고 현학적인 방식으로, 여기서 재도입되었던 것은 바로 추상/구체라는 철학적 개념 쌍이다."

여기서 우리는, 실재론이 실로 내가 논의한 바 있는 반-사고(counter-thought)라는 사실의 증거를 갖게 된다. 왜냐하면 실재론이 그렇게 나타나기 위해서는 사고가 제거되어야 하기 때문이다. 실재론은 자신의 타자를 드러낼 수 있어야만 한다. 실재론은 과학 정신의 정복에 의해 항상 재응결되고 새로워지는 일종의 침전물이라고 말할 수 있다. 자신이 실재론자일 때 스스로를 그렇게 생각하기란 불가능하다. 자신이 어느 정도 실재론의 환상에 빠져 있을 때, 실재론을 드러내는 것은 불가능하다. 입자를 원인으로 생각하지 않으면서 1934년의 밀리칸의 실험에 대해서 올바른 관점을 취하는 것은 바슐라르에게는 불가능한 일이었다.

이렇게 나는 원자론이라는 단어가 『합리주의적 활동』에 더 이상 나타나지 않고 있는 이유를 설명했다. 아직도 나는, 어째서 이제 더 이상 원자론이 아닌 어떤 것이 '공리론'으로 불릴 수 없는지 설명해야 한다. 이것은 중요한 점인데, 왜냐하면 물리학을 공리적인 것으로 특징짓는 것은 단 하나의 저작에만 국한된 것이 아니기 때문이다. 1937년 『현대 물리학에서의 공간의 경험』에서도 공리론이라는 낱말은 마지막 장의 제목에 나타난다. 그런데 우리는 『합리주의적 활동』과 그 시기의 다른 저작에서는 그 낱말을 한 번도 발견하지 못했다. 따라서 나는 내가 이미 강조한 바 있는 『응용 합리주의』의 주요 개념들을 획득했던 이 시기에는, 바슐라르는 그가 새로운 단어를 사용해서 부르고 있는 것, 즉 과학적 사고의 노동에 관심을 갖게 된 것으로 이해해야 한다고 생각한다. 이 새로운 단어는 새로운 개념, 즉 생산과정으로서의 과학 활동이라는 개념을 지시하고 있다.[17] 정확히 말하면, 그가 보기에는 분명히 형식주의로 가는 길을 열어 놓았다는 혐의를 갖고 있는 공리론이라는 개념이, 우리가 보았던 것처럼, 이후의 저작들에서 큰 역할을 하고 있는 경험에 대한 합리적 이해라는 개념, 연산자라는 개념을 포함할 수 있는 개념들의 체계에 의해 대체되고 있는 것을 우리는 발견하게 된다.

내 생각으로는, 공리론이라는 개념으로 바슐라르가 지시하고 있는 것을 대체하고 있는 것은, 현대 물리학의 사고는 미학적이고 구성적이라는 생각, 혹은 『응용 합리주의』의 표현을 빌리면, 그것은 가설의 미학으로 특징된다는 관념이다.

3. 화학적 문제들에서의 개념들의 재조정

『현대 화학의 정합적 다원주의』에서, 바슐라르는 다음과 같이 쓰고 있다.

17) '생산'이라는 말은 이때부터 그의 저작들 속에 여러 번 나타난다. *Le rationalisme appliqué*, p. 62 ; *L'activité rationaliste de la physique contemporaine*, p. 66.

[화학에서의] 혁명이 이미 가시화된 이후로, 내가 이 책을 쓰기 위해서 기울였던 철학적 노력이 이후에 새로운 토대 위에서 반복되어야 할 것이라는 점을 인정한다.

더 나아가서,

그러나 이 모든 새로운 과학은 철학자에게 양자 역학과 파동 역학 개념들의 발전에 기초해서 답할 것을 요구하고 있다. 나는 이 책에서는 단지 부수적으로만 이러한 과제를 수행할 수 있을 뿐이다.[18]

사소한 몇 가지 점을 예외로 하면, 이것은 1953년에 나온 『합리적 유물론』의 일이다.

나는 두 저작의 제목을 간단히 고찰하는 것부터 시작하려고 한다. 『정합적 다원주의』에서, 바슐라르는 현대 화학이 다원적이며 동시에 정합적이라는 것을 나타내고자 한다. '동시에'(à la fois)라는 말이 여기서는 중요하다. 그의 프로젝트는 두 철학적 관념 사이의 변증법을 화학자들의 사고 속에서 드러내는 것이다. 원소들의 증가와 수많은 이질적인 합성물들의 생성으로부터 유래하는 다원주의와, 조금의 정합성에 의해서도 나타날 수 있는 다원성의 감소라는 관념 사이의 변증법.

『합리적 유물론』은 바슐라르 최후의 위대한 인식론적 저작으로서, 『합리주의적 활동』보다 2년 늦게 출간되었다. 바슐라르가 그 저작을 '현대 화학의 합리주의적 활동'이라고 부르지 않은 이유를 우리는 물을 수 있다. 그 저작에서 그가 여러 번 그 표현을 사용하고 있다는 사실을 생각해 보면 특히 그렇다. 그것은 결합되어 있는 두 단어의 논쟁적 중

18) *Le pluralisme cohérent de la chimie moderne*, p. 9, 223.

요성에 의해서 설명될 수 있다고 생각한다. 합리적 그리고 유물론. 보다 정확히 말하면, 바슐라르가 '단순하고 심지어는 단순화된' 철학으로 특징짓고 있는 철학자들의 유물론이 존재하고, 그 다음에 '물질 과학'(science of matter)인 유물론이 존재한다. 간단히 말해, 최근에 알튀세르가 레닌에게서 빌려 온 원칙으로 되돌아간다면, 그것은 물질이라는 과학적 개념에 물질이라는 철학적 범주를 대립시키는 문제이다. 다른 한편으로 유물론이라는 단어도, 개념도 『현대 화학의 정합적 다원주의』에서는 결코 중요한 것으로 나타나지 않았다는 것을 주목해야 한다. 왜냐하면 그 책에서 그 자신이 설정한 핵심적인 과제는 화학에 부여되어 온 전통적인 실체론적 성격으로부터 화학을 떼어놓는 것이기 때문이다.

우리는 다음을 읽게 된다. "나의 연구가 갖는 다소 새로운 성격은 여기에 존재한다. 나는 이러한 화학적 철학은 필연적으로 실체론적일 수밖에 없는가라고 물은 바 있다. 나는, 전통적으로 화학의 특징으로서 인식되어 온 실체론적 철학이 내가 앞에서 논의한 바 있는 변화의 첫 번째 국면(요소들의 증가)을 진정 밝혀 주고 있다 해도, 두번째 국면이 일반적 주제들에 의해 활성화된 철학, 그리고 흔히 강조되고 있는 실재론에 부합하지 않는 독특한 관점을 통해 밝혀진 철학을 수반할 때, 그 실체론적 철학은 붕괴한다는 것을 보여 줄 수 있었다."[19]

이 텍스트에 대해서 많은 것을 말할 수 있다. 그리고 내가 물리학에 관해서 했던 일부의 언급들이 그것에 대해서 되풀이될 수 있다. 바슐라르가 논의하고 있는 독특한 관점이 여기서 이름을 갖게 된다는 것을 덧붙이는 것으로 만족하기로 하자. 그것은 소위 물질의 조화라는 관념이다. 이 단어와 개념은 1932년에 간행된 책의 매 페이지마다 나타나고 있으며, 그 제목과 그 철학적 결론의 주제를 제공하고 있다. 그 단어와

19) *ibid.*, p. 7.

개념은, 내가 간단하게 분석하게 될 한 가지 점만을 예외로 한다면, 『합리적 유물론』에는 나타나지 않는다. 나는 이러한 변화를 근본적인 것으로 생각한다. 따라서 나는 『정합적 다원주의』 전체와 『합리적 유물론』에서 그것에 답하고 있는 핵심적인 장을 비교하고자 한다. 그 장은 '단량체들의 현대적 분류학'이라는 제목을 달고 있다.

결론으로 직접 가면, 물질적 조화라는 개념이나 이미지를 상이한 지반 위에서 대체하고 있는 것은 정확히 체계라는 개념이다. 그러나 문제는 내가 이 장에서 계속해서 적용하고 있는 방법에 따라 그것을 설명하는 것이다. 나는 우회를 할 수밖에 없다. 『정합적 다원주의』의 주요 논제들을 간략하게 드러내는 것이다. 예기되었듯이, 하나의 논제는 항상 나타나고 있다. 그것은 현대 화학의 구성에 장벽이 되었던 실체론적 장애라는 논제이다. 예를 들면, 그는 이렇게 쓰고 있다.

> 베르틀로는 18세기에 종종 되풀이되던 어떤 증류 실험의 실망스런 결과들을 상기시킨다. 이러한 방법은 아주 다양한 요소들의 세밀한 분리를 가능케 했다. 그러나 유기체에 대한 분해에 사용되었을 때, [『화학적 합성』[20]에서 베르틀로는 이렇게 말한다] 증류된 모든 식물 원소들이 동일한 일반적 요소들, 즉 물, 기름, 담, 흙 등등을 만들어 낸다는 사실이 어떤 놀라움도 없이 인식되고 있었다. 음식물과 독은 동일한 일반적 생산물들을 만들어 낸다……출발점에서는 상당한 거리가 있는 결론들이 나타났을 때, 그 결론들은 적용되었던 분석 수단이 자연적 물질들의 본성을 바꾸어 버렸다는 것을 인정하기 위해 철회되지 않을 수 없었다.

20) Pierre Eugène Marcelin Berthelot, *La synthèse chimique*, Paris, 1876, p. 211.

바슐라르는 다음과 같이 설명하고 있다. "이렇게 매개 요소들을 분리시키는 데 부적합한 것으로 드러난 증류와 같은 방법은 우리로 하여금 화학적 합성의 다른 국면들을 구체화할 수 있도록 해준다." 그리고 그는 이렇게 덧붙인다. "그러한 실패에 대한 우리의 놀라움은, 복합물에서 그 원소들을 이끌어 내는 작용을 증류에서 찾도록 하는 실체론적 편견으로부터 유래하는 것 같다. 잠재되어 있는 요소들이라는 직관은 모든 실재론적 원리의 바탕에 놓여 있다."[21]

이것과 근접해 있는 텍스트를 우리는 『합리적 유물론』에서 찾을 수 있다. 다시 한 번 실체론적 편견을 고발하고, 자연 과학에서 화학을 분리시키는 거리를 정확히 확보하는 문제이다. 그러나 본질적인 점은 다른 곳에 있다. 이러한 최초의 오류들이 비판되고 난 다음에, 바슐라르는 그가 20년 뒤에 '과학사에서 가장 철학적인 페이지 중의 하나'를 구성한다고 기술하게 되는 멘델레예프(1834~1907)의 표로 주의를 돌린다. 전통적인 선형적 분류를 하나의 표로, 즉 원자가와 원자량이란 두 개의 일반적 개념을 바탕으로 하고 있는, 교차하는 순서로 대체해야 하는 필요성을 논증한 뒤에, 그는 멘델레예프의 천재성이 분류자로 작용하는 단가 원소를 준거로서 삼고 있다는 데서 찾을 수 있다고 한다. 그러나 그가 흥미 있게 생각하는 것은, 이렇게 분류된 원소들이 주기로, 혹은 그가 계속해서 선호하고 있는 표현법을 쓰자면, 옥타브로 분포되고 있다는 사실이다. 바로 이 옥타브에 대한 고찰로부터 그는 물질적 조화라는 관념을 갖게 된다.

바슐라르가 철학자의 관심을 끌만한 것으로 생각한 것은 멘델레예프의 표 그 자체라기보다는 그것의 발전이라는 점은 매우 흥미 있는 사실이다. 그 발전이란, 그 표에 기입되는 이후의 발견들이 몇몇의 경우

21) *Le pluralisme cohérent de la chimie moderne*, pp. 64-65.

에 그것의 순서는 변경하지 않고 그 의미를 변경하는 방식을 말한다. 이것은 『정합적 다원주의』에서 핵심적이다. 그것은 또한 '원소들의 체계'라는 제목으로 『합리적 유물론』에서 다룬 것이기도 하다.

『정합적 다원주의』에서 그는 이렇게 쓰고 있다. "그렇게 많은 확증들이 있은 후에, 처음에 그 표를 구성했던 최초의 원칙이 비록 흔들리기는 했어도 그 표가 유지되고 있다는 사실로부터, 멘델레예프 표는 이렇게 아주 독특한 의미를 가지고 나타난다. 그것은 자연적 순서의 도표이며, 원소들의 진화에 빛을 던져 줄 모든 실험의 개요이다."[22] 이제 막 우리는, 멘델레예프의 표가 바슐라르에게 그의 책의 중심적 논제인 '물질적 조화'라는 관념을 제공한 것은 바로 화학적 옥타브라는 관념을 통해서라는 것을 보았다. 그러나 세밀하게 관찰해 보면, 바슐라르는 멘델레예프로부터 단 하나의 구절만을 근거로서 삼고 있을 뿐이다.

그것은 다음과 같다.

원자들의 속성이 그 중량의 함수라면, 다소 화학에 뿌리를 두었던 많은 관념은 이러한 추론의 의미에서 발전되고 성립되어야 한다. 처음에는 화학 원소들이 그 성격상 완전히 자립적인 것으로, 그리고 서로 완전히 독립적인 것으로 보일 수 있지만, 이제 원소들의 본성에 대한 이러한 관념은 그 속성은 질량에 의존한다는 관념으로 대체되어야 한다.……그러면 많은 화학적 추론들이 새로운 의미와 중요성을 획득하게 될 것이고, 그렇지 않으면 주의를 끌지 못했을 곳에서 규칙성이 관찰될 것이다. 이것은 물리학적 속성들에서 특히 뚜렷하게 나타난다.[23]

22) *ibid.*, pp. 152-23.

23) D. Mendeleev, *The Principles of Chemistry*, 3rd English edition, tr., by George

바슐라르가 그러하듯이, 이 구절에서 '조화에 대한 예견'을 드러낼 수 있다 해도, 그 표현은 감추어져 있다는 사실은 인정되어야만 한다. 그런데 반복하지만 이것이 그 논제를 뒷받침하고 있는 유일한 부분이다. 바슐라르가 자신의 핵심적인 개념을 얻게 되는 것은 멘델레예프로부터가 아니다. 오히려 멘델레예프에게 바슐라르는 그것을 투여하고 있다. 따라서 그것은 다른 곳에서 그에게 온 것이다. 조화의 철학이나 형이상학으로부터는 아니다. 그는 자신의 결론에서 그것을 절대적으로 부인하고 있다. 그것은 정확히 그 시대에 이르기까지 그 표의 일련의 재구성으로부터 온 것이다.

이러한 일련의 재구성 속에서 그는 인식론적 대체를 관찰한다. 그는 이렇게 쓴다. "나는 조금씩 조금씩 사실로 간주된 조화를 '추론으로 간주된 조화'로 대체하는 데 성공한 것 같다."[24] 달리 말하면, 조화 개념에서 바슐라르의 흥미를 끈 것은 그것이 추론일 수 있다는 사실, 추론은 그 개념의 귀납적 가치라는 것, 다시 말하면 그 개념은 지식의 계속적인 재구성——혹은 정정——에 안내자로 봉사하고 있다는 사실이다.

그러나 언제나 그렇듯이, 귀납적 가치=논쟁적 가치이다. 조화로운 사고는 합리주의가 분석 철학이어야 한다는 생각에 반대해서, 안느캥(Hannequin)의 신칸트주의(『부정의 철학』과 『원자론적 직관들』에서 공격받고 있는)에 반대해서 나온 것이다. 그리고 그것은 법칙이 사실보다 우선한다는 논증과 원소들의 순서는 합리적인 것으로 부여되고 있다는 논증을 옹호하기 위하여, 역설적으로——유행하고 있는 철학적 견해와는 다르게——4개 원소들을 갖고 있어도 복잡했던 화학이 92나 100개의 원소들을 갖고 있어도 간단하게 단일화될 수 있다는 것을 분명히 하기

Kamensky, ed., by Thomas H. Pope, Longmans, London, 1905, vol.2, p. 31.

24) *Le pluralisme cohérent de la chimie moderne*, p. 226.

위하여 나온 것이다. 무엇보다도 원자량에 관한 모든 실재론에 반대해서 나왔다. "그것은, 원자량이 무게의 단순한 비교를 통해서 알려질 수 있으며, 결국 이는……화학에 대한 물리학 심지어는 수학의 우위성으로 되돌아가게 된다는 반대에 부딪칠 것이다. 그러나……원자의 조화에 대한 견해가 확증됨에 따라 그 힘을 잃게 된다."[25] 바슐라르가 보여 주고 있는 것은, 사실상 원자량은 오직 그 순서에 의해서만 나타나기 때문에 조화로운 분류에 불필요한 특징만을 부여한다는 점이다.

멘델레예프가 분류의 기준 원소로 삼은 수소 원자가 그 자체로 복잡하다는——전기적으로 복잡하다는——최근의 발견과 함께, 새로운 문제들이 일어났으나 그 표의 주기적 질서는 조금도 의심받지 않았다. 바슐라르는, 멘델레예프 표에 나타나는 변칙들에 대한 정당화가, 어떻게 그가 '물질적 조화의 가장 중요한 요소'라고 말하고 있는 원자수 개념으로 가는 길을 열어 놓고 있는지 보여 준다. 그 표에서 화학적 원소의 자리를 설정해 주는 것은 단순히 순서를 나타내는 숫자이기 때문에 이 원자수라는 변수는 명백히 인위적인 것처럼 보인다는 의미에서, 그것은 금세기의 가장 위대한 이론적 전과들 가운데 하나이다. 그러나 이 숫자는——처음에는 책 페이지 숫자와 비슷했지만——현대의 여러 발견들과 더불어 결정적인 실험적 의미를 획득했다. 그것은 실로 다양한 원소들의 화학적 실재성에 대한 측정법을 제공하게 된다.

이것이 『정합적 다원주의』의 핵심적인 논제이다. 그것은 조화 개념에 대한 결론 속에서 보다 정확하게 우리에게 확증된다. 우리가 보게 되는 것은, 실험적 추론은 조화에 의해 확증된다는 점이다. 바슐라르는 이것을 귀납적 추론의 확장이라고 생각한다. 과학의 합리성은 단조로운 동일성에보다는 질서 정연한 실험적 변이들에 더 의존하고 있다. 정합적

25) *ibid.*, p. 101.

이고 조화로운(정합적이어서 조화로운, 혹은 정합적인 즉 조화로운으로 읽어야 한다) 다원주의 내에서 이해되고 있는 화학적 요소들은 구성의 가능성을 제시한다.

그런데 나는, 조화라는 단어가 1953년의 저작에는 딱 한 번 나타나고 있다고 말한 바 있다. 그것이 어떤 상황에서 나타나고 있는지 살펴보도록 하자.

> 우리와 관련된 문제에서, 우리는 명료성이 멘델레예프 표의 주기의 복수성에 의해 나온다는 것을 깨달아야 한다. 명료성은 예들의 반복으로부터, 따라서 중복으로부터 생겨난다. 논제는 그 변이들에 힘입어 나타나는 것이다. 단량체들의 목록이 첫번째 주기의 끝에서 멈추어 버린다면, 우리는 단순 실체의 원리에 대해서 무엇을 알 수 있을 것인가? 많은 옥타브를 갖고 있는 이 위대한 건반은, 우리가 단순 실체들의 이러한 일반적 조화를 파악할 수 있기 전에, 필요했다.[26)]

따라서 모든 것이 분명해진다. 내가 생각하기에 이 문장은 두 부분으로 나뉘어져야 한다.

——첫째, 우리는 개념들을 발견한다.

——둘째, 이러한 개념들이 야기하는 이미지들을 발견한다.

개념적인 것은 이렇다. "명료성은 예들의 반복으로부터 생겨난다." 은유적인 것은 이렇다. "논제는 그 변이들에 힘입어 나타나는 것이다."

위대한 건반, 옥타브, 조화——이것들은 우리의 의심을 불러일으키기에 충분할 만큼 너무 지나친 이미지이다——는 단지 문학적으로 풀어 놓은 은유일 뿐이다. 한 단어를 위해 상상력을 십분 발휘하여 그 개

26) *Le matérialisme rationnel*, p. 97.

념의 새로움을 감추자마자 낡은 이미지들이 나타난다.

그렇다면 왜 조화 개념은 완전히 사라지는가? 나는 두 가지의 보완적 설명을 제시하고자 한다. 바슐라르는 동일한 페이지에서 다음과 같이 쓰면서 우리에게 그 첫번째 설명을 보여 준다. "인식들이, 단량체들의 총체성에 관한 직관이 형성되기에 충분할 만큼의 많은 수의 단량체들에 관한 기록을 모으지 못했을 때, 우리는 물질에 관한 이론을 중지시켰던 불가능성을 이제 볼 수 있다. 몇 가지 경우들로부터 모든 경우로 이행하는 것은 필연적이다. 그런데도 총체성의 원리가 합리적으로 구성되기 이전에 그 모든 경우들을 안다는 것은 불가능하다."[27] 그런데 『합리적 유물론』의 대부분은 최근에 발견된 요소들(테크네튬, 프로메튬)을 검토하는 데 할애하고 있다. 그러나 나에게 더 결정적인 것으로 보이는 것은 다음과 같은 것이다. 『정합적 다원주의』의 짧은 구절에는, 이 장의 서두에서 상기한 바 있는 바슐라르의 주장에 대한 설명이 될 수 있는 텍스트가 존재한다. 그것에 따르면 그는 새로운 토대 위에서 그 책을 되풀이해야 할 것이다.

이 텍스트는 우리에게 다음과 같이 말하고 있다. 최근에 발견된 원자의 복잡한 성격은 처음에 설명되었던 형태의 물질적 조화를 손상시키고 있다. 그것은 '화학에서의 에너지 합리주의'라는 제목이 붙은 『합리적 유물론』의 6장에 의해 확증되고 있는데, 거기서 우리는, 이제 물-자체의 역할을 하는 것이 에너지라는 사실을 발견하게 된다. 이제 화학적 결합을 설명할 수 있는 것은 전자의 동력학이다.

1932년에 바슐라르는 전자를 물질 단위로, 혹은 '진정한 원자'로, 어디에서나 동일하다는 의미에서 '완전히 구체적인 단위'로 간주하고 있다. 요컨대, 그것은 설명될 수 있는 유일한 것이기 때문에 설명되는 것

27) *ibid.*

이다. 또한 그것은 그 당시에 그가 전기 화학이라고 불렀던 것의 조화로운 구성을 설명할 수 있는 것이다. 반대로 『합리적 유물론』에서는, 바슐라르의 사고에 중심적인 것은 전자적 구성과 화학적 구성의 이중성이다. 입자들의 발견을 고려할 수 있었던 1953년에는, 에너지가 바슐라르가 보기에 근본적인 것이다. 그것은, 물질이 에너지를 갖는다고 말하는 것이 이제 불가능하다는 것을 깨닫는——이것은 우리에게 정언명령처럼 제시된다——문제이다. 우리는 오히려 물질은 에너지라고 주장해야 한다. 이러한 탐구에 부여되고 있는 것은 본질적으로 화학적 현상의 에너지적 뿌리이다. 에너지는 제1의 개념으로, 더 정확히 말하면 제1의 실재로서 간주되어야 한다(이 표현을 그것의 수정된 의미에서 부차적 지위의 실재론, 가공된 실재론으로 이해해야 한다). 따라서 화학적 작용들은 결국 에너지의 관계라는 점이 이해되어야 한다. 나의 주장은 바슐라르의 주장을 되풀이하고 있을 뿐이다. 『정합적 다원주의』의 문제틀과 비교되는 이러한 논제들의 새로움을 이해하기는 쉽다.

이것은 양자 화학의 기본 특징 중의 하나이다. 에너지 상태는 기하학적 구조를 결정한다. 양화된 에너지는 기초 개념들 가운데 포함되어야 한다. 양자 화학의 두번째 특징은——현대 물리학과 마찬가지로——그것은 더 이상 측정하지 않으며 그것은 계산한다는 사실이다. 계산에 의한 이러한 측정의 대체는 바슐라르가 보기에는 가장 중요한 인식론적 사실이다. 그는 그의 마지막 세 저작들에서 계속해서 이 점으로 돌아오고 있다. 그것이, 우리가 결국 되돌아갔던 멘델레예프 표에 관해서 그가 다음과 같이 쓰고 있는 이유이다. "현재의 인식 수준에서 재구성된 멘델레예프의 표는 물질에 대한 진정한 산술적 합리주의를 따른다."[28] 물질에 대한 이러한 '산술적 합리주의'가 물질적 조화 개념을 대체한 인

28) *ibid.*, p. 96.

식론적 개념이라는 것은 분명해 보인다. 물질적 조화에 관해서는 회귀를 통해서, 그것은 1932년의 저작 속에서 이데올로기적 개념으로 기능하고 있는 이미지일 뿐이라고 말할 수 있다. 이러한 사실을 통해서 우리는 조화 개념이 거기서 갖고 있던 기능들의——빈약하게 설명된——복수성을 이미 제시할 수 있었다.

역으로, 나는 1953년에 조화라는 단어가 새로운 개념의 사용을 우연히 설명해 주고 있는 이미지일 수 있을 뿐이라고 말할 수 있다. 내가 보기에 이러한 논증은, 『합리적 유물론』의 텍스트에 대한 간략한 분석이 우리에게 제공했던 것을 확증하는 것이다. 또 하나의 증거. 바슐라르는 계속해서 다음과 같이 말한다. "전자적 동력학 이전에 화학적 합성에 대한 설명은 단지 통계적 설명이나 개요가 될 수 있을 뿐이다."[29] 내 생각으로는, 그는 의도적으로 자신의 물질적 조화 개념을 시대 착오적인 것으로 간주하고 있다.

내가 바로 전에 했던 검토는 모든 경우에서 결론적인 것처럼 보인다. 자기의 원칙에 충실했던 바슐라르는, 물리학자가 그러하듯이, 자신의 지적인 삶을 다시 만들어 가는 작업을 결코 멈추지 않는다. 이것은 아마도 그의 철학이 갖고 있는 새로움의 가장 뚜렷한 특징일 것이다. 내 생각에 이것이야말로 가장 본받을 만한 점이다.

29) *ibid.*, p. 181.

결 론

이러한 연구의 끝에 남아 있는 것은 무엇인가?

물론 희망이 있다. 나는, 철학의 장에서 바슐라르의 출현이 만들어 냈던 역사적 사건을 내가 보여 줄 수 있었기를 희망한다. 역사적인, 즉 확증된 사건, 영원히 확증된 사건.

바람이 있다. 나는, 그가 '과학자들과 함께 배우라'는 것을 자신의 모토로 삼음으로써 철학에서 개혁자의 임무를 수행했다는 것, 그리고 그렇게 함으로써 그는, 과학에 대해 이데올로기의 대변자로 기능하는 철학의 '진리'를 구별할 수 있었다는 것을 내가 증명했기를 바란다.

생각이 있다. 나는 새로운 철학의 장을 그에게 열어 준 것은, 철학이 전통적으로 과학에 부여해 온 이미지——이 이미지 속에서 심지어는 과학자들도 자신들이 스스로를 인식하고 있다고 생각했다——로부터 그가 과학적 실천을 분리시켰기 때문이라고 생각한다.

질문이 있다. 정확히 말하면, 우리는 철학의 내부에서 철학으로부터 생겨날 수 있다는 것을 함축하는 그러한 운동을 정당화시켜 주는 것은 무엇인가 하는 질문이다. 아마도 우리는 철학을 결정하는 심급들(과학, 도덕, 종교 등등) 사이로 바슐라르 인식론이 들어설 때 우리가 살펴본 바 있는 그것의 역할을 이론화해야 할 것이며, 바슐라르 철학에 이러한 특별한 지위를 부여하고 있는 것은 그가 이러한 심급들의 질서에 변동(bougé)을 도입했기 때문이지 않은가를 자문해야 할 것이다.

마지막으로 불안감이 있다. 왜냐하면, 바슐라르의 마지막 저작의 마지막 페이지를 덮고 나면, 체계적인 철학이 쉽게 당신을 만족시킬 때 느끼는 평온함을 당신은 느끼지 못하기 때문이다. 사람들은 불안해 한다. 그러나 그 불안감은 어떤 실존 철학이나 신비주의 철학이 빠져 있는 몽롱하고 권태로운 감정과는 다르다. 그것은 열중하면서 느끼는 불안감이다. 말 그대로, 사람들은 움직이고 있다. 과학의 실제적인 실천이 그 지반과 지평선을 만들어 내는 새로운 영역에 정확한 과제들이 설정된다. 사람들은 이렇게 말하고 싶을 것이다. "노동하라!"

인식론 비판을 위하여 2.

바슐라르, 캉기옘, 푸코

서 론

여러분이 읽게 될 텍스트들은 역사를 가지고 있다. 따라서 그것을 이해하는 것은 틀림없이 그것들의 진정한 중요성을 평가하는 데 도움이 될 것이다. 이 역사는 그 자체로 이중의 역사적 '사건'의 결실로서 나타났다고 볼 수도 있는 어떤 조우——맑스주의와 인식론의 조우——와 관련이 있다.

첫번째 사건은 프랑스 인식론이 갖고 있는 독특한 역사의 문제이다. 프랑스에서는 여러분들이 이 책에서 만나게 될 몇몇의 이름들, 예를 들면 가스통 바슐라르, 조르주 캉기옘, 미셸 푸코의 이름으로 대표되는 유명한 독창적인 '전통'이 일어났다. 물론, 각각의 대상, 목적, 반향에서 그들의 연구보다 더 다른 경우를 상상하기란 어려울 것이다. 실제로 생물 과학에 대한 공통된 관심 때문에 푸코의 연구와 캉기옘의 연구를 비교하는 것은 가능할 수 있지만, 자기 시대의 물리학과 화학에만 관심을 보였던 바슐라르는 생물 과학에 대해서는 한 마디도 하지 않는다는 점은 인정할 수밖에 없다. 덧붙이자면, 캉기옘의 엄격한 전문화는 자연사나 생물학에 대해서 그러는 것처럼 언어학, 정치경제학 등등에 대해서도 말하고 있는 푸코의 '백과사전적 성향'과는 대립된다. 다른 한편, 캉기옘은 어떤 의미에서 과학에게 그것에 합당한 철학을 제공하고, 자신의 특수한 영역에서 관념론적 인식 철학의 침입에 대항하여 싸우는 바슐라르의 프로젝트를 이어받고 있지만, 다음과 같은 점은 인정할 수 밖에 없다. 비록 그러한 논의가 푸코의 연구에서도 못지 않게 지속적이긴 하지만, 그것은 푸코에게서 뚜렷한 전위를 겪으면서, 즉 과학사와의 관계에서 '탈중심화되면서' '지식'(savoir)의 가장 일반적인 조건들에 집중되고 있다. 끝으로, 처음부터 바슐라르 인식론이 갖고 있던 관심은 인식되고 있었고, 그 독창성이 존중되었던 반면에, 캉기옘의 저작들이 갖고 있었던 실제적인 중요성은 약간의 고의적인 무관심에 의해 20년이 지난 최근의 몇년 동안에 이르러서야 이해될 수 있었다. 푸코의 저작들에 관해서 말하자면, 그것들은 이상한 오해의 대상이 되었는데, 왜냐하면 그것들이 빠른 명성을 얻게 된 것은 부분적으로 그것들이 속해 있지 않았던 것이 오늘날 분명하게 드러난 어떤 진영, 즉 '구조주의' 진영에서 일어났기 때문이다.

이 모든 이유들 때문에, 이 저자들이 하나의 인식론적 '학파'에 속해 있다고 말하는 것은 옳지 못하다. 무엇보다도 캉기옘은 과학사가이며, 옳은 일이지만 푸코는 인식론자로 기술되는 것을 싫어한다. 그는 자신을 '지식의 고고학자'로 부른다. 이러한 상황에서, 내가 제안한 것처럼 그들의 경우에 하나의 '인식론적 전통'을 말하는 것이 가능할까? 나는 그것이 정당화될 수 있다고 생각한다. 왜냐하면 겉보기의 다양성에도 불구하고 그 저작들 각각에 전해지고 있는 공통의 특징이 존재하기 때문이다. 거장들이 그 제자들에게 끼쳤을 것이라고 생각되는 지적 '영향들'로 그것을 설명하려 한다면, 그것은 피상적일 것이다. 물론 바슐라르는 캉기옘의 스승이었고, 캉기옘은 푸코의 스승이었던 것은 사실이다. 그러나 우리가 역사적 분석의 대체물로서 심리학에 의존한다면 일화적인 것 외의 어떠한 이해도 포기해야만 한다. 내가 언급했던 공통의 특징은 더욱 실제적인 것이며 더욱더 심오한 것이다. 그것은 그들 사이의 일치점을 구성하며, 따라서 철학에서의 그들의 공통된 '입장'과 관계 맺고 있다.

간단히 말해 그리고 잠정적으로 그것을 소극적인 형식으로 정식화한다면, 그 공통의 특징은 근본적이고 의도적인 '비-실증주의'에 놓여 있다. 바슐라르에 의해 개시된 이 비-실증주의는 내가 보기에는 내가 언급한 세 저자들을 묶고 있는 전통의 '접합제'이며, 동시에 다른 곳에서 '인식론'이라는 이름으로 실천되고 있는 모든 것으로부터 이 전통을 구별해 준다. 이 전통은 또 다른 전통에, 즉 학파와 기구를 가지고 있는 오늘날의 지배적인 전통——동서양에서 이루어지고 있는, 다시 말해 예일대와 모스크바 과학 아카데미에서 이루어지고 있는 탐구들은 이 전통 속에서 수렴되고 있다——과 대치된다.

이 다른 전통은, 그 속에서 나타날 수 밖에 없는 내적인 구별들에도 불구하고, 이러저러한 방식으로 '과학의 과학' 혹은——기술적 변형인——'과학적 연구의 구성에 관한 과학'을 만들려는 시도로서 자신을 나타내고 있다는 점에서 폭넓은 의미의 실증주의라고 말할 수 있다. 그 전통은 20년 전에 '과학의 과학'이라는 이름으로 새로운 학과의 출현을 알리고 그 깃발 아래 독창적인 학회를 설립했던 버날(Bernal)과 프라이스(Price) 같은 앵글로-색슨계 전문가들의 경우이다. 동일한 언어로 동일한 프로젝트에 참여하기 위해 모스크바 과학 아카데미의 『철학의 문제들』(*Voprosy Filosofi*)의 편집자들——케드로프(Kedrov), 미쿨린스키(Mikulinksy), 로드니(Rodnyi)——이 그것에 대해 끊임없이 하고 있는 언급들을 보면, 그들이 동일한 진영에 속해 있음을 확인할 수 있다.[1] 매

1) 이 논문들은 *Cahiers du centre d'etudes et de recherches marxistes*에 '과학과 생산' 이라는 시리즈로 프랑스어로 번역되어 게재되었다.

우 다른 형태이긴 하지만, 수리 논리학이라는 과학적 분과의 개념들에 기초해서, 라이헨바흐가 '과학적 철학'(scientific philosophy)[2]이라고 불렀던 것의 범주들을, 즉 '과학의 과학'이자 '철학에 대한 과학적 비판'이어야 하는 우리 시대의 철학, '과학 시대'의 철학의 범주들을 만들려고 했던 논리적 신실증주의 경향도 그 경우이다.

인식론이 나름대로는 과학적이라고 생각하는 주장들을 갖고 있는 일군의 다양한 학과들이 과학에 대한 일반적 이론을 구성하기 위하여 본질적으로 다른 개념들을 결합하게 되는 일종의 교차로가 되든지, 아니면 특정 과학이 그 일반이론의 범주들을 준비하는 데 책임을 지게 되든지 간에, 그러한 작업의 철학적 전제조건은 동일한 것이며, 내가 이러한 시도들을 '실증주의적인' 것으로 기술하게 만드는 것도 바로 이 전제이다. 실로, 이 공통의 전제는 다음과 같은 슬로건에서 가장 훌륭한 표현을 발견할 수 있다.

과학의 과학은 가능하다.

내가 방금 과감히 제기했던 주장은, 약간의 놀라움을, 즉 '과학의 과학'이 철학적 전제에 저당잡혀 있다는 사실에 대한 놀라움을 일으켰을 것이다. 이것은 하나의 역설인데, 왜냐하면 정확하게 두 집단은 자신의 가장 합당한 특성과 가장 귀중한 기본권, 즉 자기 자신을 과학에 의지함으로써 '철학적 강탈'을 종식시키겠다고 주장하기 때문이다. 그러나, 나는 계속해서 철학은 이러한 노력들을 하지 않는다고 말할 것이다. 이 역설을 완성하기 위해 덧붙이면, 거기에는 두 개의 철학적 전제들이 결

2) 라이헨바흐의 주요 저작은, *The Rise of Scientific Philosophy*, University of California Press, Berkeley and Los Angeles, 1951이다.

합되어 있다. 내가 고발하고 있는 것은 실증주의를 구성하는 그것들의 결합이다. 하나는 이중화되고 있는 독특한 용어로서 '과학'에 요구되고 있는 통일성과 관계 있다. 다른 하나는 '과학의 과학'이라는 말에서 나타나고 있는 재귀성(reflexiveness) 내에서의 이러한 이중성의 원환과 관계 맺고 있다.

첫번째 논점은 오늘날 잘 알려져 있다. 과학 일반에 대해서 자기 자신을 대상으로 삼을 수 있는 유일한 존재라고 말하는 것은 이데올로기적 개념을 사용하는——여기서는 이중으로——것이다. 그것은, 과학적 실천의 총체가 동질적인 실재로서 취급될 수 있으며, 따라서 그것은 적어도 원칙상으로는 차별화되지 않는 전체를 구성한다고 가정하는 것이다. 과학에 대한 이러한 '취급' 혹은 이러한 '관점'은 특히 철학적이다. 심지어 그것은 현대성과 과학성이라는 외피를 쓴 채 철학의 고전적인 절차, 더 정확히 말하자면 관념론 철학의 그 고전적인 절차를 되풀이한다. 관념론 철학이 과학에 대해서 말할 때, 그것은 오직 한 가지 일에만 매달린다. '과학'에 대해서 단수로 말할 수 있기 위해 그리고 그 다음에는 인식이론에 대한 정당화로서 생산된 테제들을 취하기 위해서 공통의 본질을 분리해 내는 것——철학사를 다시 읽어야 한다. 이러한 절차가 어떤 주목할 만한 규칙성을 갖고 플라톤에서 후설에 이르기까지 적용되어 왔는가 하는 점은 쉽게 확인될 수 있다.

내가 실증주의 인식론자들에게서 감지해 내고 있는 철학적 전제는 이렇게 관념론적 철학의 전제이다. 따라서 그것은 우리가 순간적으로 보았던 하나의 현실, 즉 과학적 실천들의 총체라는 현실을 징후적인 방식으로 감추기도 하고 드러내기도 한다. 정확히 말하면, 그러한 총체에 전체의 통일성이 있다고 생각함으로써, 그 철학적 전제는 차별성——각각은 자기 자신의 대상과 이론과 실험적 협약을 갖고 있다——과

불균등 발전——각각은 자신의 특수한 역사를 갖는다——속에 자리 잡고 있는 그 실천들의 현실을 재흡수한다——상상적으로 소멸시킨다. 이렇게 해서 은폐되고 있는 것은 바로 과학적 실천들의 현실이라고 나는 생각한다. 왜냐하면 과학적 실천들은 자신들이 구성하고 있는 체계 외부에는 존재하지 않기 때문이다. 이제 이러한 체계는, 그것에 부당하게 부여해 왔던 고요한 동일성 아래 전개되지 않으며, 이 체계에서 중요한 역할을 하고 있는 이론적 분야들 사이에 나타나는 상이한 모순들을 통해서만 현실성을 갖게 된다. 역사에 형태를 부여하는 것은 바로 모순들의 뒤엉킴이다. 이렇게 우리는 여기서 문제가 되고 있는 관념론적 철학의 전제에 의해 결국 은폐되고 있는 것이 무엇인가를 알게 된다. 그것은 과학들의 실제적 역사이다.

게다가 과학의 과학이 가능하다고 말하는 것은, '과학'이 자신에 대한 성찰만으로도 과학의 구성 법칙들, 그리고 그것의 형성뿐만 아니라 그 기능까지도 드러낼 수 있다고 주장하는 것이다. 그것은 과학적 담론에 대해서, 과학적 담론은 그 자체로, 즉 자신의 외부로 나아가지 않고 자신의 이론적 원칙들을 서술할 수 있는 내적인——예외적인——특성을 갖고 있다고 주장하는 것이다. 달리 말해, 극도의 자율성을 갖는 '과학적 담론'은, 그것에 대해서는 그 누구도 책임이 없는 것이며, 그것은 신에 의해 설정되고 기획되고 한계지어진 과학성의 순수 공간에서 어떤 장애나 방해도 받지 않고 스스로를 구성한다. 그것이 어떤 장애나 방해도 받지 않는 것은, 원칙적으로 장애는 그것이 항상 자기 자신과 함께 이끌어 가고 있는 무언의 담론——문제가 있는 경우에만 모든 것을 밝히기 위해서 드러낼 필요가 있는, 그것의 가장 내적인 영혼의 조용한 중얼거림——안에 이미 위치해 있으며, 그 안에서 서술되고 극복되고 있기 때문이다. 즉각적이고 결정적인 결론이 뒤따른다. 과학적 담론이 위치해야 할 공간을 결정하는 것이 과학적 담론 자신의 법칙들이라면, 원칙상 과학적 담론은 그 공간에서 어떠한 장애와 방해와도 마주치지 않는다면, 지식의 완성——그것의 목적과 그것의 완전성——은 원칙적으로 언제나 가능하다. 실제로 남아 있는 유일한 것은, 순간적으로 그것을 방해하는 약간의 형식적인 어려움들을 드러내는 것이다. 즉 기술적인 문제만이 남아 있다. 바꾸어 말하면, 과학들의 실제적 역사는 존재하지 않는다. 시간은 그것과 아무런 관련이 없다. 오히려 시간은 지체나 예견의 형식으로만 끼어들 뿐이다. '과학'의 역사는 단지 발전일 뿐이며 기껏해야 인식을 오류에서 진리로 안내하는 진화일 뿐이다. 진화 속에서 모든 진리는 가장 최근에 나타난 것에 비추어 측정된다.

그런데 우리는 다시, 매우 낡은 철학적 작용이 새로운 형식으로 되풀이되고 있다고 말할 수 있다. 흔히 '위대한 철학들'(통제하도록 부름받는 것)이라고 불리는 것은 현실적이거나 가능적인 모든 과학성의 기준을 자신의 프로젝트로서——공공연한 주장으로서——서술해야만 하지 않았던가? 그것들은 현존하는 과학들과 관련하여, 여기서 선언된 구성적 성찰의 입장에 서지 않았던가? 이 점은 약간 중요하기 때문에, 한 전형적인 예를 들어 보고자 한다. 그것은 헤겔의 철학이다. 스스로에 의존해서 이끌어 가는 그 담론 속에서, 주지하다시피 이 철학은 『논리학』이라는 제목의 이상한 책에서 서술되고 있는 범주들을 자신의 기초로, 즉 자신의 토대와 보증으로 삼고 있다. 헤겔의 체계에서 이 책이 차지하고 있는 독특한 지위는 그 자체만으로 특별히 연구할 만한 가치가 있다.[3] 우리의 목적을 위해서 우리는 단지 다음과 같은 하나의 작은 사실만을

3) 지금까지 이루어진 연구 중에서 가장 훌륭한 것은 이폴리트의 것이다. *Logique et exitence, essai sur la logique de Hegel*, PUF, Paris, 1953.

고려할 것이다. 헤겔은, 과학의 과학적 범주들이 그 책에 의탁하고 있다고 선언한다. 저자가 『정신 현상학』과 관련하여 그 책을 위치시키고 있는 다음의 구절을 보라.

『정신 현상학』에서 나는 의식과 그 대상 사이에 나타나는 최초의 원초적인 대립에서 절대지까지 이르는 의식의 운동을 제시했다. 이 과정은, 그 대상에 대해서 사고가 갖는 모든 형태의 관계를 통과하고, 그것의 결과로서 과학(Wissenschaft)의 개념에 이른다. 이렇게 이 개념은(그것이 논리학의 경계 내에서 일어난다는 사실과는 거리가 먼), 이미 그곳에서 정당화되고 있기 때문에, 여기서는 어떠한 정당화도 필요로 하지 않는다.[4)]

우리에게 이 텍스트는 이중의 흥미를 끌고 있다. 그것은 현존하는 과학들——헤겔이 '경험 과학들'이라고 부른 것과 관련하여 갖게 되는 논리학의 의미에 대한 입장을 드러내 준다. 과학의 개념을 드러내는 것은 바로 논리학이다. 더 정확히 말하면, 정당화 즉 과학 개념의 기초를 포함하고 있는 것은 바로 헤겔의 책이다. 요약하면, 헤겔의 『논리학』은 철학적 과학이고 진정한 과학이며 과학들의 과학이다.

헤겔의 철학은 모든 철학의 철학으로 나타난다. 의심할 바 없이, 그 책의 선언을 그대로 받아들인다면, 그리고 실제로 그 책 속에서, 즉 그 책이 현존하는 과학들의 체계와 관련하여 자기 자신에게 부여하고 있는 입장 속에서, 자기 의식에 도달한 '진리', 이전의 철학들이 무비판적으로 실행해 온 것의 '진리'를 보게 된다면, 그 책은 정당할 것이다. 이

4) G. W. F. Hegel, *The Science of Logic*, tr., by W. H. Johnson and L. G. Struthers, OUP, Oxford, 1929, vol.1, p. 59.

때 이러한 철학의 근본 원리는 '과학의 과학'이라는 점이 밝혀질 것이다. 한 걸음 더 나아가면, 헤겔 자신의 언급에 따르면, 심지어 이 책——『논리학』——의 저술은 『정신 현상학』이 완벽하다는 것, 따라서 역사는 완벽하다는 것을 전제하고 있다는 것이 분명하다.

이러한 상황에서, 과학의 과학이라는 프로젝트는 철학 고유의 작용을 새로운 형식으로 되풀이하고 있을 뿐이라는 점이 분명해진다. 그 작용의 효과는, 우리가 '과학'이라는 독특한 이데올로기적 개념의 구성에 대해서 기록한 바 있는 내용에 잘 들어맞는다. 그것은 과학 개념을 목적론의 표지 아래 위치시킴으로써 과학사의 실제적 현실을 소멸시킨다. 헤겔의 변증법 속에서 이러한 목적론이 취하고 있는 특수한 구조를 추상하면, 우리는 과학의 과학이라는 프로젝트가 갖는 일반적인 효과는 과학들의 실제적인 역사를 일종의 진화로 만들어 버린다고——이 분석의 앞 부분에서 사용되었던 용어들로 되돌아가서——말할 수 있다. 달리 말하면, 실증주의와 진화주의는 손을 맞잡고 있다. 다른 식으로 말하면, 진화주의는 인식론의 실증주의에 대한 과학사에서의 필요불가결한 보충이다.[5]

이러한 상황에서, 내가 논의하고 있는 비-실증주의적 인식론적 전통이 '진화주의'에 대한 의도적인 거부로 시작되고 있으며, 그것을 계속 유지하고 있다는 것은 놀라운 일이 아니다. 그 전통이 보여 주고 있는 비-실증주의는 반-진화주의에 기대고 있다고 말할 수 있다. 오늘날 모든 사람은, 이러한 거부를 위해 바슐라르의 연구에서 사용되고 있는

---

5) 이러한 언급은, 예를 들면 에른스트 마하가 보여 주고 있는 것과 같은 이론에 대한 연구를 통해서 쉽게 설명될 수 있다. 마하의 이론에서, '사고의 경제성'이라는 개념은 완고한 실증주의적 인식론과 스펜서의 진화주의에 촉발된 과학사 개념을 결합하는 작용을 한다.

가장 중요한 용어인 인식론적 '단절' 개념은, 그가 의지하고 있는 인식론적 범주들을 자신의 관할 구역 내로 끌어들이려는 모든 역사 철학에 대한 금지 명령이라는 것을 알고 있다. 어떤 과학의 시작(beginnings)과 기원(origines)을 구별할 것을 제안하면서, 한 '발견'에 대해 다소 먼 과거의 '선구자'를 찾으려는 모든 시도를 사정없이 비판하고 있는 캉기옘도 동일한 관심을 공유하고 있다. 그러나 『지식의 고고학』의 서두에서 '불연속성' 개념을 분석하면서, 역사에 대해서 주장될 수 있는 견해에 결정적인 의미를 갖는, 세 사람 모두가 공표하고 있는 반-진화주의의 이론적 함의들을 가장 잘 보여 주고 있는 것은 확실히 미셸 푸코이다.

나는 지금까지 소극적이고 논쟁적인 형식으로 서술된 이 인식론적 전통의 종차(種差)에 대해 실질적인 내용을 제시할 수 있다. 그들의 비-실증주의와 그들의 반-진화주의는, 그들이 인식론과 과학사의 실제적인 실천 사이에서 인식하는 연관성과 관계 있다. 연관성이라기보다는 오히려 통일성이라고 해야 할 이것에 대한 이론의 대강을 세 사람은 각각 자신의 방식대로 시도한 바 있다. 그러나 내가 보기에 이러한 시도들은 현재까지는 실패한 것으로 보인다. 물론 그것은 불가피한 실패였는데, 왜냐하면 그 이론은 원칙적으로 그들이 인정하지 않은 한 분과, 즉 맑스주의 역사 과학인 '역사적 유물론'에 속하기 때문이다. 이 모든 것에도 불구하고, 모든 인식론적 문제는 이러한 통일성에 대한 그들의 실천이라는 단순한 사실로부터 혁명적인 전위를 겪는다. 다른 한편, 그들의 실패는 그것이 올바른 실천의 토대 위에서 일어난 것인 한, 우리에게 매우 가치 있는 것이다. 왜냐하면 그 실패는, 이러한 전위 속에 갇혀 있는 우리에게 우리가 다시 작업해야만 하는 위치를 알려 주기 때문이다.

이러한 반-진화주의적 비-실증주의가 프랑스 철학의 지배적인――유심론적이고 실증주의적인――경향들에 일치하는 다른 조류들과 나란히 그리고 그것에 반대하여 프랑스에서 일어나고 전수될 수 있었던 이유를 이해하는 문제가 남아 있다.

이러한 분석은 앞으로 씌어져야 할 철학사에 속한다. 나는 단지, 결국 이 역사는 내가 논의한 바 있는 통일성의 역사, 즉 그 형성, 그 불일치들, 그 실패들, 그 투쟁들과 성공들의 역사가 될 것이라는 점만을 말할 수 있을 뿐이다. 오늘날까지 나는 단지 이 주제에 대해 하나의 사실적 제안만을 마음놓고 할 수 있을 뿐이다.[6] 여기서 그것은 설명을 필요로 하는 역설의 형태를 띤다. 이러한 통일성을 가능케 하고 그것을 프랑스의 학문적 제도 속에 기입함으로써 과학사를 철학에 속하는 분과로 만든 것은 실제로 오귀스트 콩트와 그의 제자들이었던 것으로 보인다. 실제로, 그 이후로 프랑스는 과학사가 철학과에서 실천되고 있고 교습되고 있는 몇 안 되는 나라들――유일한 나라가 아니라면――중의 하나이다. 이렇듯 우리가 본 바와 같이, 그 주요한 특징이 비-실증주의인 전통은 실증주의 철학의 기초자들로부터 시작된다…….

두번째 '사건'에 관해서 말하자면, 그것은 프랑스에서의 맑스주의의 역사와 관계 있다. 그 자체로 그것은 내가 처음에 언급했던 조우를 구성한다. 이 조우 역시 소극적이고 논쟁적인 방식으로 특징지을 수 있다. 그 조우를 낳았던 루이 알튀세르의 연구는, 실제로 이론적으로는 신-헤겔적이고 정치적으로는 수정주의적이었던, 1960년대에 로제 가로디로 대표되던 제도권 내의 지배적인 경향에 반대했던 '이론적 반-인

6) 나는 이 점에 대해 조르주 캉기옘에 빚지고 있다.

간주의'의 기치 아래 서 있었다. 그러나 이러한 반-인간주의는, 우리가 아직도 그로부터 교훈을 얻고 있는 매우 적극적인 시도, 즉 맑스의 주요한 이론적 저작인 『자본』의 과학적 성격을 재확증한다는 적극적인 시도의 소극적이고 논쟁적인 이면일 뿐이다. 이러한 목적을 위해 알튀세르가 바슐라르의 몇몇 인식론적 범주들에, 특히 이제는 유명해진 '인식론적 단절' 개념에 호소하고 있다는 것을 모르는 사람은 없을 것이다. 확실히, 오늘날 무비판적으로 부르주아 철학의 개념을 빌려 쓰는 맑스주의 철학자를 보고 재미있어 하는 것은 쉽다. 그러나 그 누구도, 그 당시에 이러한 부채가 변증법적 유물론의 '재개'라고 불렸던 것을 가능케 한 적극적인 기능을 수행했다는 사실을 정직하게 반박하지는 못할 것이다. 내가 그러한 사실에 대해 언급한 이후로, 이러한 조우와 재개가 어떠한 토대 위에서 발생했는지가 분명해졌다. 그것은 문제가 되고 있는 인식론적 전통의 비-실증주의와 반-진화주의에 의해 자유로워진 유물론적 요소들의 토대 위에서이다.

그러한 부채가 생산해 낸 이론적이고 정치적인 귀결들 또한 잘 알려져 있다. 알튀세르는 그것들을 인식하고 그것들에 '이론주의'라는 이름을 부여한 최초의 인물이었다. 구체적인 모든 난점은, 늘 그러했듯이, '변증법적 유물론' 즉 '맑스주의 철학'의 지위와 관련하여 일어났다. 이 철학——이론——을 '이론적 실천의 이론'으로 만듦으로써, 이미 맑스에 의해 선언된 이 분과의 과학적 성격을 '역사적 유물론' 즉 역사 과학의 사실적 현존에 의존시킴으로써, 알튀세르는 그가 지금까지는 단지 실천되고 전제되었을 뿐인 인식론과 과학사의 통일성을 확립할 수 있으리라고 생각했다. 실제로, 충분한 관심을 끌었던 것으로는 보이지 않는 새로운 역설로 인하여, 비-실증주의적 인식론적 범주들의 수입의 효과는, 이론(Theory)이라는 이름으로 명명된 '과학의 과학'이라는 실증주의적 신기루를 예기치 못한 새로운 형식으로 다시 활성화시켰다.

알튀세르의 후기 저작들, 특히 그의 『레닌과 철학』은, 『유물론과 경험 - 비판론』에 대한 주의 깊은 재독에 힘입어 이제까지 이론적 무대에 나타나지 않았던 주인공인 정치를 시계에 다시 끌어들임으로써, 철학의 이러한 지위를 정정하는 데 필요한 요소들을 제공했다. 레닌을 따라 철학을 과학들에 대한 정치적 개입으로 정의함으로써, 알튀세르는 낡은 구조 안에서는 생각할 수도 없었던 두 가지의 새로운 과제를 제안했다. 철학에 대한 비 - 철학적 이론을 정교화하는 것과 과학사에 대한 유물론적 이론을 정교화하는 것. 나는 "낡은 구조 안에서는 생각할 수도 없었던"이라고 말했다. 왜냐하면, 어느 정도는 분명하게 '과학의 과학'으로 간주될 수 있는 '변증법적 유물론'의 덫에 걸려서, 그러한 과제들은 자신들의 정확한 자리, 즉 자신들의 고유한 개념들이 구성되어야만 하는 공간, 다시 말하면 역사적 유물론 자체를 발견할 수 없었기 때문이다.

이러한 정정은 중요한 귀결들을 낳았다. 이러한 새로운 분야들과 관련하여, 그 정정의 주장들에 대한 질문을 그것에 제기하고 그것에 어떤 지위를 부여하기 위하여, 그것의 출발점이었던 인식론으로의 복귀가 그러한 정정을 통하여 불가피해졌다는 점 또한 중요하다. 그러한 정정은 단지 사기일 뿐이었는가 아니면, 일종의 예기된 것으로서 미래의 이러한 분야들에 필적할 만한 어떤 것을 구성하고 있는가? 후자의 경우에, 그러한 예기에 작동하고 있는 이론적 메커니즘은 무엇인가? 이러한 것들이 내가 제기하고자 했던 질문들이다. 이어지는 텍스트들은 그것을 증언해 줄 것이다.

그러나 처음으로 다시 돌아가서 말하자면, 이러한 질문들은 이러한 연구들의 진정한 중요성을 입증해 주기도 한다. 이러한 복귀를 통하여 그 구성이 가능하게 될 새로운 몇몇 개념들로 무장하고 있기 때문에, 노동의 실마리——단지 실마리일 뿐이다——로 우리를 안내하는 무대의 문제는 우리로 하여금 과학사의 영역에 몰두하도록 만들게 될 것이다. 더 정확히 말하면, 독자가 이 책을 다 읽었을 때, 나는 다음과 같이 그 영역의 윤곽을 구별하기 시작할 수 있기를 바란다. 역사 과학의 상대적으로 자율적인 영역인 과학사——광활한 대륙에 위치한 한 작은 나라.

도미니크 르쿠르
1971년 5월.

1장 바슐라르로부터 역사적 유물론으로

이 논문[1]의 제목은 약간의 놀라움을 불러일으킬 것이다. 바슐라르는 맑스주의자가 아니었으며, 더구나 유물론자도 아니었다. 증거로서, 『응용 합리주의』의 한 구절을 인용할 수 있는데, 거기서 유물론은 '생기 없고' '추상적'이며 '조잡한' 철학으로 제시되고 있다. 바슐라르 인식론이, 논증적이기는 하지만, 분명히 관념론적이기를 원했다는 점을 상기할 수 있을 것이다. 마지막으로, 외관상 모순적인——인식론적이면서 '시학적인'——이 작업의 가장 뚜렷한 일치점은 사고에 대한 동학적인 견해인데, 그러한 견해는 매우 '심리학적'이라는 점이 지적될 수 있을 것이다. 철학적 진영에 따라, 대칭적이고 상반되는 두 유형의 반대 의견이 제시될 것이다. 한 집단은 이렇게 말할 것이다. "당신은 맑스주의 철학인 변증법적 유물론을 재구성된 바슐라르 인식론으로 환원시키려 한다. 당신은 맑스를 배반하고 있는 것이다!" 다른 집단은 이렇게 말할 것이다. "당신의 바슐라르는 우리의 것이 아니다. 당신은 자신의 목적을 위해서 바슐라르를 도용하려 하고 있다. 당신은 바슐라르를 배반하고 있다!"

1) *L'arc*(no.42, Autumn 1970)에 처음으로 실린 이 논문은, 「가스통 바슐라르의 역사적 유물론」(이 책의 1부)의 핵심 내용은 유지하면서 몇 가지 점을 수정하고 있다.

첫번째 집단에 대해서는, 원칙적으로 순전히 파괴만을 위해서 관념론 철학자를 읽는다면 그들이 호소하고 있는 맑스의 철학은 그들과 친숙해질 수 없다고 지적함으로써 쉽게 답할 수 있다. 관념론 철학자에 대한 유물론적 독해가 어떤 것인지를 우리에게 가르쳤던 것은 바로 맑스였으며, 그 이후에는 레닌이었다. 『철학 노트』를 다시 읽어 보라. 당신은, 관념론 철학 특히 헤겔의 철학을 읽을 때, 한 유물론자가 어떻게 전진하게 되는가를 보게 될 것이다. 내가 여기서 바슐라르에 대해서 시도하려는 것은 바로 그와 같은 독해이다.

다른 집단에 대해서는, 나의 바슐라르가 그들의 바슐라르와 같지 않다는 점에 대해서 나는 기꺼이 동의한다. 그러나 다음과 같은 상세한 설명이 덧붙여져야 한다. 내가 보기에 바슐라르에 대한 유물론적 독해는, 그 독해가 바슐라르 인식론에 그것의 동시대성을 제공한다는 이 점을 갖는다. 그러한 독해는 모든 철학적——유심론적이고 실증주의적인——흡혈귀들로부터 바슐라르 인식론을 보호해 준다. 실제로 그러한 독해는 이러한 흡혈귀들에 대항하면서 어렵게 구성된 것이다. 따라서 나의 바슐라르가 그들의 바슐라르보다 바슐라르 자신에 의해서 더 쉽게 수용될 수 있는 가능성이 없는 것은 아니다.

끝으로, 나는 그러한 독해가 바슐라르 인식론의 한계들을 사고할 수 있도록 해준다는 점을 보여 줄 수 있기를 바란다. 한계들을 사고한다는 것은 단지 그것들을 관찰한다는 것이 아니다. 그것은 그러한 한계들의 필연성뿐만 아니라 그것들이 극복될 수 있는 방법까지도 결정하는 것이다. 따라서 그것은 실제로 바슐라르의 시학을 지배하고 있으며 그의 인식론의 중심부에까지 효과를 미치고 있는, 사고에 대한 심리학적 견해의 위상에 대한 이해를 제공하게 될 것이다.

1. 논쟁의 의미

바슐라르를 읽는 방법을 알고 있는 사람은 누구나, 그의 인식론이 가장 지속적으로 보여 주고 있는 특징은 철두철미하게 논쟁적이라는 것을 쉽게 인정할 것이다. 바슐라르 인식론은 철학자들에 대한 끊임없는 논쟁의 소산이다. 메이에르송의 실재론에서 사르트르의 실존주의에 이르기까지, 그의 비난을 피한 철학은 없었다. 결코 한 개인의 심리적 성향에서 비롯된 것이 아닌 이러한 지속적인 논쟁은, 정확하고 이론적인 의미를 갖고 있다. 그것은 진지하게 다루어져야만 한다. 논쟁의 원리는 철학의 외부에서, 금세기 초 과학들의 실제적인 역사 속에서 체험된 대변동들, 예를 들면 비 - 유클리드 기하학들의 발전, 상대성이론, 소립자물리학의 대두 등에서 찾을 수 있다. 이때 시작된 새로운 분야들은 바슐라르에게는 '전례가 없는' 것처럼 보였다. 그의 초기 저작들은 단지 이러한 근본적인 새로움에 대한 성찰일 뿐이다. 그것들은 과학들의 실제적 역사 속에서 단절을 주목하고 있다. 말하자면, 그 저작들은 단지 그 역사의 '자기 의식'이 되고자 했을 뿐이었다.

1934년에, 바슐라르는 그가 목격했던 이러한 지식의 재편에 대한 체계적인 그림을 제공하고 있는 책 한 권을 출간했다――『새로운 과학 정신』. 거기서 그는 새로운 철학적 범주를 제안한다――그것은 바로 '부정'(no) 혹은 '비 - '(non-)의 범주인데, 이것의 기능은 이 단계에서는 아직도 서술적이다. 이 범주는 비 - 유클리드 기하학들의 당혹케 하는 새로움을 사고하는 데 사용되었던 부정을 제한적으로 확장함으로써 형성되었다. 동일한 방식으로, 우리는 '비 - 뉴턴' 역학, '비 - 라브아지에' 화학 등등에 대해서 말할 수 있다. 부정의 범주는 서술적이면서 규범적인 이중의 기능을 갖는다. 왜냐하면, 그것은 과학사에서 '매우 중요한 의미를 갖는' 이 20년 동안에 일어났던 변전의 사실을 설명해야 할 뿐만 아니라, 이러한 새로움을 사고하기 위해서 철학은 자신의 가장 근본적인 개념들을 개혁해야 한다는 긴급한 요청을 포함하고 있기 때문이다.

이때부터 바슐라르는 철학자들의 철학과 만났으며, 그것을 공격하기 시작했다. 그가 『새로운 과학 정신』에 쓰고 있는 불연속성은 당시의 지배적이던 과학 철학, 즉 메이에르송의 철학의 기초를 이루고 있던 원리에 대립되는 것이다. 『상대성 원리의 귀납적 가치』(1929)는 『상대론적 연역』(*La Déduction relativiste*)의 대립적 위치에 서 있다. 자신의 책에서 메이에르송은 다소 용감하게 그리고 상당한 천재성을 발휘하면서, 적어도 그 원리들에서 상대성이론은 이미 1687년의 『자연 철학의 수학적 원리』(*Principia*)에 그 맹아가 나타나고 있었다는 것을 보여 줌으로써 뉴턴으로부터 아인슈타인을 연역하려고 했다. 정신의 모든 표현태들에서 정신의 동일성을 확신하는 메이에르송은, 불연속성은 과학자들의 철학적 무지에서 비롯되는 환영이라고 주장했다. 따라서 우리는, 철학적 '원리'로부터 출발하지 않고 정밀 과학들의 현대적 재구성이 철학에게 부여하고 요구하고 있는 소명으로부터 출발하기 때문에, 바슐라르 인식론은 바로 그 대상을 인식하는 데서 자신을 가로막는 장애들인 일련의 철학적 논제들과 충돌하지 않을 수 없었다고 말해야 할 것이다. 바슐라르는 처음으로 이러한 충돌을 과학에 대한 철학의 지체(retard), 그 개념을 아직도 기다리고 있는 지체라고 생각했다.

그러나 메이에르송 철학과의 조우는 한층 더 결정적인 의미를 갖는 또 다른 결과를 갖고 있었다. 메이에르송의 철학에서 바슐라르는 인식이론의 한 논제인 '실재론'과 과학사의 한 논제인 '연속주의' 사이의 연관성을 발견했다. 거기서 지식의 역사적 연속성은 인식(connaissance) 형태들

——상식적이든 과학적이든——의 동질성에 의해 뒷받침된다. 전자에 대한 공격은 후자를 파괴하지 않을 수 없었다. 이것이, 이제는 유명해진 '단절'이라는 논제가, 바슐라르의 저작들에서 기능할 때 갖는 이중의, 즉 역사적이고 인식론적인 의미이다. 이 인식론이 어떤 의미에서 '역사적'이라고 불리는지가 분명해진다. 그것은 처음부터 그러했다. 『새로운 과학 정신』이 이전의 과학에 덧붙인 '부정'(no)의 철학적 함의들을 이끌어 내는 것을 자신의 과제로 삼았을 때부터 그러했다. 그 과제는 6년 뒤에 『부정의 철학』에서 정식화되고 실현되기 시작했다. 거기에는 이렇게 씌어 있다. 문제는 "과학에게 합당한 철학을 부여하는 것"이다.

바슐라르는 그 뒤로 10년 동안, 『부정의 철학』(1940)에서 『응용 합리주의』(1949)에 이르는 기간 동안 이러한 작업을 수행했다. 그는 계속해서, 그러한 철학은 현존하는 모든 인식이론의 가장자리에서만 다듬어질 수 있다는 확신을 갖게 되었다. 그것은, 그것들의 '가장자리에서'만 성립될 수 있을 뿐만 아니라, 그것들에 반대하여 성립되는 것이다. 그가 철학의 '지체'라고 규정했던 것은, 이제 그가 보기에는 과학자들의 실제적 작업에 대한 모든 철학적 인식이론들의 체계적인 '전위'였다. 그것이, 『부정의 철학』의 프로그램을 실현하고 있고 또한 여러가지 점에서 정정하고 있다고 말할 수 있는 『응용 합리주의』가, 내가 철학의 '위상학'(topology)이라고 부르고자 하는 것을 설명하는 매우 중요한 몇 페이지로 시작되는 이유이다. 이 위상학은 스펙트럼의 형태를 띠는데, 거기서 모든 유형의 인식이론은 과학적 개념들의 생산작업의 현실을 중심으로 분산되어 나타나고 있다. 여기서 이 위상학은 '위상학'임이 입증된다. 그것을 분석하기 위해 이 스펙트럼을 재현해 보자.

관 념 론

↑

규 약 주 의

↑

형 식 주 의

↑

과학적 인식들이 생산에 관한 철학 :
응용 합리주의와 기술적 유물론

↓

실 증 주 의

↓

경 험 주 의

↓

실 재 론

이 스펙트럼은 두 가지 매우 주목할 만한 특징을 갖고 있다. (a) 모든 철학은——그것의 주요한 구성 요소로서 인식이론을 포함하고 있는 한——과학적 인식과 관련하여 그것이 차지하고 있는 장소——그것의 고유한 전위——에 의해서 그 스펙트럼 안에서 규정된다. (b) 과학적 인식은 중심축의 역할을 한다. 즉 이 중심축을 중심으로 단지 '접기만' 하면 다양한 유형의 철학 형태들이 겹친다. 세 가지 결론이 이 두 가지 특징들로부터 추론될 수 있다. (a) 철학의 내용으로 주어지고 있는 것은, 과학으로부터 그것이 유지하고 있는 고유한 거리(dispersion

; écart)를 환각적으로 구체화한 것에 지나지 않는다. (b) 대칭적이고 상반되는 유형의 철학 형태들이 겹칠 수 있다는 사실은 근본적인 동일성의 지표이다. 각각의 형태는 그것에 정반대되는 형태의 단지 전도된 형태일 뿐 동일한 것이다. (c) 철학의 본질은 오직 중심축의 관점에서만, 즉 비 - 철학적 관점에서만 결정될 수 있다.

내가 방금 강조했던 이 '전도된 동일성'은 바슐라르의 후기 저작들에서 상세히 분석되고 있다. 그는 거기서, 그것이 일부의 철학적 개념 쌍들에 의해서 뒷받침되고 있으며, 그 개념 쌍에서 각각의 단어는 교대로 지배적인 것이 되거나 지배받는 것이 된다고 말한다. 이 범주 쌍들은 철학적 인식이론들의 외관상의 '내용'을 형성한다. 『응용 합리주의』에서 서술하고 있는 바와 같이, 그것들은 다음과 같다. 주체 - 대상, 추상 - 구체, 소여 - 구성 등. 그것들은 교환가능하며 보완적이다. 그것들은 모두, 그것들의 일치라는 개념으로 나타나고 있는 진리 개념, 철학의 공간을 닫아버리는 진리 개념을 상관자(correlate)와 접합제로서 갖는다. 그런데 인식과정의 완결이 원칙적으로 가능하며 실현될 수 있다는 것을 함축하고 있는 이 마지막 범주는, 과학적 인식의 실제적 역사를, 다시 말하면 그 단절들, 그 재구성들, 그 실패들, 그 모순들, 그 위험들 등등을 생각할 수 없도록 만든다. 그것은, 역사적 인식론이 진리보다는 오류에, 실패에, 망설임에 더 많은 관심을 쏟는 이유이다. 역사적 인식론의 공간은 이렇게 개방적이며 비 - 체계적이다.

내가 방금 말한 것이 옳다면, '부정의 철학'은 '비 - 철학'으로 판명될 것이며, 그리하여 자유로운 상태에서 비 - 철학적 철학이론의 요소들을 제공하게 될 것이다. 우리에게 이것은 바슐라르의 인식론이 가져다 준 가장 귀중한 성과들 중의 하나이다.

그러나 바슐라르의 논쟁은 훨씬 더 중요한 의미를 갖는다. 이것은 앞의 것보다 더 진지한 또 다른 진술에 기초해 있다. 실수를 해서는 안 된다. 실제로, '과학에 그에 합당한 철학을 부여하려고' 하는 것은 스스로를 구제하기 위하여 철학을 혁신하려고 하는 것이 아니다. 그것은 또한 과학 '혁명'의 그 장엄한 순간을 숭배하는 어떤 숭배자에 의해 과학에 부여되는 경의의 호사물도 아니다. 바슐라르가 철학의 지체나 전위가 과학적 작업 자체에 반작용한다는 것을 재빨리 확인하지 못했다면, 현대 과학들의 '활동'과 관련된 철학의 '지체'나 전위는 바슐라르에게는 결코 심각한 것이 아니었을 것이다.

그가 '과학적 인식의 본질적 진보성'에——본성에서나 기능에서나 게으른——철학자들이 뒤지고 있다는 것을 확인한 후에, 바슐라르는 과학자들에게로 돌아가서 그들에게 다음과 같은 소박한 질문들 제기한다. "그렇다면 당신의 실천의 철학은 무엇인가?" 그러나 그는, 이러한 질문은 철학자들이 했을지도 모르는 답변들과 동일한 답변들——용어 사용상에서의 약간의 변형은 별도로 하면——을 갖게 된다는 것을 깨달았다. 그것은 그에게 놀라운 사실이었다. 『부정의 철학』에서도, 그는 다소 잘못을 시인하면서 이렇게 쓸 수 있었다. "과학자들은 자신들의 과학에 대한 철학을 항상 공표하지는 않는다." 즉 과학자들의 철학은 모순적이다. 바슐라르의 표현을 쓰자면, 그것은 명료한 과학 철학인 '낮의 철학'(diurnal philosophy)과 과학자들이 자신들의 실천을 반성할 때 불가피하게 의지하게 되는 철학자들의 철학인 '밤의 철학'(nocturnal philosophy)을 함께 뒤섞는다. 나는, 과학자는 자신의 실천과의 상상적 관계를 유지하고 있으며 철학자들의 철학은 이러한 관계의 구성에서 그 역할을 하고 있다는 점을 말해 두고자 한다. 이러한 서술적 차원을 넘어서서 철학자들의 철학이 이렇게 과학자들의 철학에 개입하게 되는 원인을 사고해야 하는 문제가 남아 있다. 바슐라르 인식론은 이러한 목적에 알맞은 완벽한 개념 체계를 제시하고 있다.

2. 장애와 단절

첫번째로 구성되었고, 건물 전체를 떠받치고 있는 개념은 '인식론적 장애' 개념이다. 그것은, 과학자가 자신의 실천과 유지하고 있는 상상적 관계가 과학자의 실천에 미치는 효과를 지시하고 있다. 이 개념은 바슐라르가 『과학 정신의 형성』(1938)에서 이 개념에 대해 제공했던 많으면서도 때로는 놀라운 예증들 덕분에 아직도 유명하다. 가장 시급한 것에 몰두해야 했기 때문에 바슐라르는 그 메커니즘보다는 그 효과에, 더 정확히 말하면 그 단일한 효과에 더 관심을 갖게 되었다고 말할 수 있다. 왜냐하면, 여러 가지 형태를 갖지만 장애는 단 하나의 방향으로 기능하기 때문이다. 장애는, '부정'을 철회함으로써 상식과 과학적 인식 사이의 단절을 메우고 과학적 인식의 진보에 의해 위협당하고 있는 연속성을 재확립한다.

그것은, 인식의 성립의 시기에는 '반-사고'의 형태로 일어나며, 이후의 발전 단계에서는 '사고의 중지'로 일어난다. 그 경우가 어떠하든 간에, 장애는 '사고에 대한 사고의 저항'을 드러낸다. 정확히 말하면, 과학적 사고가 자신의 재구성을 통해서만 진보한다면, 인식론적 장애는 현존하는 사고 구조——그것이 이미 과학적이든 그렇지 않든——가 위험에 처해 있을 때에는——오직 그때에만——언제나 나타난다고 말할 수 있다. 덧붙이면, 그것은 단절이 임박해 있는 지점에서——이 지점은, 바슐라르 이외의 다른 사람들의 노력을 통해서 중층 결정의 자리임이, 즉 모순들이 축적되어 있는 자리임이 밝혀질 수 있었다——나타난다. 그 외관에만 국한하면, 장애는 이후에 회귀를 통해서 '완고한 오류들의 조직'으로 나타나게 될 특정 사고구조와 연관되어 있다. 바슐라르가 '철학들의 철학'에 부여한 지위는 이제 더욱 분명해진다. 그것은 인식론적 장애들의 전달 수단이며 버팀목이다. 왜냐하면 그것은 과학자가 자신의 과학적 실천과 맺고 있는 관계를 구조화시키 때문이다. 철학자들의 철학은 과학적 단절과 재구성을 전도시켜 스펙트럼에 새겨 넣는다. 그리고 기초 범주들의 폐쇄된 장 속에서, 그 철학은 과학적 인식의 진보에 동화하여 그것을 이용함으로써 살아간다. 그것의 작용을 관찰하고 서술하고 더 나아가 예언하는 것은 쉬운 일이다. 바슐라르는, 도발적인 이유들 때문에——철학자들이 그들의 '무감각'으로부터 벗어나도록 뒤흔들기 위해——여러 번에 걸쳐 이를 시도한 바 있다. 그러나 인식론적 장애들에 관한 하나의 질문이 해결되지 않은 채 남아 있다. 인식론적 장애들이 과학적 실천에 개입할 때 나타나는 효과들과 메커니즘이 일단 서술되고 난 후에는, 그것들의 형성에 관한 질문을 생각해야 한다. 더 정확히 말하면, 인식론적 장애들이 항상 형성되고 재형성되고 있다는 사실에는 어떤 필연성이 존재하는가? 우리는 이러한 질문이 바슐라르 인식론의 한계를 드러낸다는 것을 보게 될 것이다.

첫째, 우리는 장애들을 있는 그대로 인식함으로써 그리고 단절과 재구성을 존중함으로써 나타나게 되는 적극적인 범주들을 검토해야만 한다. 우리는, 이러한 모든 범주가 변증법에 대한 전례 없는 견해에 의해서 배열된다고 말할 수 있다. 바슐라르에게서 변증법이라는 범주는 과학적 작업의 현실, 즉 이론과 실험의 상호 조정과정을 가리킨다. 이제 모든 고정된 점을 거부한다면——주체 - 대상이라는 쌍을 처음부터 논쟁적으로 거부함으로써——이러한 조정은 형식적 일치로서가 아니라 역사적 과정으로서 생각되어야 한다. 어떤 확실성도 없고 어떤 숙명도 없는 역사에서, 이론은 항상 자신의 실현 수단을 찾는다. 어떤 주어진 시기에, 예를 들면 물리학자의 언어와 수학자의 언어가 모순적일 수밖에 없는 것, 이것이 바로 위험이다. 철학은 성급하게 그 속에서 과학의 '위기'를 볼 것이다.[2] 수학자들과 물리학자들에게, 그것은 어떤 작업을 위한 기회가 될 것이다. 전자는 자신들의 이론을 수정하고 가설들을 정식화할 것이며, 후자는 자신들의 실험을 더욱 정교화하고 실험 도구들을 점검할 것이다. 양자 모두 필요하다면 자신들의 과학을 '머리에서 발끝까지' 재구성하는 것을 주저하지 않을 것이다. 캉기옘은, 변증법이라는 이 범주는 변증법에 대한 어떤 고전적인 견해에도 동화될 수 없는 것임을 보여 준 바 있다. 이는 바슐라르의 반-철학적 논쟁이 이해되었을 때에만 쉽게 이해될 수 있다. 새로이 그 모습을 보이고 있는 변증법은 과학적 실천의 '자생적' 변증법이다. 그것은――철학적 회의주의에 반대하여――과학의 대상들이 존재한다는 것을 긍정하며, '머리에서 발끝까지' 지식을 재구성함으로써 나아간다. 내가 보기에 이것은 정확히 레닌이 『유물론과 경험-비판론』에서 과학자들의 자생적인 '변증법적 유물론'이라고 부른 것이다. 레닌과 바슐라르는 이 점에 대해서는 용어의 차원에서도 일치하고 있다. 둘은 모두 인식이 '역사적 생산물'임을 주장한다.

3. 기술과 경험

철학적 인식이론들에 대한 바슐라르의 논쟁은 하나의 결정적인 효과를 갖는다. 그것은, 과학적 개념들의 생산에서 도구들이 하고 있는

2) 이러한 일은 일찍이 금세기에 소립자 물리학이 태동하면서 일어났다.

기능을 올바르게 평가함으로써 경험이라는 철학적 범주의 정정을 요구한다.

과학적 도구들은 '물질화된 이론들'이라는 바슐라르의 논제를 모르는 사람은 없을 것이다. 그러나 다음과 같은 대구(對句)를 덧붙이는 것을 잊어서는 안 된다. 바슐라르에게 이론의 물질화는 부수적인 현상이 아니다. 반대로, 현대 과학들이 '인공적'이라는 사실, 다시 말하면 현대 과학들이 현상 생산기술을 자신의 본질적인 구성 요소로서 포함하고 있다는 사실은 현대 과학의 가장 주목할 만한 특징들 중의 하나라는 것을 그는 끊임없이 강조한다. 그가 '현상 기술학'이라고 불렀던 그것은 『응용 합리주의』에 의해 계획적으로 채택된 새로운 분과 즉 '기술적 유물론'의 대상이다.

현상-기술학이라는 개념은 진지하게 다루어져야 한다. 그것을 통해 우리는 '생산'이라는 말이 어떤 의미에서 이해되어야 하는지 알 수 있다. 개념들의 '이론적' 생산뿐만 아니라, 이론적 노동 대상의 물질적 생산, 즉 더 이상 '감각자료'나 '소여'로 불릴 수 없고 오히려 이론적 노동의 재료라고 할 수 있는 것의 물질적 생산. 철학자들의 철학은, 개념들의 생산에 대한 도구들의 이러한 물질적 개입에 직면해서 그것을 단지 비본질적인 매개로 생각하여 그것을 경험적 방법이라는 일반적이고 막연한 범주, '과학자들이' 경험이라는 철학적 범주를 '사용할 때의' 한 특별한 경우로 분류한다. 바슐라르에 따르면, 도구들이 기능하는 각 경우들의 고유성을 무시하는 이러한 일반적 범주는 과학적 실천에서 일어나고 있는 것에 대해서 어떤 실제적 인식도 할 수 없게 만든다.[3] 그것은, 한 개념은 이제 개념으로 자신을 구성할 때 그 실현의 기술적 조건

3) "Le problème philosophique des méthodes scientifiques", *L'engagement rationaliste*, PUF, Paris, 1972.

들을 그 구성 속에 합체해야 한다는 새로운 사실을 설명할 수 없다. 결국 이것은 '방법' 개념과 경험이라는 철학적 범주가 '추상 - 구체'라는 개념 쌍과 연관되어 있기 때문이다. 이제 현상 - 기술학의 실천은 정확히, 이론적으로 정의된 도구들과 합리적 실현의 프로그램에 따른 장치의 체계들을 세움으로써 추상적인 것과 구체적인 것 사이를 연결하는 것으로 이루어진다. 이렇게 과학의 '대상들'은 구체적인 것의 풍부함으로부터 추출된 빈약한 추상이 아니며, 이론적으로 규정되고 물질적으로 정돈된 노동 생산물이다. 이 노동 생산물은 개념의 결정들이 갖는 모든 풍부함과 실험적 특정화가 갖는 모든 감각성을 과학의 대상들에 부여한다. 바슐라르에 따르면, 이러한 대상들은 '구체적인 추상들'(concrete-abstracts)이라고 말할 수 있다.

과학적 도구들이 갖는 이중의 지위는 현대 과학의 '현저한 사회적인' 성격을——물질적으로——드러내는 또 다른 중요성을 갖는다. 바슐라르의 마지막 인식론적 저작인 『합리적 유물론』(1953)은 특히 이 점에 관해서는 교훈적이다. 거기서 그는 철학자가 실체로서 가리키는 것에 화학자가 '실체'라고 부르는 것을 체계적으로 대치시킨다. 화학적 실체의 본질적 특징들 중에는 순수성이 있다. 다음은 바슐라르가 그것에 관해 쓰고 있는 부분이다.

> 정화 없이 순수란 없다고 말할 수 있다. 그리고 정화의 기술보다 현대 과학의 현저한 사회적인 성격을 더 잘 입증해 주는 것은 없다. 실제로, 정화과정은 그 순수성이 일종의 사회적 보증을 획득한 일련의 모든 시약을 사용함으로써만 발전될 수 있다.[4]

---

4) *Le matérialisme rationnel*, p. 77.

잘 알다시피 다른 곳에서 바슐라르는 오직 "사회만이 전선을 통해서 전기를 보낼 수 있다"[5]고 쓸 수 있었다. 요컨대 그는 과학사를 사고하기 위해서는 '기술적 공동체'(cité technicienne)의 상태를 고려할 필요가 있음을 보여 주고 있다. 그러나 그 상태는 생산기술의 역사, 즉 공동체 그 자체와 아주 분명하게 연관되어 있다. 생산기술의 역사와 과학적 도구들의 역사 사이에, 과학적 도구들의 역사와 개념들의 역사 사이에 어떤 유형의 결정이 존재하는가? 이러한 질문들이 아직 해결되지 않은 채 남아 있다. 우리는 여기서도 바슐라르 인식론의 한계를 보게 된다.

4. 바슐라르 인식론의 한계들

지금까지의 검토과정을 통해, 우리는 두 가지 점에서 그 자신이 제기하도록 도왔던 질문에 대해, 바슐라르의 인식론이 대답하고 있지 않다는 것을 보았다. 내 생각으로는 이 두 가지는 원칙적으로 동일한 곤란, 동일한 개념적 공백을 지시하고 있다.

과학적 도구들의 지위의 경우에, 그가 상이한 위상들을 갖는 여러 역사들을 함께 사고할 수 있도록 해줄 수 있는 개념이 있다. 요컨대 **차별적 역사**(differential history) 개념이 그것이다. 인식론적 장애들의 형성이 문제가 될 때에도 우리는 동일한 결핍을 느낄 수 있다. 그러나 우리가 보게 되겠지만 그 결과는 훨씬 더 심각하다. 상식과 과학적 인식 사이에 단절이 기입되고 나면, 실제로 문제가 되는 것은 과학이 '단절하고' 있는 '완고한 오류들의 조직'의 구성을 결정하는 것이다. 동시

5) *L'activité rationaliste de la physique contemporaine*, p. 222.

에 이것은 또한 과학자가 자신의 실천에 대해서 유지하고 있는 관계가 필연적으로 가질 수밖에 없는 상상적 본성을 설명해 준다.

바슐라르는, 그의 연구에서 불균등하게 탐구되고 있기는 하지만, 두 가지 방향에서 이것을 시도했다. 무엇보다도 『과학 정신의 형성』에서 나타나고 있는 그 첫번째 것은, 과학 교육에 의심을 표명하는 것으로 구성된다. 과학 교육은 그 학과들과 실제적인 작업에서, 교육(pedagogy)이라는 이름하에 과학에 대한 진정한 관심을 없애고 있다. 그가 보기에 물리학 교육과정에서 이루어지는, 일상생활의 이미지들과 경험에의 계속적인 호소는 특히 해롭다. 철학 수업 또한 문제가 있는데, 그것은 보완적이긴 하지만 다른 이유에서이다. 그것은 일반적 문화에 대한 부당한 가치평가를 유포시키는데, 이것은 과학적 전문화에 불리하도록 작용한다. 그러나 과학적 전문화는 과학의 진보의 유일한 원동력이다. 이렇게, 교육 제도들을 수단으로 해서, 과학적 인식의 재생산 조건들은 과학적 인식들의 생산 형태들에 영향을 미친다.

두번째 방향은 더욱 깊이 있게 시도되고 있으며, 바슐라르에 의해 더욱 자세하게 분석되고 있다. 그것은, 바슐라르가 자신이 그 기초를 확립했다고 생각하는 새로운 분야, 즉 '객관적 인식의 정신 분석'의 대상을 이룬다. 우리는 다음과 같이 정직하게 말해야만 한다. 바슐라르가 '인식론적 장애들'의 필연성을 사고할 수 있도록 해준 유일한 것은, '상상적 관계'를 상상에 의해서 생산된 이미지들의 허상 속에 뿌리내리게 한 인간 영혼에 대한 어떤 견해이다. 바슐라르가 과학적 실천에 대한 이미지들의 이 금지된 개입을 서술하고 있는 부분들——그것들은 많다——은 아직도 유명하다. 그러나 그것들이 갖는 결정적인 이론적 위상이 이해되어야 한다. 그것들은 두 개의 역사, 즉 과학자들의 실천에서 과학적인 것의 역사와 비-과학적인 것의 역사가 갖는 복잡성을 사고할 수 있도록 해주게 될 개념 체계를 다듬으려 한다. 따라서 이 역사적 인식론이, 『현대 물리학의 합리적 활동』(1951)에서, 이중의 역사로 즉 '승인된 역사'(혹은 과학적 실천에서 과학적인 것의 역사)와 '폐기된 역사'(혹은 비-과학적인 것의 과학적 실천으로의 개입의 역사)로 나타나는 인식론적 역사의 프로젝트와 더불어 정점에 이르고 있다는 사실은 놀랄 일이 아니다.

그러나 우리가 이러한 이중의 역사의 실현에 눈을 돌리면, 『응용 합리주의』에서 그가 상세히 설명했던 승인된 역사의 유일한 예는 바슐라르 자신에 의해서 그 독특한 성격이 강조된 바 있는 수학의 역사에 대해 이루어졌는 바, 카바이에스(Cavaillès)에 따르면, 그러한 예를 통하여 우리는 다른 과학에서는 그와 같이 나타나지 않는 연속적 동일성 즉 그가 '논리적 시간'이라고 부르는 것이 수학의 경우에는 존재한다는 것을 직접적으로 볼 수 있을 것이다. 폐기된 역사에 관해서 말하자면, 그것에 대한 예증을 찾으려고 한다면, 그것은 헛수고가 될 것이다. 그것은 아주 정확히 비-역사로, 즉 '공포들의 박물관'이나 '무형의 마그마'로 간주된다. 사정이 이렇다면, 두 역사의 접합과 그것들의 상호결정은 모호하게 남아 있을 수밖에 없다.

인식론적 장애들의 구성을 설명하기 위해 그가 과학자들의 리비도에 의존하고 있다는 사실은 단번에 그 모든 의미를 드러낸다. 그것은 내가 앞으로 과학과 이데올로기로 부르고자 하는 것의 차별적 역사를 사고할 수 없었던 바슐라르의 무능력을 보완하고 있다. 바로 이러한 사실 때문에 바슐라르의 모든 인식론적 개념은 심리학주의라는 꼬리표를 달고 다닌다. '과학 정신'이라는 말에서 지배적인 경향을 갖고 있는 것은 정신이라는 말이다. 과학적 노동 개념과 이에 상응하는 철학적 나태함 개념은 주관적 함축을 띠고 있다. '응용 합리주의'의 응용은 심리-교육학으로 역전되려고 하고 있다. 마지막으로 장애들은 단지 곤란들로 이해되고 있을 뿐이며, 다른 한편 **과학 공동체**는 '상호주관성'으로 간주되고 있다. 바슐라르가 쓰고 있는 많은 부분들이 이러한 해석의 여지를 제공하고 있다는 점은 인정되어야 한다.

그러나 '상상적 관계'라는 개념이 상상의 심리학에 준거해 있는 것이 아니라, '인간이 자신의 물질적 생존조건과 맺고 있는 상상적 관계'를 정확히 지시하고 있는, '역사적 유물론'이라는 역사 과학에서 그려지고 있는 이데올로기라는 과학적 개념에 준거해 있다면, 바슐라르에 의해서 지시되고 있는 것, 그러나 사고되고 있지는 못하는 것이 무엇인지는 분명해진다. 그것은, 과학사 개념을 구성하기 위하여 상상적 관계라는 개념을 이데올로기들에 관한 이론과 그것들의 역사에 회부해야 할 필요성이다.

차별적 역사로서의 과학적인 것과 비-과학적인 것의 관계를 사고할 수 없었기 때문에, 바슐라르는 그러한 관계의 근거를 영원한 무의식 속에 있는 신화들이나 콤플렉스라는 위대한 주제들의 반복적 영원성에 둘 수밖에 없었다는 것이 사실이라면, 이러한 독해를 통해서 우리는 실로 바슐라르 인식론의 한계들을 확인할 수 있다. 왜냐하면 그러한 독해는 바슐라르의 **퇴각 지점**이고 더 정확히 말해 '철학의 복귀'인 그의 '시학'을 떠받치고 있는 '심리학주의'를 드러내기 때문이다. 요컨대, 역설적이게도 그는 인식이론의 유사물에 의지하고 있다. 따라서 바슐라르의 역사적 인식론은 철학에서의 비-철학으로 남아 있다고 말해야 한다. 그럼에도 불구하고, 과학적 실천의 자생적인 변증법적 유물론을 존중함으로써 그것은 우리에게 철학이론과 그것의 역사를 위한 귀중한 요소들을 제공하고 있다. 그리고 우리가 바슐라르의 인식론을 읽을 줄 알고 그의 인식론이 어디에서 비일관적인지를 알기만 한다면, 바슐라르의 인식론은 과학사에 대한 유물론적 이론을 구성하기 위하여 우리가 그것을 보완해야 하는 여러 길들을 드러내 줄 것이다.

2장 인식론과 시학

바슐라르에게서 메타포들의 환원에 대하여

스스로를 이미지들로부터 분리시키기 위해서
우리는 실제적인 것을 따라야 한다(『합리적 유물론』, 57페이지)
조심하거라, 아름다운 파동아. 너의 치맛자락 밑에는
한 무리의 광자가 있다(『합리주의적 활동』, 192페이지)

'어떤 바슐라르인가?'[1)]

두 사람의 바슐라르가 있단 말인가? 한 사람의 두 가지 모습. 그것은 독특한 이중성이거나 바람직하지 못한 표리부동일 것이다. 우리는 보기 드문 만능 선수의 업적을 찬양해야 하는가? 아니면 오히려 그러한 날카로운 모순에 동요해야 할 것인가. 실패 없이 그 정도로까지 자신의 관심을 분리시킬 수 있는 사람이 정말 있을 수 있는가?

솔직히 말해 나는, 바슐라르가 균형과 조화의 전통의 마지막 대표자인지를 알고자 하는 데는 관심이 없다. 그 균형과 조화의 전통 속에서 어떤 인간주의는 오늘날 약간의 혼란 속에서 르네상스를 넘어 고전적 고대로까지 거슬러올라가 자신의 뒤틀린 모습들의 원초적 순결성을 회복하려고 했다. 또한 나는, 그와는 반대로 샹파뉴 출신 철학자의 반짝이는 눈 뒤에는 두 가지의 화해할 수 없는 열정들 사이에 전개되는――이 경우에 본질적으로 상이한 저작들은 그 자체로 '분리된' 주체의 '자연적' 생산물이다――조용하고도 그 결과를 알 수 없는 전쟁이 있었던 것은 아닌지에 대해서도 알고 싶지 않다. 나는 바슐라르의 저작

1) 이 텍스트는, 1970년 자크 데리다의 세미나에 제출된 논문을 약간 수정한 것이다.

들이 갖는 이중의 범위 때문에 야기되는 질문들을 다루는 상투성과 단절할 수 있다——그리고 단절해야만 한다——고 생각한다. 어떠한 해결책이 주어지든 간에, 내가 보기에 그 해결책은 동일한 지반을 공유하고 있으며 동일한 전제조건들로부터 유래하고 있다. 양자는 어느 정도는 분명하게 그 연구의 구성에 대한 궁극적 설명을 인간의 심리학 속에서 찾는다. 미셸 푸코 이후로 우리는 이데올로기적 함축들의 안전 장치는 저자 개념이 담지하고 있음을 알게 되었다. 따라서 나는 여기서 바슐라르의 저작들로부터 그의 '비밀'로 우리를 이끌어 줄 어떤 계통과 기원과 여정도 찾지 않을 것이다.

나는 그의 연구를 있는 그대로, 그 이중성 속에서 받아들일 것이며, 두 개의 이질적인 개념 체계의 공존에 관한 질문을 제기할 것이다. 더 정확하게 말해, 공존이 단순히 병치가 아니라 이러저러한 형태로, 비록 '인정'이라는 형식에서 뿐이긴 하지만, 이중성 속에서의 통일성을 전제하고 있다면, 나는 어떤 유형의 통일성을 우리가 여기서 다루고 있는지 물을 것이다. 쉽게 말해서 나는 바슐라르의 인식론적 연구에서 무엇이 그의 시학의 구성을 '요청하고' 있는지 밝히려고 할 것이다. 이것은, 그의 연구의 두 측면들 사이에 외부의 경계도 없이 그것들을 서로 마주보게 하고 있는 '반향적' 혹은 '보충적' 관계를 전제하고 있기 때문이 아니라, 내가 인식론적 범주들의 바로 그 기능 속에 기입했던 탈락(omission)의 자리가 시학을 위한 통로가 되고 있다고 생각하기 때문이다. 그런데 시학은 자리하고 있는 그 공백을 상상적으로 메우는 것 이외에 다른 어떤 현실성도 갖고 있지 않는 상상적인 것에 관한 이론이다. 혹은 다른 언어로 표현하면, 그것은 상상적인 것에 관한 이론에 의한, 실제적인 모순에 대한 상상적 해결이다.

따라서 그것이 바슐라르 인식론의 독창성——즉 이러한 모순과 그것의 해결——을 파악할 수 있게 해주는 하나의 경향을——내 생각으로는 최선의 경향을——구성하고 있는 한, 나는 그 속에서 나타나는 메타포들을 다루는, 그동안 유보되었던 문제를 연구하고자 한다. 우리는, 그 질문이 나의 논문 제목이 암시하고 있는 것처럼 그렇게 단순하지 않다는 것을 발견하게 될 것이다. 이미지들과 메타포들은, 과학적 활동의 관람객이자 감시인인 인식론자가 인식하고 확인하여 몰아내려고 하는, 어울리지 않는 단순한 찌꺼기이거나 기생적인 것이 아니다. 물론, 그것들은 '환원되어야만' 한다. 그러나 이러한 '환원'이 반드시 순수하고 단순한 파괴일 수는 없다. 반드시 그러한데, 왜냐하면 이미지들과 메타포들의 과학적 사용이 있기 때문이다. 그것은, 『합리주의적 활동』의 다음과 같은 신중하게 기획되고 있는 부분에서 나타나고 있다.

> 이솝에 의해서 꾸며진 이야기들처럼, 이미지들은 번갈아가면서 좋기도 하고 나쁘기도 하고, 필요하기도 하고 해롭기도 하다. 우리는, 그것들이 좋은 것일 때는 적절히 이용하고, 그것들이 쓸모 없을 때에는 없앨 줄도 알아야 한다.[2)]

따라서 바슐라르에게는 이미지들의 사용——훌륭한 사용에——관한 이론을 다듬으려는 시도가 있는데, 몇몇 경우들에서 그것은 제시되고 있기도 하다. 이 이론은 그의 인식론의 출발점인 소립자 물리학에 의해서 요구되었다. 소립자 물리학의 작업이 비-구상적인(non-figurative) 가설들을 갖고 있는 공간'하에서' 이루어지고 있기 때문에, (본질적으로 구상적인) 이미지들이 불가피하게 가질 수밖에 없는 부적합성은 미묘한 문제를 제기했다. 이미지들의 사용에 관한 문제는 새로운 이론들에서

2) *L'activité rationaliste de la physique contemporaine*, p. 68.

기하학주의가 평가절하됨으로써 제기되었다고 말할 수 있다. 바슐라르에 따르면, 그 어휘나 문구에 기하학적인 것의 우위성을 명시했던 과학적 언어는 곧바로 '기하학적 메타포'라는 상황에 처하게 되었다. 이것이, 이중적 언어이론(bilingualism)이라는 이름하에, 과학적 언어이론을 위한 시도가 이 인식론 안에 존재하는 이유이다. 이것 또한 필연적인 것이다.

이러한 시도의 이면은 더 잘 알려져 있다. 그것은 『과학 정신의 형성』에서 이미지들과 메타포들이 평가절하되고 있는 것과 관련 있다. 그러나 그 책의 목적은, 모순들——이미지들은 이 모순들의 지표이자 집행자이다——의 개입뿐만 아니라 그 이미지들이 과학적 실천으로 개입하게 되는 필연성을 인식할 때에만 이해될 수 있다. 이미지들과 메타포들은, 불연속성의 이 인식론에게는 연속주의의 복귀의 항상적인 위협이 되고 있다. '과학'을 정초하려는 야망——이것은 정신 분석되어야만 한다——을 갖고 있는 인식이론들의 가장 안전한 알리바이는 과학을 주어져 있는 것으로 생각하는 것이다. 이곳에서, 즉 한 특별한 지점에서, 우리는 바슐라르가 모든 기획에서 몰두하고 있는 논쟁, 즉 그것의 새로움과 그것의 난점들로 되돌아가게 된다.

1. 과학적 이미지와 과학의 언어

'부정'의 기능의 양태들

잘 알려진 대로, 초기 저작들에서 바슐라르는 로바체프스키(Lobachevsky), 보요이(Bolyai), 리만(Rieman)이 유클리드 기하학에 붙인 '비-'를 확장하고 일반화함으로써 형성된 부정(no) 혹은 '비-'(non-) 범주를 통해 현대 과학 분야들의 근본적인 새로움을 명시하고 있다. 그러나 그 범주가 지시하고 있는 모순은 새로운 기하학들의 경우와 새로운 물리학의 경우에 동일한 형태를 띠고 있지 않다는 사실에 주목해야 한다. 새로움에도 여러 가지가 있다. 바슐라르는 1932년에 출간된 『현대 화학의 정합적 다원주의』라는 저작에서 직접 이 점을 다루고 있다. 이것이, 그가 고전적인 분야들에 대해서 비-유클리드 기하학들과 그가 '비-맥스웰 역학'이라고 부르기를 제안하는 것이 갖는 상대적 위상들을 사고하는 방식이다. 이 새로운 역학의 기본 원리는 전자는 고정된 궤도를 그리며 운행하되 방사를 전혀 하지 않는다는 사실을 인정하며 이루어진다는 것을 상기하면서, 바슐라르는 다음과 같이 덧붙인다. 이것은 "로바체프스키 기하학이 유클리드 기하학을 부정했을 때의 가정만큼이나 대담하고 결과적으로 중대한 물리학적 가정이다. 그러나 한 가지 다른 점이 있다. 기하학에서는 선험적 정의의 영역이 상이한 구조를 갖는 두 관점들에 똑같이 열려 있는 반면에, 물리학에서는 그 딜레마의 두 용어가 동일한 차원에서 작용하지도 않고 동일한 유형의 실재에 대해서도 작용하지 않는다. 물리학에서 일상적 경험을 부정하는 것은 극히 작은 것이며, 우리의 도구들로 기록한 현상에 명백히 빗나가는 특수한 법칙을 요구하는 것은 자연발생적인 어떤 것이다."[3] 이러한 독특한 모순의 한 예. 궤도상에 있는 전자가 방사를 하지 않는다는 사실은 로울랜드(Rowland)의 확증된 실험 결과와 모순되었는데, 로울랜드의 실험에 따르면 회전 기구——이것의 한 부분이 충전되어 있는——에 주어지는 운동은 인근 회로에 유도 현상을 일으킨다. 소립자 물리학에서 전형적으로 나타나는 가치절하를 통한 이러한 부정을 통해, 우리는 이미지들의 과학적 사용에 관한 문제와 물리 과학의 언어가 갖는 특별한 지

3) *Le pluralisme cohérent de la chimie moderne*, p. 186.

위에 관한 문제가 그때부터 어떻게 바슐라르에게 제기되었는지 이해할 수 있게 된다. 이 점을 보다 자세하게 다루기에 앞서 다음과 같은 사실을 주목해야 할 것이다. 전자가 궤도 위를 운행하면서 방사하지 않는다면, 그것은 확실히 전자의 궤도가 그 이미지가 암시하고 있는 기하학적 정합성을 갖고 있지 않기 때문이다. 일반적으로, 『과학 정신의 형성』에서 주장되고 있듯이,

> 점차로 우리는 공간 아래에서, 말하자면 공간과 현상을 유지하는 본질적 관계의 차원에서 작업할 필요를 느끼게 된다. 이때 과학 정신은 실제적인 구조보다는 메타포적인 구조 쪽으로, 감각적 공간이 그것의 보잘것없는 한 예에 불과한 '구상적 공간들'(configuraional spaces) 쪽으로 이끌린다.[4)]

이제, 바슐라르에게 구상적 공간들의 구조는 물리학으로의 수학의 개입의 새로운 형태들이 되고 있음을 잊어서는 안 된다. 그는 1937년에 출간된 『현대 물리학에서 공간의 경험』이라는 책에서 한 장을 그 새로운 형태를 고찰하는 데 할애하고 있다. 구상적 공간들의 기본 원리는 "단 하나의 점의 운동이라는 바로 그 형태로 점들의 체계의 운동을 서술하는 것"[5)]으로 이루어진다. 실제의 3차원 공간에서는 하나의 체계를 이루고 있는 축들과 관련하여 하나의 점을 표시하기 위해서는 세 변수가 필요하다. 따라서 n개의 점들을 갖는 체계는 3n개의 변수들이 필요하다. 하나의 차원이 이 3n개의 변수들 각각에 대응되면, 우리는 다음 두 가지 중에서 하나를 선택할 수 있다. 즉 그 체계는 3차원 공간의 n

4) *La formation de l'esprit scientifique*, p. 5.
5) *L'expérience de l'espace dans la physique contemporaine*, p. 116.

개의 점들에 의해서 표현된다고 말하거나, 아니면 그 체계 전체는 3n차원 공간의 단 하나의 점에 의해 표현된다고 말할 수 있다. 두번째 해결책――'구상적 공간들'의 그것이다――은 계산을 아주 쉽게 만든다. 따라서 바슐라르가 새로운 물리학의 구조들이 보여 주는 '메타포적 성질'로서 지시하고 있는 것이 무엇인지는 분명해진다. 극히 작은 것의 개입과 더불어 그것은 수학과 물리학 사이에 설정된 새로운 유형의 결합의 효과이다. 『새로운 과학 정신의 형성』의 동일한 구절에서 그는 이렇게 쓰고 있다. "수학주의는 더 이상 서술적인 것이 아니라 형성적인 것이다."

메타포적인 것과 인위적인 것

소립자 물리학의 '구조들'은 인위적인 절차들이며, 간접적으로 발견될 수 있는 가상적으로 주어진 실재를 어느 정도 적절하게 재생산한 것들이라고 쉽게 결론을 내릴 수 있다. 바슐라르는 끊임없이 이러한 관점에 대항하여 싸웠다. 이렇게, 『새로운 과학 정신』에서 파동과 입자라는 이미지들은 고립되어 있을 때에만 분명해진다는 사실을 보여 준 뒤에, 그는 파동 역학은 그것들을 결합시킴으로써 우리가 그것들을 단순한 예증들로, 즉 외부 실재의 표상들이 아니라 수학적 법칙의 예증들로 간주하게끔 한다고 지적한다. 그는 이렇게 쓴다. "최근의 이론들에서 파동은 입자들의 출현의 확률로서 해석되고 있다. 이때 파동은 명백히, 차원의 수가 직관적 공간에 특징적인 3차원보다 더 큰 **구상적 공간들**에까지 확장되는 수학적 표현으로서 나타난다." 이러한 공간들을 인위적인 것으로 간주해야 할 이유가 없다. 반대로, 이러한 공간들은 "확률 연구를 위한 준-자연적 공간들"이라고 그는 덧붙인다. 바슐라르는 한 각주에서 이 점에 대한 물리학자 진스(Jeans)의 의견을 서술하고 있는데, 진스에 따르면 "10차원 공간은 우리의 3차원 공간보다 더하지도 않고 덜 하지도 않게 실제적이다."[6] 실재적인 것이라는 개념의 전도가 여기서 일어나고 있다. 달리 바슐라르의 용어법으로 말하자면, 그것은 '실재론적 가치들의 변이'(transmutation)인데, 이것을 통해 우리는 위에서 인용했던 『과학 정신의 형성』의 그 구절에 논쟁적인 가치를 부여하게 된다. 물리학의 이미지들이 '메타포적'이라고 말해지는 것은 실재적인 것에 대한 어떤 표상과 관련해서이며, 이러한 관념을 거부하면, 물리학의 이미지들은 탐구를 위해 제공된 실재에 대한, 근사치에 이른 다소 정확한 반사-이미지들(reflection-images)일 수 있다. 요컨대, 이러한 이미지들이 '메타포적'이라고 불리는 것은 '실재론'에서 말하는 실재의 관점하에서이다.[7] 이것은 거의 전체가 반-실재론적 논쟁에 할애되고 있는 책의

6) *Le nouvel esprit scientifique*, pp. 95-96, p. 96n.

7) 물론 이것은 이 텍스트들에 대한 어떠한 반유물론적 해석도 불가능하게 한다. 우리가 본 것처럼, 바슐라르는 인식론적 근본 문제——존재와 사유의 관계의 문제 위에 확고하게 서 있다. 그는, 우리는 과학들을 통해서 객관적 실재를 알 수 있다고 주장하면서, 과학들을 '인위적인' 혹은 '상징적인' 구성물이라고 간주하는 사람들을 비판한다. 따라서 그는 에너지론의 기초자이며 마하——그는 『유물론과 경험 비판론』에서 레닌의 적수가 되고 있는 보그다노프의 스승이다——의 동조자인 오스트발트에 대해서 다음과 같이 쓰고 있다. "에너지 합리주의는 관념론적 해석의 모든 가능성을 포기한다. 만약에 그것이 주관적 해석을 시도한다면, 그것은 활동주의(activism)의 아름다운 이미지들의 유혹에 희생될 것이다. 에너지 합리주의의 운명은, 그것이 양자 에너지론과 불연속적 에너지론의 대단한 성공 속에서 고려될 때에는 매우 달라진다. 이제 이 합리주의는 실제적 대상을 갖고 있는 합리주의, 실재론적인 주요 성격을 알려 주는 합리주의이다. 19세기 말에 이미 언급되었듯이, 에너지는 실재 그 자체이다. 화학자 오스트발트는, 실제적인 것은 스카피누스의 막대기가 아니라 그것의 운동 에너지라는 것을 반복해서 말하기 좋아했다. 그러나 20세기의 에너지론은 매우 다른 의미를 갖는다. 그것은 현상에 대한 단순한 서술이 아니다. 그것은 현상의 생산을 설명한다" (*L'activité rationaliste de la physique contemporaine*, p. 139). 이렇게 이 텍스트에서 문제가 되는 것은 아주 다른 체계를 갖는 어떤 것이다. 그것은, 물리학에서 수학 법

서두에서는 그리 놀랄 만한 일이 못 된다. 그가 「본체와 소립자 물리학」에서 "실재로서 나타나는 것은 그 메타포들과 구성을 통해서 표현되는" 대상들이라고 쓸 수 있었을 때도, 그것은 마찬가지로 놀랄 만한 일이 아니다. 그것은, 대상들의 수학적 구성이야말로 그것들의 실재라는 것을 의미한다. 이러한 것이 고려될 때, 우리가 방금 목격했던 '메타포적'이라는 형용사의 이러한 전도는 바슐라르 인식론이 갖는 입장의 독창성을 드러낸다. 한편, 그것은 물리학의 도식 속에서 실재의 복사물을 보기를 거부한다. 그것은 실재론과 단절한다. 다른 한편, 형식주의와는 대조적으로 그것은 도식들의 실재성을 강조한다.

응용 합리주의

한 마디로 말해, 우리는 여기서 '응용 합리주의'가 작동하는 것을 보고 있다. 바슐라르는 응용 합리주의의 장을 철학자들과의 논쟁 속에서 힘들게 규정했다. 왜냐하면 실재론——즉 철학——에서 말하는 실재의 관점에서 보면 메타포적인 것에 불과한 이러한 구성물들의 실재성은, 관찰되는 것이 아니며, 그것은 기술적으로 정밀한 실험 속에서 입증되는 것이고 시험되는 것이기 때문이다. 이 실험은 이전에 구성된 이론을 결과적으로 확증하거나 무효화하는 데까지 이르게 하는 어떤 것이 아니며, 더 이상 그런 것도 아니다. 바슐라르에게 그것은 이론의 포괄적인 구성 부분 그 자체이다. 왜냐하면 『과학 정신의 형성』의 전형적인 표현대로, "이제 개념은 그것의 실제적인 응용 조건들을 자신의 구성 속에 포괄해야 하기" 때문이다. 물리학으로의 수학의 개입의 새로운 형태와 관련 있다고 내가 반복해서 말한 바 있는 이러한 상황은, 새로운

칙들의 예증으로서 기능하고 있는 '이미지들'에 대한 잘못된 해석으로부터 실재론이 얻을 수 있는 근거의 문제이다.

분야들을 특징짓고 있는 추상적인 것의 구체화 과정을 인식하지 못하고 추상-구체의 대립을 영속시키려는 모든 인식이론을 무효화한다. 추상과 구체 사이에 설정되어 있는 것은 하이픈 이상의 것이다. 그것은 진정한 '상호작용'(transaction)으로서, 바슐라르는 이중의 화살표(추상⇆구체)로 그것을 표현하고자 했다. 이러한 '짝짓기'(coupling)에 대한 해석이 나타나는 『응용 합리주의』의 유명한 구절을 모르는 사람은 없을 것이다. 잠시 나는 우리의 관심사에 관련된 부분만을 살펴볼 것이다. 상호작용의 표현이 아니며, 수학적 구조와 기술적 실현으로부터 이중의 정보를 받아들이지 않는 모든 이미지는 거부되어야 한다. 존재의 반영이나 반영의 존재로서 주어지는 모든 이미지는 곧바로 거부되어야 한다.[8] 이렇게 바슐라르에게는 이미지들의 과학적 사용에 관한 이론의 개요가 존재한다. 그 이론을 통해서 그는 『합리주의적 활동』에서 "이솝에 의해서 꾸며진 이야기들처럼 이미지들은 번갈아가며 좋기도 하고 나쁘기도 하다……"[9]고 말할 수 있었다.

이미지들의 과학적 사용

이미 추측했겠지만, 이미지들의 과학적 사용은 구체-추상 관계의 상호작용적 구조에 의해서 지배되고 있다. 모든 과학적 이미지는 이중의 화살표에 대한 메타포일 뿐이다. 즉 모든 이미지는 날짜를 갖는다. 바슐라르에 따르면, 그것은 추상적인 것을 구체화하는 역사적 과정에 개입하는데, 이 과정을 통해서 과학적 개념들의 생산이 이루어지는 것이다. 이것이 어떤 이미지가 번갈아가면서 좋은 것일 수도 있고 나쁜 것일 수도 있는 이유이다. 이것은 또한, "이미지들로부터 스스로를 분리

---

8) 주 7을 참고할 것.

9) *L'activité rationaliste de la physique contemporaine*, p. 68.

시키기 위하여 우리가 실제적인 것에 의지해서 작업해야만 하는"[10] 이유이기도 하다. 이렇게 모든 이미지는 환원의 지점에 있을 수밖에 없다. 여기에 이러한 역사적 위상을 분명하게 확립하고 있는 텍스트가 있다. 『합리적 유물론』에서 바슐라르는 탄소 원자의 사면체 구조에 대해서 다음과 같이 쓰고 있다.

> 현대 과학에서는, 하나의 도식이 다른 도식에 뒤이어 나타난다. 그것은 다른 것보다 더 나은 것으로, 보다 적합하고 동시에 더욱 시사하는 바가 많은 것으로 제시된다. 합리적인 도식과 경험적 인식 사이에서의 진폭은 이론가들과 실험가들이 일치하게 되는 공통된 중심점으로 점점 더 가까워진다.

에두아르 그리모(Edouard Grimaux ;『화학 연구 입문』)를 인용하면서, 그는 다음과 같이 덧붙인다.

> 이러한 표상들을 불변의 것으로 간주한다면, 그것은 "철학적 소심함을 드러내게 될 것이며, 이론들의 연속적인 전화를 무시하게 되고 그 이론들에 필수적인 과학 도구들이 새로운 발견들에 의해 계속해서 변형된다는 사실을 무시하게 될 것이다."[11]

이 구절은 이중의 의미를 지니고 있다. 그것은 과학적 도식의 역사성뿐만 아니라, 바슐라르가 다른 데서 현대 과학에서의 도식의 '사회화'(socialization)라고 부르는 것 또한 강조한다. 후자는 그것들이 '과학

---

10) *Le matérialisme rationnel*, p. 57.

11) *ibid.*, pp. 121-22.

공동체' 혹은 '실험자들의 연합'으로부터 받는 통제, 객관성의 보증을 의미하는 것으로 받아들여야만 한다. 이는 연구자의 상상력이 합리적이고 집단적인 강제에 의해 엄격하게 제한되고 있음을 의미하는 것이다. 요컨대 그것은, 정신 착란——18세기에 이에 대한 많은 예가 있었는데, 그것의 유일한 원천은 한 특별한 과학자의 개인적인 환상이다——에 빠진 사람들은 더 이상 신용을 얻을 수 없다는 것을 의미한다. 말 그대로, 그들은 더 이상 '시민권'을 가질 수 없다. 따라서 이미지는, 과학적으로 사용되기 위해서는 우선 탈심리화되어야 한다고 말해야 한다.

'메타포적 상상의 중지'

틀림없이 나는 앞의 예에서 이미지와 '도식'을 동일시했다는 비난을 받을 것이다. 이미지들의 과학적 사용에 대한 바슐라르의 성찰은 본질적으로 정확히 원자의 구성에 맞추어져 있기 때문에, 나는 그렇게 할 수 있다고 생각한다. 하나의 에피소드가 특히 그의 관심을 끌고 있다. 그것은 닐스 보어에 의해 제기된 원자의 혹성 모델이다. 『합리주의적 활동』에서, 그는 이 아미지를 '메타포적 상상의 중지'로 특징짓는다. 이 수수께끼 같은 표현은 이 모델과 원자에 대한 두 유형의 비유 사이에서 태양계와 관련 있는 이중적 대립에서 그 의미를 얻는다.

하나는 1855년에 라스파일이 원자를 작은 태양으로 보는 자신의 견해에 원자론적 천문학이라는 이름을 붙일 것을 제안했다는 이유로, 라스파일을 보어의 선구자로 간주한 연속주의적 과학사가들에 의해 이루어졌다. 우리가 이러한 조건들하에서 전자의 운동은 철로 화차 노선에서의 운동에 비유될 수 있고 '회전 압축력'(ratatory compression)에 의해 움직인다는 것을 라스파일에게서 읽게 될 때, 라스파일과 보어를 분리시키는 심연을 지각하기란 어려운 일이 아니라고 바슐라르는 덧붙인다.

전자에게 그것은 메타포적 상상이 되고 있는 반면에, 후자에게 이미지는 합리적으로 정돈되고 수학적으로 구성되는 것이며, 그것은 논의의 한 요소로서 실험적으로 통제된 이론적 노력 속으로 개입한다. 다른 하나는 어울리지 않는 비유로서 '교육자' 혹은 '보급자'라는 비유이다. 이 유형은 화이트헤드에 의해서 제시되었는데, 그는 수학적 법칙에 불합리한 이미지를 부과하고 그렇게 함으로써 보다 쉽게 이해할 수 있기를 기대한다. "화이트헤드가 고전적인 전자는 풀밭을 자유롭게 뛰어다니는 말인 반면에 보어의 전자는 전선을 따라 달리는 무궤도 전차라고 말하고 있는 부분을 통해 교훈을 얻고자 하는 사람은 거기서 얼마나 도움을 받을 수 있을까? 원형 궤도가 달려 있는 중앙핵으로 구성된 수소 원자에 대한 이러한 이미지에 관해 무엇이 교육적일 수 있는가?"라고 바슐라르는 묻는다.[12] 실제로 그는, 보어가 언급하고 있는 것은 별이 빛나고 있는 하늘이 아니라 별들의 운동을 지배하고 있는 합리적 역학 법칙이라는 점을 상기한다. 현실에서의 상황은 더욱 복잡하다. 전적으로 합리적 역학에 기초해 있는 혹성 모델은 러더포드에 의해서 제안되었던 것인데, 그것은 모순적이라는 심각한 결함을 갖고 있었다. 로렌츠의 이론에 따르면, 혹성으로 간주된 전자들은 계속해서 에너지를 방사해야 하는데, 이것은 원자 구조의 불안정성을 의미하는 것이었다. 따라서 보어는 양자이론을 적용시켜서 러더포드의 원자를 변형시킬 것을 제안했다. 그래서 그는 다음과 같이 주장할 수 있었다. 전자는 몇 개의 가능한 궤도를 가질 수 있으며, 그것은 조금의 에너지도 방출하지 않으면서 궤도를 따라 이끌려 움직인다. 그러나 어떤 이유로 그것이 하나의 궤도에서 다른 궤도로 옮아가게 되면, 전자는 특정량의 에너지를 방출하거나 혹은 반대로 흡수하게 된다. 덧붙이자면, 이것을 통해 분광학에

12) *L'activité rationaliste de la physique contemporaine*, pp. 68-69.

서 발머(Balmer)가 만들어 낸 공식들을 정확히 재발견할 수 있게 되었다. 이러한 도식적 설명들에도 불구하고 바슐라르가 『응용 합리주의』에서 다음과 같이 쓸 수 있었던 이유는 분명하다. "혹성 체계처럼 구성된 원자 이미지에는 실재론적 양태들이 부과될 수 없다. 그것은 단지 수학적 구성에 관계될 뿐이다. 그것은 수학적으로 읽혀야 하며 수학적 공식들이 갖는 지배적인 의미를 버려서는 안 된다."[13]

그러나 혹성으로 간주된 원자는 아직 그것이 갖고 있는 모든 교훈을 드러낸 것은 아니다. 1925년에 네덜란드의 울렌베크(Uhlenbeck)와 구즈미트(Goudsmit)에 의한 전자 스핀의 발견은 그 자체로 매우 교훈적이다. 나는 바슐라르가 하고 있는 분석의 세세한 점들을 검토할 수 없다 (그것을 위해서는 『합리적 활동』의 '스핀과 자자'의 장을 참조해야 할 것이다).

그가 쓰고 있는 바는 이렇다.

> 양자이론에 따라 닐스 보어에 의해 구성된 혹성 원자에서, 스펙트럼 현상은 전자가 양화된 한 궤도에서 양화된 다른 궤도로 도약할 때 일어난다. 궤도를 특징짓는 정수 개의 양자 수의 역할은 스펙트럼의 항들을 구성하는데, 그 항들의 차이를 통해 스펙트럼의 선들이 나타나게 된다. 그러나 궤도의 영속성과 전자의 도약적 성격을 동시에 설정하는 이러한 천문학은 다소 부정확한 에너지의 균형성을 제공한다. 여기저기에서 반(半)양자가 첨가되어야 하고, 최초의 양자이론이 가정한 모든 정수의 산술이 이 반양자에 의해 수정되어야 했다. 1925년 울렌베크와 구즈미트는 전자의 혹성적 성격을 완성시키고자 했다. 전자는 그 해에 혁명을 경험했으며, 순환의 날을 맞이했다. 전자 혹성

13) *Le raionalisme appliqué*, p. 180.

은 스스로 돌며, 전자는 고유한 역학적 운동을 갖는다. 어린이들의 표현을 빌리면, 이 팽이와 같은 운동이 팽이를 돌리는 스핀이다.[14)]

혹성 이미지의 이러한 완성은 '이미지들은 완성되어서는 안 된다'는 바슐라르의 명령과 모순되는 것처럼 보인다. 여기서 메타포적 상상은 중지되지 않았고, 그것이 모든 긍정적인 발견을 가능하게 만든 것처럼 보일 수도 있다. 이러한 결론들은 약간 성급하게 도출된 것이다——첫째로, 같은 해인 1925년에 불확정성 원리에 관한 하이젠베르크의 정식화는 전자의 이러한 회전에 기하학적이고 역학적인 실재성을 부여하는 것을 불가능하게 만들었기 때문이다. 둘째로, 그것이 정식화되고 난 이후에는, 양자적 성격을 갖는 궤도 역학적 모멘트가 역학적 모멘트에 대한 고전적 개념과 상충되었기 때문이다. 이로부터 바슐라르는 우리는 처음부터 환원된 이미지에 직면해 있다는 결론을 이끌어 낸다.[15)] 그 환원된 이미지 속에서 우리는 대수학적 기능에 대한 예증을 갖게 된다.

고통스러운 상상

이 문제에 대한 바슐라르의 논의 전개가 관행에 대한 경험적이고 논쟁적인 서술의 차원에 머물러 있음을 인정해야만 한다. 그는 새로운 역학의 이미지들이 왜 계속적인 환원 상태에 놓여 있는지 설명한다. 기하학에 대한 에너지론과 확률론의 우위성이 어떻게 그 이미지들에게 모순적인 지위를 부여하는지는 분명하다. 그러나 이러한 조건들하에서는 '왜 필연적으로 부적합할 수밖에 없을 것으로 알려진 이미지들에 의존하지 않을 수 없는가'라는 질문이 생길 때, 위험한 관습의 지속성에 관

14) *ibid.*, p. 164.
15) *ibid.*, p. 165.

한 질문이 일어날 때, 바슐라르는 우리에게 만족스러운 답을 주지 못한다. 하지만 그가 던져 주고 있는 답들이 비록 실망스러운 것일지라도 그것들은 그 불충분함 속에서나마 진지하게 다루어져야 한다. 여기에 한 예가 있다.

> 이러한 대수학적 공간에서 일상적 공간으로 되돌아가는 것은 당연한 것이라고 이해할 수 있다. 그런데 새로운 사고에서 일상적 공간은 단지 설명의 수단으로서만 즉 우리의 이미지들에 적합한 장소로서만 간주될 뿐이며, 전 관계들에 꼭 들어맞는 캔버스로는 결코 간주될 수 없다.[16]

자연적인 것에 대한 호소——이것을 나는 강조한 바 있다——는 우연적인 것이 아니다. 몇몇 경우에, 평범한 일상적 삶에 그 근원을 두고 있는 일종의 '자생적 기하학주의'가 예증-이미지들의 사용에 대한 설명으로서 나타난다. 고전 역학의 세계는 바로 특정한 자연적 세계로서 제시되며, 우리의 상상적 이미지들——'우리의' 이미지들——은 바로 그 세계에서 전개된다. 따라서 바슐라르가 핵 물리학에서 상상은 '고통 속에서' 이루어진다고 주장하는 것을 볼 때, 그것은 놀라운 일이 아니다. 이 표현에 최대한의 주의를 기울여야 하는데, 왜냐하면 그것은 우리의 먹이를 숨기고 있기 때문이다. 상상의 고통에 관한 이론은, 면밀히 검토해 보면, 바슐라르의 '시학'을 지배하고 있는 '상상의 행복'에 관한 이론의 전도된 형태일 뿐이다.[17] 그것은 행복한 상상에 관한 이론의 전도된 형태이자 보완적 형태이다. 합리적 강제에서 느끼게 되는 고

16) *Le nouvel esprit scientifique*, pp. 95-96.

17) *Le matérialisme rationnel*, p. 18.

통은 그 상대물로서 문학적 해몽으로의 도취를 통해 예기치 않게 제공되는 즐거움을 갖게 된다. 달리 말하면, 여기서 바슐라르의 심리학주의가 표면으로 떠오른다. 상상과 과학적 정신 사이의 이 논쟁에서, 우리는 그 이면의 활동을 통해서 그의 시학에서 시인하고 있는 역동적 심리학을 인식론적 측면에서 발견한다. 아주 솔직히 말해, 이러한 동력학적인 논제는 예를 들면 『합리주의적 활동』에서는 그 자체를 위해 논의되지 않았으며, 그 문제는 종종 답해지지 않은 채로 남아 있었다는 것을 덧붙여야만 한다. 따라서 보어에 대해서 여전히 그는 다음과 같이 조심스럽게 쓰고 있다.

> 혹성 모델이 하나의 예증인지, 기본구조인지, 설명수단인지를 아는 것, 이것은 주의 깊고 미묘한 과학 철학에 의해 해결될 문제이다…….[18]

이중적 언어

동일한 것이 우리에게 제시되고 있는 과학적 언어이론의 개요에 대해서도 해당된다. 『응용 합리주의』의 중요한 구절을 살펴보기 전에, '혹성 원자'의 이미지로 되돌아가 보자. 의심할 여지없이 그 궤도가 궤도가 아니라면, 즉 그 회전이 회전이 아니라면, '용어의 개혁'이 필요하다. 그리고 그것은 실제로 바슐라르가 바라는 바이기도 하다. 용어는 탈직관화되고 탈기하화되어야 하며 정신 분석되어야 한다. 예를 들면, '전자곡(殼, shell)이라는 단어는 에너지의 기본적인 특징을 나타낼 것이다. 그것은 계속해서 한 원자 안에서 동일한 주양자 수를 갖는 전자들의 집합을 가리킬 것이다. 동일한 방위 양자 수를 갖는 전자들은 동일

18) *L'activité rationaliste de la physique contemporaine*, p. 142.

한 상태에 있다고 말해질 것이다 등등.

『응용 합리주의』에서, 바슐라르는 더욱 분명히 한다. 힐버트 공간에서 대수학-기하학의 일치를 논하면서, 그는 이중적 언어(bi-language)라는 관념을 제시한다.

> 이렇게 한 특수한 언어, 이중의 의미로 말해지는 일종의 이중적 언어가 확립되었다. 초월적 직관이 힐버트 공간을 연구하는 대수학자의 정신 속에서 빛난다. 그것을 통해 대수학의 형식을 통해서만 의미를 갖는 진리들이 기하학의 형식 속에서 정식화된다.[19]

그는 이러한 고찰을 물리학-대수학의 일치의 경우로까지 확장하려고 했다. 이것이, 그가 아주 난해한 구절로 전자 공학에서의 '여파기'는 기구에서의 진동과 방정식의 해결 모두를 제거한다고 쓸 수 있었던 이유이다. 이것은 철학자들을 자극하는 문구로서, 추상-구체——고도로 합리화된 기술을 가진 수학적 공식의 쌍——를 실제적으로 보여 주려는 것 이외에 다른 의미는 갖고 있지 않다. 『합리적 유물론』에서, 그는 보다 정확하다.

> 때때로 연속주의적 인식론자는, 현대 과학을 이미지들과 단어들의 연속성에 의해서 판단함으로써 조롱당한다. 원자핵이라는 상상불가능한 영역을 상상할 수밖에 없었을 때, 전적으로 이론 과학에 관계된 이미지들과 언어적 공식들이 제안되었다. 당연히 이러한 공식들은 문자 그대로 받아들여서는 안 되며 직접적인 의미가 부여되어서도 안 된다. 이렇게 언어의 항상적인 자리바꿈(transposition)은 일상적 사고

19) *Le rationalisme appliqué*, p. 158.

와 과학적 사고의 연속성을 깨뜨린다.

바슐라르는 온도 개념을 통해서 자신의 논증을 계속한다. 핵의 '온도'와 실험실의 '온도' 사이에는 공통된 것이 아무것도 없다. 따라서 메타포의 표시로서의, 과학 언어의 단어들에 대한 무의식적 비직관으로서의 인용 부호에 관한 이상한 이론이 존재하게 된다.

> 종종 이러한 은폐된 번역 활동에 관심을 갖게 된다면, 과학의 언어에는 인용 부호를 달고 있는 아주 많은 단어가 있음을 보게 될 것이다.[20]

우리는 바슐라르 인식론에서 과학 언어의 문제에 대한 이러한 관심을 정당화시켜 주는 어떤 것을 곧 보게 될 것이다. 그러나 '은폐된 번역'에 관한, '인용 부호 속의 이중적 언어'에 관한 이론은 일상적 삶의 기하학에 그 뿌리를 두고 있는 자연——일상——언어에 대한 완전히 심리학적인 견해에 의지해 있다는 것을 언급해 두어야만 한다. 여기서도 바슐라르는 해결하는 문제보다 더 많은 문제를 제기한다고 말할 수 있다. 한편, 그의 성찰의 마지막 말은 다음과 같은 상상적 질문이 아닐까. "어떤 시인이 이 새로운 언어의 메타포를 우리에게 가르쳐 줄 것인가?"[21]

바슐라르가 과학의 이미지들에 관한 이 문제로 되돌아오는 집요함을 보면, 내가 그렇게 많은 시간을 무미건조하고 명백히 실망스러운 이 텍스트들을 검토하는 데 보낸 것이 헛된 일이 아니었다는 것이 입증된다.

---

20) *Le matérialisme rationnel*, pp. 215-16.
21) *Le nouvel esprit scientifique*, p. 75.

사실, 나는 또 다른 이유 때문에 그것을 검토했다. 우리가 곧 보게 될 것처럼, 언어의 문제는 이 인식론의 사용뿐만 아니라 그것의 지위를 문제 삼게 된다.

2. 메타포 : 대체의 표시

바슐라르가 그것들에 부여한 기능이 이해되지 않는다면, 『과학 정신의 형성』의 그 유명한 텍스트들은 더욱 실망스러운 것으로 드러날 수도 있을 것이다. 과학사의 요소들, 전 과학적 문헌들에 대한 인식론적 독해, 상세한 심리학적 주석들과 변조된 정신 분석적 해석들이 함께 뒤섞여 있는 이 장황한 책은, 기껏해야 독자들만을 당황시킬 뿐이다. 내 생각에는, 그러한 인상주의적 독해에 머무른다면, 우리는 이 텍스트의 중요성을 이해하지 못할 것이다. 사실 그 책은 정확히 그것의 모순적 성격 때문에 엄격한 정신의 소유자들에게는 짜증스러운 것일 수도 있다.

용어법에 관련된 첫번째 요점. 『새로운 과학 정신』이 나온 지 4년 뒤에 바슐라르는 '과학 정신'이라는 표현으로 다시 돌아간다. 이 표현의 동일성이 의미의 이중성을 은폐하고 있다는 것이 충분히 주목되지 못한 것 같다. 아마 정신이라는 말의 의미 '변화'를 이야기하는 것이 더 나을 것이다. 왜냐하면 당연하게도 그 두 경우에서 동일한 표현이 반복되고 있는 것은 우연이 아니기 때문이다. 단도직입적으로 말해서, 그것은 인식론 전체에 영향을 미칠 수 있는 '해결불가능한' 모순의 표현이다. 바슐라르가 '새로운 과학 정신'에 대해서 말할 때, 그는 새로운 분야들이 '감추고 있는' 철학, 1940년에 그가 주제화하려고 시도했던 '부정의 철학'을 지시하고 있는 것이다.

그가 여기서 우리의 관심의 대상이 되고 있는 저작에 『과학 정신의 형성』이라는 제목을 붙였을 때, 정신이라는 말은 첫번째 경우에는 그렇게 명백하지 않았던 개인 심리학적 의미를 띠고 있었다. 그것은, 정신이라는 말이 본질적으로 교육학적인 작업의 문제이기 때문이다. 이것이 두번째 요점이다. 여기서 바슐라르는 『새로운 과학 정신』이 갖고 있는 교육학적 함축들을 뒤따른다. 교육학적인 작업이 전개될 때, 그때 그는 바로 그 동일한 철학, 부정의 철학을 오인했던 그 철학과 충돌한다. 이 철학은 이름을 갖고 있다. 그 이름은 실재론이며, 그것의 전형적인 모습은 메이에르송에게 발견된다. 그러나 우리가 논의하고 있는 그 저작에서, 그것은 '유일하게 본유적인 철학'의 위치까지 올라갔다.

이때 관점이 바뀐다. 문제가 되는 것은 이 철학을 진행중인 과학적 실천과 대립시키는 것이 아니라, '서언'에서 바슐라르가 그것의 '정서적 토대'[22]라고 부르고 있는 것에 그 철학을 관련시키는 것이다. 이것이 그가 실재에 대한 우상 숭배[23]에 관한 이론을 발전시키고 있는 이유이다. 이미지와 메타포는 교육적인 전 과학적 담론들에서는 '물신 숭배'에 대한 이러한 분석에 유리한 지반이 된다. 그것들은 '정서적 토대'로 이르는 왕도이다. 그것들은 비과학적 사고 체계가 과학적 담론이나 교육적 담론과 연결되는 장소를 가리킨다. 그는 이렇게 쓴다. "직접적인 메타포들이 과학 정신의 형성에 미치는 위험은, 그것들이 항상 이미지들을 거치는 것이 아니라 자율적인 사고에 직접 밀어닥친다는 점이다."[24] 그러나 이러한 자율적 사고는, 자신의 버팀목으로서 비과학적 이해들을 갖고 있는 다소 위계화된 가치 체계에 의해 정돈되고 체계화되어 이미

22) *La formation de l'esprit scientifique*, p. 9.

23) 이 말은 자주 쓰이고 있다. *ibid.*, p. 149.

24) *ibid.*, p. 81.

거기에 항상 존재한다는 것을 깨달아야 한다.

그 책에서 이러한 가치들에 대한 서술은 상당히 산만하게 이루어진다. 때때로 우리는 그 사회적 기원이 은폐되어 있지 않은 이데올로기적 가치들과 관련을 맺기도 한다. 이렇게 실재론은 아주 현저하게 구두쇠의 철학으로 나타난다. 때로는 보다 느슨하게 우리는 교사나 학생의 가설적 리비도와 관련을 맺기도 한다. 그러나 바슐라르의 목적은 완성된 체계적 이론을 제시하는 것이 아니다. 오히려 그의 목적은 부제에 나타나 있는 대로 '정신 분석을 위한 시론'으로 나아가는 것이다. 이렇게, 실재에 대한 물신 숭배에 관한 이론과 더불어 그 책은 우리에게 과학 정신의 실제적인 치료(therapeutics)를 위한 시론을 제공하고 있다. 과학 정신에서 실재론과 그것의 변종들(사물주의, 실체론, 충돌주의 등등)은 '유아적인 무질서'로서 나타난다. 15년 뒤에 『합리적 유물론』에서, 바슐라르는 자신의 시도를 '자발적(automatic) 정신 분석'으로 특징짓는다. 여기서 치유는 '과도하게 부과된 이미지들을 포개놓음으로써' 이루어진다고 그는 말한다. 따라서 거기서 그는 '세속적이고 천박하고 호기심 많은' 18세기 과학에 계속해서 의지하게 되는데, 그러한 의지는 과학사를 위한 시론으로 간주되어서는 안 되고 오히려 치료의 한 요소로 간주되어야 한다. 왜냐하면 18세기에는, 객관적 통제의 심급인 과학 공동체가 오늘날처럼 그렇게 굳건하게 확립되어 있지 않았기 때문이다. 그리고 이해들(interests)은 그 당시에는 검열을 겪지 않았는데, 오늘날에는 그것들은 검열이 대상이다. 18세기에, 이드(id)는 한가롭게 수다를 떨었다. 오늘날에도 이드는 여전히 수다를 떤다. 그러나 은밀한 담론으로서의 그것은, 강하게 억압되고 있기 때문에 잠재되어 있지만, 연구와 날카롭게 대립하고 있다. '인용 부호를 다는 사람'에게, 즉 인식론자에게, 18세기의 텍스트들은 이렇게 치유의 예라는 가치를 지니고 있다. 그것이 치유의 효과가 있는 것은 보다 쉽기 때문이다. (바슐라르는 서론에서 자신의 책이 쉬워야 한다는 원칙——그가 인식론적이고 과학적인 생산 작업의 표식으로서 간주하는 난해함으로부터 크게 벗어나는 그 원칙에 관심이 있다고 말하고 있지 않은가?) 그래서 그는 이미지들을 그 토대로 되돌리기 위하여 다양한 반복에 의존한다. 따라서 우리가 그 원칙을 이해하기만 하면, 그 산만함에 대해서도, 같은 책의 서론에서 몇 페이지 뒤에 가서 우리에게 요구하고 있는 내용에 대해서도 놀랄 일이 없다. 그것은 치료 효과가 얻어질 수 있기 때문이다. 따라서 스폰지에 관한 텍스트, 금이나 응고에 관한 텍스트에 대해서 해설을 한다는 것은 쓸모 없는 일이다. 나는 이 원칙을 숙고하기 위하여 많은 페이지를——심지어는 모든 페이지들을——건너 뛸 것이다. 왜냐하면 우리에게 중요한 것은, 몇 번에 걸쳐서 언급했듯이, ('서언'의 표현에 따르면) '이해들을 전위시키는' 프로젝트이다. 따라서 나는 다음과 같은 질문을 제기할 것이다. 이러한 전위의 의미는 무엇인가? 혹은, 어디로 전위되어야 하는가? 전위된 이해들은 어떤 이해 혹은 어떤 이해들에 의해 대체되어야 하는가? 실제로 답을 내리는 데는 어떤 어려움도 없다. 전위된 이해들의 전위는 과학적 노동의 변증법인——추상 - 구체의——변증법을 위한 길을 열어 놓는다. 달리 말해, 과학은 그 자체로 자신에 유리하도록 되어 있다. 과학 정신은 과학적이고자 하는 정신의 동력으로 간주된다. 상상의 고통이 과학적 추상의 즐거움 속에서 그 보상을 발견한다면, 그것은 상상적 이해들을 전위시키기에 충분하다. 다시 말하면, '체험된' 것과 그것이 갖고 있는 환상들은 다른 삶, 즉 과학 고유의 삶이라고 할 수 있는 '정신적 삶'에 의해 대체된다. 이것은 내가 말하고 있는 것이 아니다. 그것은 바슐라르가 '서언'에서 하고 있는 말이다. "과학에 대한 사랑은 자발적인 정신적 역동성이 되어야 한다."[25] 우리는 여기서 내가 이미지들의 과학적 사용에 대해서 제시했던 논제에 대한 확증을 갖게 되는 것 같다. 바슐라르의 인식론은 철저하게 심리학적이다. 인식론과 시학은 동질적이고 보완적이다. 그것들은 정신적 역동성에 대한 견해 속에서 그것들의 통일성을 발견하게 되는데, 그 정신적 역동성은 이중적 모습을 갖고 있기는 하지만 그럼에도 불구하고 단일하면서도 독특하다. 이때 몇 가지 냉소적인 질문을 바슐라르에게 던질 수도 있다. 과학적 응용을 현대 과학의 독특한 특징으로 간주했던 인식론이 '무관심성'을 과학적 활동의 동력으로 삼고 있는 것은 놀라운 일이 아닌가? 이것은 이해하기 어려운 부인이 아닌가? 자연 과학을 생산에 응용하는 것——이중의 응용. 노동 도구들의 개선에 응용하는 것과 생산 조직화에 응용하는 것——이 자본주의 생산양식의 특징이라는 것이 사실이라면, 이러한 일탈 혹은 무지는 정확히 어떤 정치적 의미를 갖고 있는 것이 아닌가? 심리학주의는 정치적으로 무고한가? 내 생각에는, 이러한 것들은 현실적이고 심각한 질문들이다. 바슐라르를 독해할 수 있기 위해서는 이러한 질문들을 머리속에 담아 두어야 한다. 그것들은, 결국 바슐라르의 인식론과 더불어 일어난 것은 철학의 현대화(aggiornamento)일 뿐이라는 점을 경고해 준다. 그러나 이러한 현대화 과정, 그것이 작동시킨 요소들은 진지하게 다루어져야 한다. 왜냐하면, 이러한 과정에서 그것은 바로 출현하는 과학들에 대한 철학적 작용의 메커니즘이기 때문이다. 이것이, 내가 방금 표명한 바 있는 유보들에도 불구하고 바슐라르의 인식론이 철학적 인식이론들에 대한 비판과 더불어——신비화되고 - 위장되고 - 전위된 형태들로——철학에 대한 유물론적 이론을 위한 요소들을 우리에게 제공하고 있는 방식이다. 여기서 나는 『철학 노트』에서——유물론적 관점에서——칸트에 대한 헤겔의 모든 비판을 격찬했던 레닌

25) *ibid.*, p. 10.

에 의지할 것이다. 철학의 현대화과정을 진지하게 다룸으로써, 그는 철학적 개입의 요소들을 밝혀 냈다.

그렇다면 바슐라르의 인식론에서는 무엇이 일어나고 있는가? 그것은 1920년대에 이루어진 과학사와 관련하여 철학에서 일어나고 있는 지체와 만난다. 처음에는 철학 특유의 무지나 게으름으로 표현되었던 이 지체는 이제 과학적 개념들의 생산과정으로부터 모든 인식이론이 취하고 있는 전형적인 분산에서 비롯된 것으로 이해된다. 『응용 합리주의』의 스펙트럼에서 인식이론들의 풍부함은 이러한 분산의 공백이 상상 속에서 폐쇄된 것일 뿐이다. 단지 그것일 뿐이다. 이것이 바슐라르 인식론이 거둔 하나의 성과이다.

이에 상응하는 두번째 요점. 과학적 개념들의 생산과정은 추상적인 것의 구체화라는 역사적 변증법으로 생각된다. 더 정확히 말해 그렇게 생각된다기보다는 그렇게 서술된다. 바슐라르는 자연 과학들의 자생적인 변증법적 유물론을 관찰하고 서술한다. 이것도 하나의 성과이다. 그것은 우리에게, 역사적 유물론의 상대적으로 자율적인 영역으로서 과학적 개념들의 생산의 역사에 관한 이론을 구성하는 데 유용한 재료를 제공한다.

그것은 또한 반대에 부딪힐 것이다. 어떻게 당신은 그러한 분리로 나아갈 수 있는가? 그러한 분리는 둘 중의 하나 때문이다. 이 인식론이 심리학적이고 반동적이기 때문이거나――그러면 그것으로부터 얻을 수 있는 것은 아무것도 없다――그것이 유물론적이기 때문이다. 답은 이렇다. 관념론적 작업에 대한 유물론적 독해를 구성하는 것은 바로 이러한 분리, 이러한 드러냄이다. 따라서 레닌이 헤겔에게서 신과 절대자와 이념을 내던졌듯이, 나는 심리학주의를 내던질 것이다. 그리고 내가 그 누구의 꼭두각시가 아니라는 것을 보여 주기 위하여 그 어느 것보다 놀라운 한 가지 점을 마지막으로 언급할 것이다. 결국 모든 것은, 현대 과학들에서 추상-구체라는 중요한 철학적 쌍은 두 단어의 결합에 의해서 대체되어야 한다는 관찰에 의존해 있다. 그런데 바슐라르는 『합리적 유물론』에서 우연히 다음과 같이 선언한다. "나는 전기-동력학이라는 의미에서 '결합'이라는 단어를 사용한다."[26] 이것은 중요한 언급인데, 왜냐하면 그것은 이 인식론의 위상에 영향을 미칠 수 있는 심각한 모순을 드러내기――무심코 드러내기――때문이다. 이러한 암시를 독해할 때 사실상 의심의 여지는 없다. 단지 의심스러운 것이 있다면, 그것은 결합이라는 인식론적 범주가 그것과 관련되어 있는 과학적 개념에 대해서 메타포의 위치에 있다는 점이다. 특정 과학 분야의 영역에서 구체화되는 외연과 내포를 갖고 있고, 우연하게 특정 실험 계획안과 연결되어 있는 과학적 개념으로부터, 바슐라르는 과학적 작업의 모든 과정을 추상적으로 설명하는 범주를 자리바꿈과 일반화를 통하여 만들 수 있기를 기대한다.[27] 어떤 것을 드러내기 위한 전형적인 절차는 이렇다. 그것은 과학 그 자체로 하여금 자신의 활동을 반성하고 해명해야 할 철학적 범주들을 준비하는 데 책임을 지도록 만드는 것이다. 그렇게 함으로써 그것은 구성된 모든 철학을 버리고, '과학의 그림자'가 되지 않기 위해서는 단지 그것의……메타포일 수만 있는 어떤 인식론을 세운다. 그러나 바슐라르가 계속해서 모르고 있는 것은, 이러한 메타포

26) 이와 같은 사실을 설명해 주는 많은 구절 가운데 하나만 들면 이렇다. "물리학은 두 개의 철학적 축을 갖고 있다. 그것은, 수학과 실험에 의해서 구체화되고 따라서 수학과 실험의 접합 속에서 최고도의 긴장을 유지하고 있는 진정한 사고 영역이다. 물리학은 뚜렷한 종합으로서 추상적-구체적인 정신을 만들어 낸다"(Le rationalisme appliqué, p. 1).

27) 동일한 증명이 불연속성 개념에 대해서도 이루어질 수 있는데, 바슐라르는 그 개념이 양자 역학에 의해서 그에게 제시되었다는 것을 보여 주고 있다.

적 성격은 인식론적 범주를 모든 철학의 순수 공간 속에 두지 않으며 즉각적으로 그것을 특정 철학 속에 기입한다는 점이다. 여기서 무지와 오해는 말의 유희라는 놀라운 형식을 띠고 있다. 결합——전기-동력학 개념——은 동력학적 심리학 속으로 다시 기입되고, 인식론적으로 메타포화된다.

여기가 바로, 과학적 작업 속에서 은밀하게 창조된 순수한 철학을 설명하려고 하는 바로 그 순간에, 명확하고 순수한 이 철학의 이름으로 다른 철학, 즉 철학자들의 철학의 종말을 알리고 있는 바로 그 순간에, 내가 논의했던 현대화의 부정합성이 전면으로 부각되는 장소이다. 따라서 과학에게 그들 자신의 철학을 진술하는 수고를 떠맡기는 바로 그 순간에, 이 철학의 순수성은 이미 불순물에 섞이게 된다. 그 철학은 자신의 언어와 심리학의 언어을 화해시킨다. 바슐라르의 '성과들'조차 실제로 '그의 철학'이라고 불리어야만 하는 어떤 것에 사로잡혀 있다. 이것은, 철학은 그렇게 쉽게 제거되지 않는다는 사실에 대한 증거이다. 달리 말해, 내가 말하는 것이 옳다면, 그것은 우리는 정치를 그렇게 쉽게 제거할 수 없다는 사실에 대한 증거이다. 나로 말하자면, 나는 '결합'에서 메타포——인식이론의 대체에 대한 표식——를 버리고 변증법을 보유할 것이다…….

1970년 6월.

3장 조르주 캉기옘의 인식론적 역사

조르주 캉기옘의 첫번째 저서인 『정상적인 것과 병리적인 것』은 1943년에 출간되었다. 그 이후로, 그 책은 새로운 성찰들을 통해 풍부해져 갔다. 특히 그것의 출현으로 개시된 작업은 고의적으로 무시되었던 것은 아니지만 오랫동안 알려져 있지 않다가, 이제 현대 프랑스 철학 속에 숨쉬고 있는 어떤 것을 아주 강하게 자극했던 것 가운데 하나로 간주되는 독특한 운명을 지니고 있었다. 이러한 오인——이때 철학무대의 최전선을 차지하고 있었던 것은 유해들이었다——을 설명하는 것이 어려운 일이 아닌 것처럼, 이러한 영향을 가늠해 보는 것은 쉬운 일이다——몇 사람의 이름을 거명하는 것으로도 충분할 것이다. 나의 목적은 다른 것이 될 것이다. 나는 과학사에서의 엄격히 전문화된 연구들과 루이 알튀세르의 주위에 모여 있던 맑스-레닌주의 철학자들의 이론적 관심사 사이에서 일어났던 조우의 명백한 역설을 해명하려고 한다.

단도직입적으로 말해서, 이러한 역설을 제거하는 것은 실로 측정할 수 없는 이론적 빚을 인정하는 것이다. 왜냐하면 지난 20년 동안 캉기옘에 의해서 실천되어 온 과학사는 의심할 바 없이, 역사적 유물론——맑스주의 역사 과학——으로의 그 적용이 『자본』에 대한 그 유명한 독해를 가능하게 했던 인식론적 범주들의 가장 훌륭한 사용이었기 때문이다. 내가 보기에 오늘날 역사적 유물론은 신헤겔 학파의 잔해에서 벗어나 있기 때문에 과학사로부터 인식론으로 되돌아올 수 있으며, 필요한 곳에서는 자기 자신의 개념들을 수정함으로써 최근에 다시 밝혀진 성과들을 가지고 이 두 분야를 풍부히 할 수 있다. 더 정확히 말해, 인식론과 과학사가 역사 과학의 장에서 자신들의 장소를 발견하게 될 때가 도래한 것이다. 그러나 오랫동안 개척되지 못하고 있었던 이 분야들에서 나타날 혁명의 가능성은 전적으로 캉기엠의 저서들과 같은 것들의 존재에 달려 있다.

따라서 거기에 어떤 실수도 없도록 하자. 이전에 그늘에 가리워져 있었기 때문에 불일치점들이 나타난다고 하더라도, 그것들은 부차적인 것일 뿐이다. 어쨌든 그것들은 임시적인 것들이다. 왜냐하면 해마다 그것들은 우리 각자의 노력을 발전시킴으로써 수정될 수밖에 없기 때문이다. 나는 이 몇 줄로 독자들이 이 토론에 참가할 수 있기를 기대한다. 캉기엠이 항상 토론을 확고하게 열어 놓았다고 말한다면, 그것은 내가 그에게 줄 수 있는 적지 않은 경의가 될 것이다.

1. 과학사의 새로운 실천

바슐라르적 전통

의심할 여지없이 캉기엠의 텍스트들은 우리를 당혹스럽게 한다. 그 텍스트들에 질서를 부여하고 있는 개념들 주위에 나타나는 문장들에서 볼 수 있는 그 빈틈없는 문체는 약간의 수사학적인 '유희'도 허락하지 않으며, 따라서 그것은 철학적 담론에서 흔히 볼 수 있는 어떤 것과도 거리가 멀다. 그것은 공상을 불러일으키지 않으며, 사색을 촉구하지도 않는다. 그것은 독자들에게 스스로 연구에 착수할 것을 요구한다. 참고 문헌과 날짜의 정확함, 많은 고유 명사들은, 반쯤 정신이 나가 있고 어설프게 관심을 갖고 있는 '계몽된 아마추어'——자신의 동료의 책을 읽을 때 철학자는 당연한 권리로서는 아닐지라도 역할에서 스스로를 '계몽된 아마추어'라고 생각한다——의 기대를 실망시키리라는 것은 명백하다.

이러한 과도하리만큼의 정확성이 갖는 이론의 중요성을 성찰하는 것보다는 그 박식함을 칭찬하는 것이 더 쉬운 일일 것이다. 나는 거기서 철학적 실천에서의 진정한 단절의 가장 명백한 지표를 발견한다. 나는 도발적으로 이렇게 덧붙이고 싶다. "여기 자신이 무엇에 관해서 말하고 있는지를 아는 누군가가 있다." 달리 말해, 이 연구에서 철학적 담론은 자신의 대상과 독특한 관계를 갖는다.

캉기옘은 자신이 파리 대학의 과학사 연구소의 전임 소장이었던 바슐라르로부터 이러한 독창성을 얻었다는 점을 결코 잊지 않는다. 실제로, 바슐라르는 역사성이 그 당시에 '과학 철학'이라고 불리던 것의 대상에 핵심적인 것임을 인식한 최초의 사람이었다. 그는 과학 철학의 대상——과학적 실천들의 분절된 체계——을 역사적으로 결정되는 개념 생산의 관계들로 간주했으며, 인식론자로서 과학자들의 작업을 존중한다는 원칙을 받아들였다.

30년 동안 현대 물리-화학적 과학들에 어김없이 적용된 이러한 '존중'은 바슐라르로 하여금 철학적 혁명을 잉태하고 있었던 다음과 같은 단순 명료한 명제를 기술할 수 있도록 만들었다. 모든 개별 과학은 자신의 역사의 각 순간에 자신의 진리 규범들을 생산해 낸다. 여기서 바슐라르는 철학사 속에 거의 전례가 없는[1] 단절을 새겨 넣고 있었던 것이며, 철학에 관한 '비-철학적' 이론의 요소들을 등장시키고 있었던 것이다. 실제로 이러한 이론들은 자신의 '대상'으로서 단순한 질문, 즉 '진리'(The Truth)라는 질문의 반복적 동일성을 역사적으로 결정되는, 언제나 고유한 규범들의 생산으로 대체한 것처럼 보인다. 진리 범주는 천명에 의한 보편적이고 절대적인 범주로서, 그것은 그것이 떠받치고 있는 이론들의 장을 제한하는——필연적으로 폐쇄하는——그림자를 드리운다. 과학들——이 과학들을 '근거짓는' 것이 진리 범주의 사명이었다——의 실제적 실천이라는 이름으로 진리라는 절대적 범주를 무효화함으로써, 바슐라르는 철학으로부터 과학들의 참모습에 대해서 이야기할 수 있는 권리를 빼앗았으며, 철학자들의 그 진리에 대해 그 진상을 밝히는 것을 자신의 임무로 받아들였다.

그 진상은 다음과 같다.

——철학이 '인식이론'을 자신의 주요 구성 요소로서 포함하고 있는 한, 모든 철학의 본질적인 결정은 그것이 과학들과 맺고 있는 고유한 관계이다.

——이 고유한 관계는, 비록 그것이 상이하고 심지어는 상반되는 형태들(관념론이나 경험론)을 취할 수 있다고 하더라도, 언제나 과학자들의 실제적 작업에 대한 철학자들의 철학의 '전위'나 '분산' 혹은 '이탈'의 관계이다.

이러한 작업의 핵심 개념인 '인식론적 장애' 개념은 명확하게 이러한 상황을 설명해 주고 있다. 철학자들의 작업은 과학들이 대상을 갖는다는 의미에서는 어떤 대상도 갖지 않는다. 그것은 상상적인 것 속에서 산다. 혹은 더 정확히 말하면, 그것은 상상적인 것으로 산다. 그런데 그

1) 나는 '거의' 전례가 없다고 말했다. 왜냐하면 스피노자와 맑스는 각기 자신의 방식으로 바슐라르에 앞서 이러한 길을 걸었기 때문이다.

상상적인 것은 철학이 과학적 실천으로부터 자신이 취하고 있는 분산의 공허함을 '실제적인' 것의 모든 정합성을 갖고 있는 대상의 풍부함으로 간주하게 만든다. 바슐라르는 쉽게 제거되지 않는 이러한 오류를 인간 영혼에 대한 위대한 상상적 논제들의 영원한 지배에 관련시킨다. 이것이, 그가 자신이 새로운 분야를 확립했다고 생각하는 이유이다. 그 새로운 분야란 '객관적 인식의 정신 분석'으로서, 그것은 철학적 신기루에 대항해 과학자들을 보호하고, 그들이 자신들의 실제적 실천에 관한 투명한 철학을 진술할 수 있도록 돕는 기능을 갖는 과학자들을 위한 일종의 '카타르시스'이다.

이러한 시도가 철저하게 실행되지 못했다는 사실은 크게 중요하지 않다. 반면에 이렇게 함으로써 바슐라르가 과학 철학이 혁명적 전위를 경험하도록 만들었다는 사실을 밝혀 두는 것이 중요하다. 그는 그 누구도 점령하지 못했던 과학 철학을 위한 장소를 지적했다. 그곳은 빈자리이다. 그러나 사람들은 그곳을 각각의 과학적 실천과 철학이라는 휘장하에 그곳에 개입하는 이데올로기들이 만나는 자리로 인식했다. 동시에 그는 불가분 **논쟁적이고 역사적인** 이중의 임무를 과학 철학에 부여했다. 그것이 논쟁적인 이유는, 철학적인 것과 비-철학적인 것의 분리는 투쟁――어떤 한 철학의 다른 철학에 대한 투쟁, 철학자들의 철학의 제국주의에 대한 해방 투쟁이기 때문이다. 그것이 역사적인 이유는, 이러한 분리는 고찰되고 있는 분야의 내적인 역사와 내부로부터 그것을 포위하고 있는 이데올로기들의 역사와 관련해서만 이해될 수 있기 때문이다.

이러한 상황에 주목함으로써, 캉기옘은 바슐라르에 관한 한 논문에서 다음과 같이 쓸 수 있었다. "과학사에서 바슐라르의 입장이 갖는 독창성을 간파해 내는 것이야말로 진정으로 중요한 일이다. 어떤 의미에서는 그는 이 분야에서 아무것도 하지 않았다. 그러나 또 다른 의미에서 그는 항상 어떤 일을 했다. 과학사가 한 논문이 판을 거듭하면서 보여주는 변형태들을 고찰하는 것으로 구성된다면, 바슐라르는 과학사가가 아니다. 과학사가 방해받고 반복되고 수정되는 힘겨운 지식의 축조를 평가할 수 있도록——따라서 동시에 이해할 수 있도록——하는 것으로 구성된다면, 그렇다면 언제나 바슐라르의 인식론은 사실상 과학사이다."[2] 캉기옘이 생각하고 있고 그 자신에 의해서 실천된 과학사에 대한 보다 나은 정의는 아마 없을 것이다. 그를 바슐라르의 상속인으로 간주하는 것이 전적으로 정당해 보이는 것은 바로 여기서이다. 인식론의 대상이 갖는 역사성에 대한 인식은 과학사에 대한 새로운 견해를 낳는다. 바슐라르의 인식론은 역사적이었다. 캉기옘의 과학사는 인식론적이다. 이는 양자가 인식론과 과학사 사이에 확립하고 있는 혁명적인 통일을 기술하는 두 가지 방식이다.

왜냐하면 나는 다음과 같이 덧붙여야만 하기 때문이다. 그의 인식론이 그 자체로 역사적이기 때문에 그의 과학사는 오직 인식론적일 뿐이다. 증명. 생물학에서의 실험에 관한 인식론적 질문을 검토하고 있는 『생명의 인식』에서 논쟁적인 형식으로 나타나고 있는 것은 과학사이다. 그의 설명은 이러하다. 근육의 수축에 관한 수업에서, 물이 든 비커에 근육을 떼어 놓고 전기적 충격을 가하면 근육은 수면의 높이를 변화시키지 않으면서 수축한다는 것을 증명하는 고전적 실험을 수행했을 때, 교사는 하나의 사실을 확립했다는 것에 매우 기뻐한다. 이러한 '사실'로부터 그는 다음과 같은 결론을 내릴 것이다. 수축은 근육의 부피를 변화시키지 않는 형태 변화이다. 캉기옘은 다음과 같이 논평한다. "이

---

2) *Etudes d'histoire et de philosophie des sciences*, p. 178. 캉기옘의 상세한 저서 목록은 2부 부록을 보라.

러한 식으로 교습되고 있는 실험적 사실이 어떤 생물학적 의미도 갖고 있지 않다는 것은 인식론적 사실이다. 그 실험적 사실은 단지 상황만을 지시할 뿐이다"[3] 이러한 사실에 이와 같은 의미를 부여하기 위해서, 우리는 이러한 종류의 실험에 대해서 사고했던 최초의 인물 스왐메르담(Swammerdam, 1637~1680)까지 거슬러올라가야 한다. 그는 갈레노스와 스토아 학파에 기원을 두고 있는 당시의 지배적 이론에 반대해서, 수축의 경우에 근육에는 어떤 요소도 덧붙여지지 않는다는 것을 보여 주고자 했다. 이러한 논쟁으로부터 고립되어 역사 없는 교육으로 굳어짐으로써, 소위 이와 같은 사실은 실제로는 역사적인 그 참모습 잃고, 어떤 독단적 인식론의 주춧돌인 '실험 방법'에 관한 무미건조한 논문들 속에서나 나타나게 될 것이다. 만약 인식론이 '과학'(Science) 혹은 '과학들에서의 이성(Reason)'의 일반적 절차들, 방법들, 결과들을 기술하는 것이라면, 캉기옘이 생산해 낸 것은 없다고 말할 수도 있다. 반대로, 인식론이 과학자들의 실제적인 실천 속에서 제기되고――혹은 회피되거나――해결되고 해체되는 문제들을 드러내는――발견하고 분석하는――것이라면, 그는 언제나 그렇게 하고 있다. 캉기옘과 관련하여 바슐라르의 작업에 대해 내가 적용했던 정식에서 내가 표현했던 역전은 단순한 기교가 아니라는 점을 주의하기 바란다. 그것은 내가 방금 그 중요성을 강조했던 통일, 그리고 아직은 우리에게 그 마지막 교훈을 드러내지 않고 있는 통일을 단순히 번역한 것에 불과하다.

캉기옘에 의해 개시된 과학사의 실천은 이렇게 자신의 고유한 영역에서 바슐라르의 인식론적 범주들을 작동시키고 발전시키고 수정하기 시작한다. 그것은 동일하게 자신의 대상과 고유한 관계를 가지며, 철학에서 바슐라르가 돌파해 냄으로써 드러난 공간에 자리 잡음으로써 철

3) *La connaissance de la vie*(2nd edn), p. 18.

학자들의 철학에 대한 논쟁을 추구하고 심화시킨다. 어떤 글쓰기(écriture)의 형식을 진지하게 받아들임으로써 나는 하나의 계보를 복구할 수 있었다. 이 계보는 내가 캉기옘에 의해 도입된 개념들의 새로움에 어떤 의미와 가치를 부여할 수 있도록 해주고 있다. 이러한 새로움이 논쟁적 형식을 띤다는 것은 놀라운 일이 아니다.

인식론적 명제들

과학사는 연대기가 아니다. 캉기옘은, 전통의 형식으로 스스로를 성찰한다고 말할 수 있는 과학사에서의 한 전통을 공격한다. 그 전통이란, 흘러간다는 것(혹은 지나간다는 것)이 유일한 미덕인 선형적이고 동질적인 시간의 선을 따라 획득된 진리들과 미해결된 문제들의 (한 과학자로부터 다른 과학자로, 혹은 한 시대에서 또 다른 시대로의) 전달이다. 이러한 과학사는 상세한 전기, 그럴듯한 일화들, 교육적인 기념비들을 즐겨 다룬다. 우리 모두는 적어도 한번쯤은 그것들 속에서 길을 잃어 본 경험이 있기 때문에 이러한 개념의 사막의 회색 모래를 알고 있다. 그러나 이러한 과학사의 선택된 대상인 '선구자'에 대한 연구보다 더 유혹적인 것은 없을 것이다. 어쨌든 우리가 그것의 암묵적인 철학적 전제들을 파악하는 데 그것보다 더 좋은 것은 없다. 따라서 나는 주저하지 않고 캉기옘이 이 '선구자의 해독'을 분석하고 있는 최근에 씌어진 다음 구절을 다시 옮길 것이다.

> 엄격히 말해서, 만약에 선구자들이 존재한다면, 과학사는 무의미해질 것이다. 왜냐하면 과학 그 자체는 명백히 역사적인 차원만을 갖게 될 것이기 때문이다……선구자는 다른 사람에 의해 보다 최근에 완성된 길로 과거에 몇 발을 내디뎠던 사상가, 연구자로 간주된다. 선

구자들을 찾고 발견하고 축복하려는 의지는 인식론적 비판에 부적합함을 보여 주는 가장 명백한 징후이다. 두 지점을 한 길의 양 극단에 설정하기에 앞서, 그것이 진정으로 동일한 길인가를 확인하는 것이 필요하다. 정합적 지식에서, 한 개념은 다른 개념들과 관련을 맺고 있다. 사모스 섬의 아리스타르쿠스는 태양중심설을 생각했었지만, 그렇다고 그가 코페르니쿠스의 선구자가 되는 것은 아니다. 비록 코페르니쿠스가 그를 전거로서 언급하고 있다 해도 그렇다. 천체의 운동의 준거 중심을 변화시키는 것은 높낮이를 상대화시키는 것이며, 그것은 우주의 차원들을 변화시키는 것이다. 요컨대 그것은 하나의 체계를 구성하는 것이다. 따라서 코페르니쿠스는 합리적 체계가 아니라는 이유로 자신에 앞서 있던 모든 천문학 이론을 비판했다. 선구자는 여러 시대의 사상가, 즉 자기 자신의 시대와 그의 후계자들 즉 그가 완성하지 못한 계획의 실행자들의 이름으로 그에게 주어진 시대들의 사상가로서 간주된다. 따라서 선구자는, 역사가가 그를 다른 문화적 틀에 끼워 넣기 위해서 그가 속해 있는 문화적 틀로부터 빼낼 수 있다고 생각하는 사상가이다. 그런데 이는 개념들, 담론들, 그리고 사변적이거나 실험적인 행위들을 지적 공간에서 전위시키거나 대체할 수 있는 것으로 간주하기에 이른다. 그런데 그러한 지적 공간에서 관계들의 가역성은 거기서 다루어지고 있는 대상의 역사적 측면을 망각함으로써 가능했다.[4]

이 구절은, 과학사가 과학 개념의 생산이 갖는 역사성을 고려함으로써 획득할 수 있는 비판적 이점을 보여 주고 있다. 각각의 과학은 자기 자신의 운동과 리듬 그리고 더 정확히 말하면, 자신의 고유한 시간성

---

4) *Etudes d'histoire et de philosophie des sciences*, pp. 20-21.

(temporality)을 갖는다. 그 역사는 결코 소위 '일반적 시간 흐름'의 '횡적 조직'(lateral fibre)도 아니며, 맹아——이 맹아 속에는 아직은 완전히 전개되지 못했지만 현상태의 요체가 이미 완성되어 놓여 있다——의 발전도 아니다. 그 역사는 재구성, 단절, 변전을 통해서 나아간다. 그것은 '위기의' 지점들에서, 즉 템포가 보다 빨라지거나 정반대로 보다 느려지는 지점들에서 방향을 전환한다. 그것은 갑작스러운 가속과 갑작스러운 후퇴를 경험한다. 마지막으로, 그 역사가 상대적인 자율성을 갖고 있는 것은 의심의 여지가 없지만, 그것이 자신의 개념들을 자율적으로 배치하는 순수한 '지적 공간'은 허구이다. 과학은 캉기옘이 여기서 '문화적 틀'이라고 부르는 것으로부터, 즉 과학이 기입되어 있는 사회구성체의 관계들과 이데올로기적 가치들의 체계로부터 오직 인위적으로만 분리될 수 있다.

과학들의 '연대기적 역사'를 활성화시킨 '선구자의 해독'은 바람직스럽지 못한 결과로서 사건들(accidents)이라는 유행병을 갖는다. 과학사의 대상에서 모든 실제적인 역사성이 부인될 때, 실제로 어떤 원인의 결과로서 어느 때라도 어떤 것이 일어날 수 있다. 이때 분석은 놀라움으로 대체된다. 몇몇 역사가들은 항상 소위 '사건들'을 찬양하는데, 그들에 따르면 사건들은 '과학의 경이'를 '기술의 기적'과 결합시킴으로써 인간의 모험에 대해서 어떤 것을 알게 해준다……이때 과학사는 완전한 모험 소설이 된다. 캉기옘은 이러한 견해에 반대 입장을 취한다.

이렇게 해서 두번째 인식론적 명제가 나오게 되는데, 그것은 이렇게 말할 수 있다. 과학사는 일련의 사건들에 관한 이야기가 아니다. 이에 대한 설명으로 「갑상선에 관한 19세기의 병리학과 생리학」[5]이라는 논

5) "Pathologie et physiologie de la thyroide au XIX siècle", *Thalès*, IX, 1959 ; reprinted in *Etudes d'histoire et de philosophie des sciences*, pp. 274-94.

문보다 더 나은 것은 없을 것이다. 그 밑에 깔려 있는 이론적 의도를 인식하지 못한다면, 이 논문의 대상은 단지 궤변에 불과한 것일 수도 있다. 생리학의 역사에 대한 실제적인 관심을 추상하고 보면, 그 의도는 자신의 고유한 지반 위에서 과학사를 '우발적인'(contigent) 것으로 보는 견해을 반박하는 것이다. 갑상선과 관련한 병리학의 역사는 실제로 이중의 사건에 의해서 지배되고 있는 것처럼 보인다. 그것은 요오드의 발견이라는 사건과 치료에 요오드를 도입한 사건이다. 캉기옘은 이 사건들은 그 어느 것도 우연적이지 않다는 사실을 보여 준다.

요오드의 발견은 조우의 형태로 나타난다. 그것은, 해초의 재에서 상당량의 소다를 얻기를 원했으나, 매우 슬프게도 뜻밖에 자신의 금속 도구들을 심하게 부식시킨 한 부수적 물질의 생성에 놀란 파리의 한 초석 생산업자인 베르나르 쿠르트와(Bernard Courtois)와 그가 조언을 구하기 위해 찾아 갔던 클레망(Clément)과 데조르므(Désormes)라는 두 화학자들 사이의 조우이다. 이것이 1812년에 요오드가 발견된 경위이다. 기술적 실패로부터 유래하는 이론적 재구성의 전형적인 예로서, 이 발견은 완전히 우연적인 것처럼 보인다. 그러나 이 시대의 화학은 일반적으로 유기 화합물에서 나타나는 활성 물질들을 조사하고 확인하는 경향을 띠고 있었으며, 이러한 경향은 산업으로부터의 요구에 의한 것이었음을 기억한다면, "어떤 의미에서 요오드의 발견은 어쨌든 다른 길을 통해서라도 그것을 요구했었을 이론적, 기술적 맥락에서 우연적이지 않게 발생했다"[6]는 결론을 이끌어 낼 수 있다. 30년도 못 되어 똑같은 요구의 결과로 모르핀, 스트리키니네, 키니네, 알리자린, 코데인이 모두 분리되었다는 사실이 그 증거로서 제시될 수 있다.

요오드가 임상의학에 도입된 것에 대해서 말하자면, 그것은 임상의학

6) *ibid.*, p. 283.

의 역사에서의 한 변전에 의존해 있다. 미셸 푸코의 『임상의학의 탄생』 이후로 우리에게 잘 알려져 있는 이 변전은, 히프크라테스적 유형의 자연(expectant) 의학의 포기와 클로드 베르나르가 '경험'(empirical) 의학이라고 부르려던 것의 출현으로 표현된다. 이것은 아직 '실험'(experimental) 의학은 아니었다. 그러나 그것은 마치 실험 의학처럼 질병들을 기술되고 분류되어야 할 본질로 보지 않고 건강을 회복하기 위해서 능동적인 작용을 가해야 할 대상으로 간주했다. 이렇게 해서 합리적으로 통제할 수 있는 화학 작용들을 만들어 낼 수 있다는 생각이 약리학에 도입되었으며, 그것은 환자들이 섭취해야만 했던 물질들의 '본질적 효능'에 대한 지금까지의 맹신을 제거했다. 따라서 제네바의 의사 장 프랑수아 쿠엥데(Jean-François Coindet)가 1821년에 요오드로 갑상선 기능부전증을 치료할 수 있다는 생각을 했던 것은 우연이 아니다.

캉기옘은 더 나아간다. 그는 어떻게 '연대기적인 역사'와 '우연적인 역사'가 동일한 기원을 갖게 되는가를 보여 준다. 그 동일한 것이 양자 모두에게 문제가 된다. 그 둘은 모두 명백하게든 암묵적으로든 특정 역사 철학에 의존해 있다. 물론 이 역사 철학은 다양한 형태들을 취할수 있다. 그러나 그것은 변하지 않는 하나의 효과를 갖고 있다. 그 효과란, 가장 최근에 나타난 과학이론에 대해서 그것에 앞선 이론들의 타당성을 측정해서 보여 주는 것이다. 따라서, 뜻밖에 닥친 불행들을 무마해 주는 것들, 즉 운좋은 선구자들의 천재적인 성과들이 있다고는 하지만, 과학사는 인간 이성의 오류들의 박물관일 뿐이다. 캉기옘은 말한다. 이런 경우에, "과학자에게 과학사는 그가 고민하면서 보낸 한 시간만 못하다. 왜냐하면 이러한 관점에서는 과학들의 역사는 이야기(history)일 뿐 과학들의 역사는 아니기 때문이다." 그는 계속해서 "그러한 태도는 과학에 대한, 그리고 이렇게 말할 수 있다면, 과학적 비판에 대한 독단적인 견해, 즉 계몽주의(Aufklürung)의 견해이고, 콩도르세와 콩트의 견해인 '인간 정신의 진보'라는 견해를 전제한다. 이러한 견해 위에 걸쳐 있는 것은 지식의 특정 상태에 대한 신기루이다……이 신기루를 지배하고 있는 인식론적 가정은 '연대기적 우선성은 논리적 열등성이다'는 가정이다."[7] 역사 철학——주어진 철학의 영역에서 이론 체계의 형태로 나타나든 그렇지 않든——은 지식의 실제적인 역사성을 특히 철학적으로 무화시키는 것을 거부하는 기능을 가져야만 한다고 말할 수 있다. 그것은 모든 인식이론이 자신의 출현의 역사적 조건들을 지워 없애기 위해 스스로가 준비한 보증이다. 그것은 억압되고 있는 인식론과 과학사의 통일에 대한 상상적 대체물이다. 다시 말하면, 그것은 신성하고 영원한 참과 거짓의 논리를 가지고 비-지식으로부터 지식으로의 이행을 희석화시킨다.

개념들의 역사

이런 유형의 모든 역사 철학을 거부함으로써 캉기옘은 이론들의 연쇄보다는 개념들의 계보에 더욱 관심을 갖게 된다. 자신의 논문 「17, 18세기에서 반사 개념의 형성」(1955)의 서론에서, 캉기옘은 이러한 역전된 관점들에 대한 가장 명확한 설명을 제공하고 있다. 다시 한 번 그의 말을 직접 들어 보자. "개인적으로 나는 과학사의 문제에서 논리의 권리들이 역사 논리의 권리들에 굴복해서는 안 된다고 생각하고 있다. 따라서 유사한 논리와 동일한 착상에 따라 이론들을 연속적으로 배열하기 전에, 우리는 먼저, 어떤 주어진 이론——우리는 이 이론 속에서 잠재해 있는 것이든 드러나 있는 것이든 어떤 개념을 드러내려고 한다——앞에서, 우리가 그 이론에 대해서 갖고 있는 이해에는 내적인 정

---

7) *La connaissance de la vie*, pp. 43-44.

합성에 대한 관심이 결여되어 있지는 않은지를 확인해야 한다.……어떤 이론이 원리들의 체계라는 형태로는 거의 아무것도 남아 있지 않더라도, 이론은 측정된 결과들과 원리들을 연결시킴으로써 그 원리들을 판단하는 것만을 통해서도 오류인 것으로 주장될 수 있다. 이는 그 원리의 각 부분들이 부정합적이기보다는 서로 조절되고 병렬되기보다는 함께 결합되어 있을 수밖에 없다는 것을 함축한다. 이러한 사실은 우리로 하여금 다른 방향에서 개념들의 계보들을 추적하도록 만든다. 19세기에 유행한 반사이론을 예고했던 비자발적 행동에 관한 이론의 저자는 누구인가를 묻기 전에, 우리는 오히려 근육 운동과 신경 작용의 이론은 반사 운동과 같은 개념에 관해서 무엇을 내포해야 하는가를 묻고, 생물학적 현상과 광학적 현상을 동일시하는 것을 숨기고 거기서 진리의 의미, 즉 무엇보다도 다른 개념들의 체계와의 논리적 정합성이 갖는 의미를 발견해야 한다."[8] 이러한 신중한 논의들은 동시에 역사에 대한 논리적 견해와 프로그램의 정식화에 대한 금지 선언이며, 더 정확히 말해 다음과 같은 방향의 역사적 분석을 위한 지침 혹은 규정이다. 역사적 분석은 개념으로부터 이론으로 나아간다. 그러나 그 역은 아니다. 이것이 캉기옘에게 개념을 정의하는 것이 문제를 정식화하는 것과 같은 이유이다. 그런데 어떤 문제의 정식화는 동시에 합리적으로 구성된 특정 수의 다른 개념들의 존재를 필요로 하는데, 그것들은 문제의 해결을 제시하는 이론들에 반드시 나타나야 하는 개념들은 아니다. 달리 말해, 피에르 마슈레이가 「조르주 캉기옘의 과학 철학」이라는 이미 오래된 한 논문에서 지적했듯이, "자신의 역사를 구성하는 통시적 계열의 도처에 어떤 한 개념이 계속해서 나타나고 있다는 것은 한 문제의 영원성에 대한 증거이다. 이때 중요한 것은 연속되는 이론들 속에서 '그 문제

8) *La formation du concept de réflexe aux XVIIe et XVIIIe siècles*, pp. 5-6.

에 이미 주어진 것으로 생각할 수 있는 어떤 한 해결책 내에서의 그 문제의 영속'을 인식하는 일이다."[9]

캉기옘이 개념들의 출현의 조건들에, 즉 결국에는 문제들이 정식화될 수 있도록 만드는 조건들에 그의 관심을 집중시켜야만 했다는 것을 이해할 수 있다. 개념들이 기능하고 있는 이론들은 오직 사건이 일어난 뒤에 나타난다. 이러한 길에는 새로운 장애가 나타난다. 그리고 새로운 과제가 부여된다. 단어의 존재와 개념의 존재를 구별하는 방법을 아는 것이 중요하다. 캉기옘은 종종 우리에게 다음을 상기시킨다. 단어는 개념이 아니다. 바슐라르의 논제를 충실히 따르고 있는 그는, 단어의 존재로부터 개념의 존재를 연역해 낼 수 있는 메커니즘이 존재할 어떤 가능성도 없음을 보여 준다. 더욱이 하나의 동일한 단어가 상이한 개념들을 숨긴다. 이것이 바로 과학 연구의 언어를 세밀하게 조사해야 하는 이유이다. 메타포와 유추는 분석되어야 하며, 그것들의 기원이 되는 지반으로까지 거슬러올라가야 한다. 반사의 경우에, 우리는 방금 역사가들에 의해서 무시되어 온 광학적 메타포가 곧바로 의문을 유발하고 있음을 보았다. 거꾸로, 단어의 부재가 반드시 개념의 부재의 지표인 것은 아니다. 개념이 본질적으로 문제틀이라면, 아마 문제의 정식화는 그 단어가 만들어지거나 다른 이론 영역에서 도입되기 이전에 이루어질 것이다. 실제로, 단어는 가장 의식되지 않고는 있지만 가장 지속적으로 '이론적 대여'의 매개체 역할을 한다. 이때 이론적 대여란, 한 과학 영역에서 다른 과학 영역으로의 대여, 혹은 종종 보다 심각하고 많은 결과들을 갖는 비-과학적 이데올로기적 가치들의 과학으로의 도입을 말한다. 이 점에 대해서는, 세포이론에 대한 연구를 다시 검토하면서, 세

9) "La philosophie de la science de Georges Canguilhem", *La Pensée* no.113, January-February 1964, p. 66.

포라는 용어가 어떻게 시대에 따라 상이한 사회학적, 정치적 가치들의 매개체가 될 수 있는지를 살펴보자. 또한 그것이 과학과 철학에게 어떤 비용을 요구했는지를 살펴보자.

오켄(Oken, 1779~1851)에 대해 캉기옘은 이렇게 쓰고 있다. "유기체는 오켄에 의해서 사회라는 이미지 속에서 사고되고 있다. 그러나 이 사회는 계몽의 정치 철학에서 사고되는 바와 같은 개인들의 연합체라기 보다는 오히려 낭만주의 정치 철학에 의해서 사고되고 있는 것과 같은 공동체이다."[10] 좀더 일반적으로 표현하면 "세포 개념의 역사는 개체 개념의 역사와 분리될 수 없다. 나는 이러한 사실을 통해 사회적이고 정서적인 가치들이 세포이론의 발전을 주도한다는 주장을 이미 정당화한 바 있다."[11] 캉기옘은 현재 몽펠리에 학파에 의해 대표되고 있는 '생기론자'가 프랑스에서 부닥쳤던 장애들을 이와 같이 설명한다. 그는, 이러한 조류를 통해 받아들인 독일의 낭만주의 생리학의 기초 개념들이 그 시기의 프랑스 이념들과는 근본적으로 다른 정치 사상에 자양분과 정당화를 제공했다는 점을 주목한다. 그에 대한 반론이 의학 분야에서 아주 공개적이고 날카롭게 제기된 것은, "프랑스 정치 사상이 유럽 지성에게 사회 계약과 보통 선거권을 제안하고 있었던 바로 그 시기에, 프랑스 의학의 생기론 학파가 분석적 이해를 뛰어넘는 생명의 이미지를 제안했기"[12] 때문이다.

세포이론에 대한 오귀스트 콩트의 지속적인 적대감——이것은 또 다른 예이다——을 설명해야만 할 때, 우리는 그가 비샤(Bichat)의 연구에 보여 주었던 존경을 반드시 기억해야 한다. 비샤는 조직(tissue)을

10) *La connaissance de la vie*, p. 61.

11) *ibid.*, p. 62.

12) *ibid.*, p. 63.

분석이 멈추어야 하는 최종적 요소로서 간주했다. 조직은――비샤는 바르테와 몽펠리에 학파로부터 이러한 도그마를 받아들였다――"그로부터 생명체가 만들어지는 옷감이며, 생기론자가 요구하는 바 생명의 연속성에 대한 충분한 이미지다."[13] 그러나 우리는 또한, 콩트가 이렇게 비샤에게 충실한 것은 엄격하게 생물학적인 것과는 다른 동기들을 갖고 있다는 것을 이해해야 한다. 콩트에게, "사회에서 개인이 추상된 존재인 것과 꼭 마찬가지로, 생물학에서 '유기적 단자들'(organic monads)――콩트는 세포들에 대해서 이렇게 말하고 있었다――은 추상된 것들이다." 여기서 분명히 나타나듯이 단어는 이데올로기――이론적이고 실천적인 이데올로기들――가 과학적 실천에 개입하는 지점이다.

이 분석을 끝맺기 위해서는 **환경**, **유기체**, **진화** 등의 개념들에 대한 연구를 검토해야만 한다. 이 일을 하면서 나는, 내가 세포 개념을 가지고 간단하게 했듯이, 언어의 사선을 좇아가면서 한 개념의 그 '탄생'의 시기로부터의 변형 - 왜곡을 추적해야 한다. 이때 한 개념의 탄생이란 특정 문제가 정식화되기에 이르는 절대적 시초이다. 변형 - 왜곡은 결국 상이하고, 심지어는 모순적이기도 한 이데올로기적 결정들의 효과로서 다양한 이론적 영역에서 한 문제가 계속해서 재정식화되고 있음을 보여 주는 지표이다.

이렇게, 어떤 과학의 '대상'에 대해서 말하는 것은, 캉기옘에게는 제기되고 해결되어야 하는 문제에 대해서 말하는 것이다. 어떤 과학의 역사에 대해서 말하는 것은 어떻게――어떤 이론적이거나 실천적인 동기들 때문에――과학은 그 문제를 해결하기 위해 그 대상에 접근했는가를 보여 주는 것이다. 이렇듯 그와 함께 한 과학의 역사는 **투쟁** 혹은 논쟁의 형식을 띤다. 맑스의 표현을 빌리면, 그것은 "사상의 양식으로 세

13) *ibid.*, p. 64.

계를 전유하려는" 사람의 투쟁, 과학적 실험을 위한 투쟁이다. 역사가의 기능은 그 국면들을 분석하는 것이며, 그는 자기 자신을 승리와 패배의 대차대조표를 작성하는 데에만 제한하지 않고 지반의 갑작스러운 변화들, 예기치 못한 후퇴와 갑작스러운 발단을 설명할 수 있어야 한다. 요컨대, 그는 그 역사를 '구성하는' 일련의 이론적 실천적 접합들(conjunctures)을 분석할 준비가 되어 있어야 한다.

역사의 역사

이와 같이 '개념들의 역사'로서 간주되고 있는 과학사는 예기치 못했던 계보들을 드러내고, 새로운 시대 구분을 확립하며, 잊혀진 이름들을 세상에 드러내고 전통적이고 공식적인 연대기를 혼란에 빠뜨린다. 요컨대 그것은 독단적인 역사가들의 고요한 담론과 항상 엇갈리고 충돌하는 특성을 지닌 '수평적 역사'(parallel history)를 그린다. 이때 새로운 질문이 제기된다. 시간의 실을 '객관적으로' 추적하고 있는 것처럼 주장하는——언제나 진지하게 되풀이되는——이 이상한 담론의 위상은 무엇인가? 이 담론이 추적하고 있다고 주장하는 과학들의 실제적인 역사를 그것이 설명하지 못하고 있는 것이 사실이라면, 우리는 그러한 맹목적인 아집을 어떻게 설명해야 하는가? 그것은 어떤 다른 실재를 표현하고 있는 것인가? 더 정확히 말하면, 이때 어떤 이해들이 과학자들이 허구적인 이야기 속에서 자신들이 속한 분과의 역사를 인식하도록 만드는가? 이 허구의 목적과 메커니즘은 무엇인가?

『반사 개념의 형성』의 특출한 부분인 2부에서 한 특별한 점과 관련해 답변되고 있는 것들은 바로 이러한 질문들이다. 1부에서, 캉기옘은 일반적으로 받아들여지고 있는 견해와는 반대로 반사 개념은 역학적 유형의 병리학이론의 장에서 출현하지 않았다는 사실을 확립했다. 그는,

일반적으로 그 개념의 기원으로 간주되었던 데카르트는 그것을 형성시킬 수 없었다는 것을 보여 주고 있다.

> 반사 개념의 형성은, 신경과 근육에서의 정신의 운동과 관계된 이론들의 영역에 속하는 데카르트의 병리학에서 그것의 주요 장애를 만났다. 그에 따르면, 정신은 오직 무의식적인 운동 결정의 원심적 국면에서만 작용하기 때문에, 뇌로부터 근육으로의 정신의 운동은 일방적인 운동이기 때문에, 데카르트는 주변에서 중심으로의 어떤 흐름의 운송은 그 출발점으로 되돌려지거나 반사될 수도 있다는 것을 생각할 수 없었다.[14]

실제로, 데카르트의 텍스트를 세밀히 분석함으로써, 캉기옘은 어떤 순간에도 그러한 운동은 사고되고 있지 않으며, 게다가 반사라는 말이 전혀 나타나지 않고 있다는 것을 보여 주고 있다.

그렇다면 그 개념은 어디에서 출현하는가? 그것은, 정말 환상적인 이론——그리고 역사가들에 의해서 철저히 무시되어 온 이론——속에서, 생명을 빛에 비유함으로써 반사 운동을 생각할 수 있도록 만든 생기론적 유형의 이론 속에서 출현했다. 이렇게 하여 옥스포드의 자연 철학과 의학 교수인 토머스 윌리스(Thomas Willis, 1621~1675)와 프라하 대학의 해부학 및 안과학 교수인 게오르그 프로차스카(Georg Prochaska, 1749~1820)의 이름들이 오래된 망각으로부터 다시 출현했다. 이것은, 윌리스가 대담하게 생명을 포괄적으로 빛으로 생각했고, 운동을 기술하기 위하여 광학적 반사 법칙들에 의존함으로써 데카르트가 놓쳤던 두 영역 사이의 연관을 깨달았기 때문이다.[15] 그러나 윌리스와 프로차스카는

14) *La formation du concept de réflexe aux XVIIe et XVIIIe siècles*. p. 51.

역사가들에 의해 잊혀졌다. 그러한 망각을 우리는 어떻게 설명해야 하는가? 더 정확히 말해, 데카르트에 의한 윌리스의 대체를 우리는 어떻게 설명해야 하는가? 물론 우리는, 한 개념은 이후에 자신의 본질적인 기능이 작동하게 될 이론과 동질적인 이론 영역 속에서 반드시 나타나야 한다는 인식론적 편견을 소환해야 한다. 현재의 경우에서는, 이러한 관점에서 볼 때 역학적 이론만이 이 조건을 충족시킨다. 데카르트의 몇몇 문구들과 도식들은 그것만으로도 존재하지 않은 것을 찾으려하는 시도의 유사한 예가 충분히 되고 있다. 그러나 이러한 편견, 즉 체코 과학자들의 결정적인 기여에 대한 침묵이 끈질기게 지속적으로 끼치고 있는 효과는 아직 이해되고 있지 못하다.

바로 여기서 캉기옘은 공식적인 역사의 평온한 독단주의하에서 정치가 결정적인 역할을 하고 있음을 입증하는 냉엄한 논쟁의 세계 전체를 열어 제친다. 예를 들면, 우리는 베를린 대학에서 병리학 강좌를 맡고 있었던 뒤 브와 레이몽(Du Bois Reymond, 1818~1896)을 발견하게 되는데, 그는 프로차스카를 내쫓기 위하여 데카르트를 전면에 내세웠다. 그런데 그는, 이 경우에서는 프로차스카에 의해 구체화되고 있는 피지배 민족의 과학에 대한 '강력한' 과학의 민족주의적 우월성을 주장하기 위하여 그렇게 했던 것처럼 보인다. 이리하여 허구의 동기들이 드러난다. 그것들 자체는 결코 허구적이지 않다. 반대로, 그것들은 아주 현실적이며, 객관적인 것으로 가장되고 있는 역사가들의 담론에서는 허용될 수 없는 것을 드러낸다. 오직 인식론적 역사만이 그러한 '비판적' 임무를 수행할 수 있다. 반사 개념의 역사는, 다른 영역들의 다른 대상들과 관련하여 다른 실현태들을 가져야만 하는 장르의 모델로 남을 것이다.

내가 방금 요약한 일반적인 인식론적 논제들은 그 자체로 추상적으로

---

15) *ibid.*, p. 66.

서술되지 않는다. 그것들은 생물 과학들의 역사를 다루는 정확하고 구체적인 연구들을 토대로 가공되고 적절하게 수정된다. 그것들은 생물 과학들과 긴밀히 연관되어 있다. 이러한 연관성은, 우리가 보게 될 것처럼, 불가분하게 캉기옘의 기획에서 가장 강한 고리이자 약한 고리이기도 하다. 그것이 가장 강한 고리인 것은, 그러한 연관성이 그 인식론적 논제들에 그것의 실체와 성과를 부여하고 있기 때문이다.* 그것이 가장 약한 고리인 것은, 이러한 연관성은, 그것이 나타나는 한에서는 사실상 그 이론을 위해서 나타나고 있기 때문이다. 따라서 나의 분석 대상이 되고, 그리고 결국에 가서는 나의 질문의 대상이 되고 있는 것은 이러한 연관성이다.

2. 생물 과학들의 인식론적 역사

생물 과학들의 역사가 문제가 되는 곳에서, 캉기옘의 연구는 이중의 관심사에 의해 지배되고 있다. 그 대상의 특수성을 드러내는 것과, 의학——'수많은 과학들의 교차로에 위치한 바로 그 기술'——이라는 특별한 경우에서 기술과 이론적 인식들 사이에 존재하는 실제적 관계들을 정확히 규정하는 것. 『정상적인 것과 병리적인 것』이라는 책을 읽어보면, 두 가지 질문이 병존하고 있음을 알 수 있다. 첫번째 것은, 캉기옘이 소위 생기론에 관한 질문으로 되돌아갈 때의 주장을 설명한다. 두번째 것은, 그가 규범이라는 개념에 부여하고 있는 위상을 이해할 수 있게 해준다. 양자 모두 생물 과학과 생물 철학의 역사에서 나타나는 몇몇 주요한 인물들, 예를 들면 몽펠리에 학파, 비샤, 오귀스트 콩트, 그리고 클로드 베르나르 등등에 보이는 특별한 관심을 지배하고 있다.

생기론

내가 조금 전에 다소 자세하게 소개한 '반사 개념의 형성'에 관한 연구를 통하여 캉기옘은 신경 체계 연구의 역사에서 생기론적 조류가 수행했던 역할을 재평가하기에 이른다. 이러한 상황은 결코 우연적인 것이 아니다. 그것은 일종의 이론적 도전으로부터 나온 것이다. 왜냐하면 그것은, 궁극적으로 가장 성공이 확실해 보이고 더구나 데카르트 철학의 권위에 편승할 수 있는 지반 위에 존재했던 '기계론'에 맞서는 문제였기 때문이다. 의심할 여지없이――그 유명한 셰링턴의 작업을 따르고 있는――베테(Bethe), 폰 바이스체커(von Weiszäcker), · 골드슈타인(Goldstein)의 작업들은 기본적인 반사 아크(reflex arc)라는 생물학적 실재에 대한 도그마를 뒤흔들어 놓았고, 메를로-퐁티의 책들은 프랑스의 철학 대중들 사이에 그 결과들을 널리 전파했다. 그러나 한편, 중등 교육 교과서를 지배하고 있었던 반사에 대한 역학적 이론은, 그럼에도 불구하고 여전히 많은 병리학자들이 선택하는 이론 영역이었다. 다른 한편, 데카르트 철학은, 거의 고려해 보지도 않은 문제에서조차 그 거장의 작품의 순결성을 있는 그대로 지키려고 했던 신중한 후견인들을 적지 않게 갖고 있었다. 전통에 반대해서 캉기옘은, 생명체의 고유성을 진지하게 받아들이고 그 겉모습이 어떻든 간에 형이상학이 생물학에 침투하는 것을 차단했던 것은 생물학에서는 생기론이 유일한 조류였다고 주장한다.

여기서 다시 한 번, '생기론'이 의미하는 바가 문제가 된다. 캉기옘은 그것을 정확히 이중의 거부로, 즉 생물학의 고유한 대상에 대한 오인에서 상반되지만 연결되어 있는 두 개의 형이상학적 원리들에 대한 이중의 포기로 정의한다. 다음은 그가 『생명의 인식』에서 쓰고 있는 것이다.

18세기의 생기론 생물학자들에게 붙여졌던 형이상학 또는 환상이라는 비난은 반드시 철회되어야 할 것이다. 사실,……생기론은 유기적 현상의 원인들에 대한 두 형이상학적 해석들, 즉 물활론과 기계론의 거부이다. 18세기의 모든 생기론자는 뉴턴주의자들, 즉 현상의 본질에 대해 가설을 세우는 것을 거부하고, 직접적으로 그리고 편견 없이 그들이 지각한 대로 결과들을 단지 서술하고 종합해야 한다고 생각했던 사람들이었다. 생기론은 단지 생명 현상의 고유성에 대한 인식일 뿐이다.[16]

반례로서 나는『반사 개념의 형성』에서 데카르트에 할애되고 있는 장의 마지막 부분을 제시할 수 있다. 거기서 캉기옘은 인간과 동물 사이에 설정된 이해하기 어려운 분열 때문에 데카르트의 이론은 신의 지혜에 의지하게 된다는 것을 보여 준 후에, 다음과 같이 결론을 맺는다. "오직 형이상학자만이 결국에는 드러날 수밖에 없는 불합리성을 처음에는 드러내지 않으면서 역학적 생물학의 원리를 정식화할 수 있다."[17]

이렇게 생기론이 제시하고 있는 도전에 더하여, 캉기옘은 자신을 생기론에 결부시킨다. 왜냐하면 그는 생물 과학들에서 진보적인 연구를 활성화시키고 있는 실제적이고도 독특한 철학을 거기서 발견하고 있기 때문이다. 바슐라르의 표현법을 빌자면, 생기론은 생물학자들의 '낮의' 철학을 대변한다. 이 철학은 늘 그렇듯이 철학자들의 철학에 의해, 그리고 이 철학자들의 철학의 구체적인 일면에 불과한 과학자들의 '밤의' 철학에 의해 포위되어 계속해서 공격받고 있다. 다른 한편, 이 철학은 진보하고 있는 생물 과학을 통해 겪게 되는 변환들에 언제나 지배받고

16) *La connaissance de la vie*, p. 156.

17) *La formation du concept de réflexe aux XVIIe et XVIIIe siècles*, p. 56

있다. 요컨대, 그것은 과학적 실천 속에서 작업하는 철학이며, '대상'에 따라 자신을 조정함으로써 영구적이지 않은——스스로를 그렇게 부르는——그 범주들이 항상 풍부해지는 그러한 철학이다. 이것이, 바슐라르에서처럼 캉기옘에서도, 개념들이 현대 과학의 혁명적 실제성이라는 빛 아래에서 항상 재구성되는 이유이다. 여기서 다시 『정상적인 것과 병리적인 것』의 '새로운 탐구들'이 좋은 예가 된다.

생기론에 대한 그의 관심이 갖는 이론적 의미를 이해하게 되면, 철저한 반-실증주의자이긴 하지만 오귀스트 콩트 철학에 대한 분석에 여러 번 몰두한 바 있는 이 역사가의 관점에서는 더 이상 역설적인 것이 없다는 것을 알게 될 것이다. 콩트가 그를 매혹시킨 것은 그가 과학사가라는 점에서라기보다는, 만약에 이렇게 말할 수 있다면, "생물학에서는 아닐지라도 생물학적 철학에서는 그가 가장 뛰어난 몽펠리에 학파의 대표자"[18]라는 점에서이다. 비샤의 찬미자로서, 바르테즈(Barthez)의 제자로서, 우주론적 권리 침해, 즉 생물학에 실험의 원리들을 제공하겠다는 물리-화학적 과학들의 야망에 반대하고 생물학의 독자성을 위해 항상 싸워 왔던 사람으로서, 그가 찾아낼 수 있다고 생각한(라마르크 이론에 대한 그의 불신임을 보라) 모든 형태의 데카르트적 기계론을 반대했던 사람으로서, 콩트는 캉기옘을 매혹시켰다. 콩트에 대한 한 논평 속에서 캉기옘은 다음과 같이 쓰고 있다.

> 복잡한 생물체에서의 유기적 분자 개념 혹은 성분을 이루는 미소동물 개념은 화학과 생물학 사이의 위험한 유비를 야기한다. 생명은 필연적으로 통일체가 갖는 속성이다……망설임이 드러나 있는 만큼 많은 금기도 미리 반영되어 있는 콩트의 이러한 선언에 영감을 준

18) *Etudes d'histoire et de philosophie des sciences*, p. 80.

것은 정확히 바르테즈의 정신이다. 모든 유기체는 그 본성상 필연적으로 분리될 수 없는 통일체를 구성한다. 우리가 그것을 분해한다면 우리의 인식의 증진을 위해서 단지 지적인 장치를 통해서만 그렇게 할 수 있을 뿐이다. 따라서 우리는 항상 궁극적인 재구성을 명심해야 한다.[19]

여기서 우리는, 캉기옘이 오귀스트 콩트에게서 '합의'(consensus) 개념이 갖는 기능을 분석하는 구절과, '환경'(environment) 개념에 부여되고 있는 외연을 드러내고 있는 구절을 완전히 다시 쓸 수 있어야만 한다.

캉기옘의 분석은 동일한——그러나 인식론적 논쟁의 의도를 통해 더욱 강화된——관심을 가지고 생리학의 역사에 결정적인 기여를 한 클로드 베르나르로 여러 번 되돌아오고 있다. 무엇보다도 그는 오늘날까지도 프랑스에 널리 퍼져 있는 『실험 의학 입문』에 대한 어떤 전통적인 해석과 단절한다. 고등 교육에서는 아닐지라도 초등 교육에서는 아직도 지배적인 이 해석에 따르면, 그 책은 클로드 베르나르가 생리학에 '적용할' 수 있었던 보편적으로 타당한 방법을 합리적이고 세련되게 법전화한 것이다. 이러한 독해는 실제로 그 책의 1부에서 발견할 수 있는 일반적인 발전을 통해 정당화된다. 캉기옘은 정반대의 관점을 취하여 "방법은 그것이 출현했던 원천인 탐구들로부터 분리되어 정식화될 수 없다는 것이 클로드 베르나르의 가르침"[20]이라는 점을 보여 주고 있다. 이에 따라 그는 『입문』을 반대 방향으로 읽을 것을 제안한다. 후반부의 두 부분에서 제시되고 있는 탐구들의 관점에서만 그 책이 시작될 때 나타나는 추상적 사고들의 실제적 중요성을 파악할 수 있다. 그 두

19) *ibid.*, p. 79.
20) *ibid.*, p. 147.

부분은 클로드 베르나르가 내적 환경(internal enviroment) 개념을 형성시키게 되는 것과 연관을 갖고 있다.

그런데 결국에 생리학이 물리학과 동일한 토대 위에 있지만 물리학에 의해 제시되고 있는 모델의 유혹에 빠지지 않고 결정론적 과학이 될 수 있었던 것은 정확히 이 개념 때문이다. 이렇게 해서 우리는 캉기옘의 주요 관심사로 다시 돌아왔다. 간의 글리코겐 기능이 발견됨으로써 나타났고 '내적 분비 작용'과 관련 있는 '내적 환경'이라는 생물학적 개념이 형성됨으로써, 클로드 베르나르는 자신의 스승 마장디(Magendi)로부터 물려받은 기계론과 단절할 수 있었다. 캉기옘은 다음과 같이 쓴다. 내적 환경은 부분들에게 어디에서나 즉각적으로 현존하는 하나의 통일체로 그 부분들을 결합시킨다. 유기체의 기들(radicals)은, 우리가 그것들의 배열을 표상할 때 준거하게 되는 측정가능한 공간에 살지 않는다. 그 이상의 무엇이 존재한다. 내적 환경의 존재는, '분명한 독립성', '보호 메커니즘', '탄력성'을 갖고 있기 때문에 고등 생물로 불리는 생명체의 존재를 보증한다. 캉기옘은, 클로드 베르나르가 그토록 강력하게 자신의 결정론을 주장하고, 물리-화학적 법칙들의 예외 속에서 자신의 고유성을 찾으려는 생명이론과 자신의 원리를 동화하려는 어떤 시도도 거부하는 것은 확실히 그가 비-기계론자이기 때문이며, 베르나르도 자신이 비-기계론자라는 것을 알고 있기 때문이라고 덧붙인다. 그것은 여전히 같은 싸움이다. 생리학에서의 베르나르의 혁명이 캉기옘에게 아주 교훈적인 것처럼 보였다면, 그것은 그것이 생물학적 탐구의 실제적인 철학을 오인하는 데서 상반되지만 연관되어 있는 두 개의 형이상학에 대한 이중의 논쟁을 전형적으로 제시하고 있기 때문이다.

내가 두 저자——이들의 중심적 위치는 『정상적인 것과 병리적인 것』에 이미 제시되어 있다——에 대해 설명하기 위하여 선택했던 것을 제시하기 위해서는 『과학사 및 과학 철학 연구』에 모아져 있는 캉기옘이 쓴 논문들을 몇 편 뽑아 보기만 하면 된다——「생물학적 발견에서의 유비와 모델」, 「생물학적 사고에서의 전체와 부분」 등. 『생명의 인식』에서는 다음과 같은 논문들이 있다. 「기계와 유기체」, 「생명체와 그 환경」. 나는 저자의 생기론이 그 논문들 속에서 하고 있는 정확한 기능을 이해할 수 있도록 충분히 많은 것을 이야기 했다. 그것의 기능은, 바슐라르의 스타일로, 그러나 생물학이라는 독특한 지반 위에서, 실제적인 과학적 실천 속에서 작동하고 있는 철학적 범주들을 드러내는 것이다.

기술과 과학 : '규범' 개념

인식론적 역사를 가로지르고 있는, 그리고 『정상적인 것과 병리적인 것』에서 예고되고 있는 두번째 질문은 과학과 기술 사이에 존재하는 관계들에 관한 문제이다. 그 질문은 다음과 같은 형식을 취한다. 치료의 역사와 생리학의 역사 사이에는 어떤 관계들이 존재하는가? 생리학의 역사는, 생리학이 병리학이라는 매개를 통해서 의학을 지배한다고 주장하는 논리적 도식에 따라가는가? 혹은 일반적으로는 이러한 형식을 띤다. 생명체와 그 개념 사이에는 어떤 계보가 존재하는가? 앞으로 보게 될 것처럼, DNA의 발견에 의해 생물학에서 혁명이 일어나기 조금 전에 다시 전면적으로 제기된 이 마지막 질문에 대한 답은 캉기옘의 생기론에 새로운 차원을 부여한다.

첫번째 질문에 대한 답은, '정상적인' 것이라는 개념이 만들어짐으로써 이루어진다. 왜냐하면 실제로 "정상적인 것과 병리적인 것이라는 개념이 없으면, 의학적 사고와 활동은 이해할 수 없는 것이기 때문이다."[21]

21) *La connaissance de la vie*, p. 155.

치료는 항상 '정상적인' 것을 회복하려는 시도로서 나타난다. 그런데, 정상적인 것은 통계학적 수단이라는 실증주의적 관념에 반대해서, 캉기옘은 그가 옹호하고 있는 생기론의 이름으로 그러한 실증주의적 견해는 생명체 속에서 '고유한 성질들의 질서'를 보는 대신에 그것을 법칙들의 체계로 취급하게 된다는 점을 지적한다. 여기서 질서는 그 말이 갖는 이중적 의미 속에서 이해되어야 하는데, 왜냐하면 캉기옘에게 정상적인 것의 본질적 특징은 '규범적'(normative)이어야 한다는 것, 즉 규범을 세우고 또한 자신이 만든 규범을 변화시킬 수 있어야 한다는 것에 있기 때문이다. 노벨상 수상자인 르보프(Lwoff)가 쓴 책의 제목을 몇 년 앞질러 쓰고 있는 캉기옘은 이렇게 생명체의 요구(exigency)로서 이해되어야 하는 생물학적 질서에 대해서 언급한다. 의학적 실천을 일으키는 것은 이러한 요구이다. 그런데 의학적 실천의 성공뿐만 아니라 실패도 생물 과학의 정교화를 촉구한다. 의학적 실천의 이러한 우위성은 계속해서 생각을 불러일으키는 대상이다. 양극화된 활동인 생명은 정상적인 상태의 회복을 위해서만이 아니라 자신의 개념화를 위해서도 일정한 길을 제시한다는 생각에 그러한 우위성이 궁극적으로 의존해 있음을 이해하는 것이 중요하다.

캉기옘의 연구 속에서 항상 현존하고 있지만 억눌려 있는 이러한 독특한 철학적 입장은 최근에 이루어진 고분자 생물학의 발전 속에서 그 지주를 발견했고, 가장 최근에 출간된 그의 논문들 중에 하나인 「개념과 생명」[22]에서 그렇게 나타나고 있다. 내 생각에, 그의 철학적 입장은 그 논문에서 주장되고 있는 생기론에 새로운 의미를 부여하고 있다. 이것이 그 논문이 자세하게 분석될 필요가 있는 이유이다.

---

22) "Le concept et la vie", *Revue philosophique de Louvain*, LXIV, May 1966 ; reprinted in *Etudes d'histoire et de philosophie des science*, pp, 335-64.

질문은 다음과 같이 제시되어 있다.

> 생명의 인식에서 우리는 지식으로부터 생명으로 나아가야 하는가 아니면 오히려 생명으로부터 지식으로 나아가야 하는가? 첫번째 경우에, 어떻게 지식은 생명과 조우하는가? 두번째 경우에, 지식은 어떻게 생명을 놓칠 수 있는가?[23)]

하나의 예는 관례가 아니므로, 질문의 현실성을 강조하는 결론으로 곧장 넘어 가겠다.

> 생물학적 유전이 정보의 교환이라고 말하는 것은……생명체에 새겨져 있는, 보존되어 전해져 오는 **로고스**가 있다는 것을 인정하는 것이다.……생명을 물질에 기록되어 있는 하나의 의미로 규정하는 것은 **선험적으로** 객관적인 것, 즉 독특하게 물질적이긴 하지만 더 이상 순수하게 형식적이지 않은 **선험적인** 것이 존재한다는 점을 인정하는 것이다.[24)]

이 입장을 방정식의 형태로 바꾸면 이렇게 된다.

생명=코드=정보 =생명의 개념=개념

캉기옘 자신의 말에 따르면, 생기론은 인식이론일 뿐만 아니라 생명의 철학이다. 캉기옘은 개념과 생명의 관계에 관한 질문이 철학사 전체

---

23) *Etudes d'histoire et de philosophie des sciences*, p. 335.
24) *ibid.*, p. 362.

에서 얼마나 자주 등장하고 있는가를 어떤 곳에서 아주 인상 깊게 보여 준다. 거기서 인정되고 있는 것은 칸트와 베르크손의 논제들보다는 오히려 아리스토텔레스와 헤겔의 논제들이다. 1953년 웟슨(Wstson)과 크리크(Crick)에 의한 DNA의 발견은——형상이라는 개념을 수단으로 하여——생명체 그 자체 속에서 생명체의 개념을 보았던 '아리스토텔레스주의에 대한 일종의 확증'이다.[25] 그것은 또한 헤겔에 대한 확증이기도 하다. 헤겔은 "생명 속에서 개념과 그 실재의 직접적인 통일을 보았는데, 이때 그 개념은 생명 속에서 구별되지 않는다." 캉기옘은 다음과 같은 말로 결론을 맺는다. "오늘날 그 질문은, 생물학자들이 세포와 고분자의 크기에 기초해서 생물의 구조, 생식, 유전에 관해서 알고 있고 가르치고 있는 것은 생명과 개념 사이의 관계에 대한 견해에서 어쨌든 베르크손과 칸트보다는 헤겔의 것에 더 가까운 견해를 정당화할 수도 있지 않은가라는 문제와 관련해서 제기될 수 있다."[26]

나는 칸트와 베르크손에 대한 철저한 분석들에 할애되고 있는 텍스트를 참조할 것을 권한다. 나는, 그 분석들이 매우 뛰어나다는 것만 말해 두겠다. 그러나 철학사에서 이루어진 반복적 분리를 받아들인다 해도, 나는 거기서 도출된 결론들의 타당성에 대해서는 그만큼 납득하기는 힘들다. 나는 '새로운' 생물학의 '철학적 중요성'에 대해서 동일한 평가를 하지 않는다.

---

25) "증식의 기능이 아리스토텔레스식의 분류에서 그렇게 두드러진 역할을 한다면, 그것은 구조 유형의 영속성, 따라서 행동의 영속성이 생태학적인 의미에서 목적과 본성의 가장 두드러진 표지이기 때문이다. 아리스토텔레스에게, 생명체의 이러한 본성은 영혼이다. 그리고 이 영혼은 또한 생명체의 형상이다. 그것은 동시에 그것의 실재 즉 실체(ousia)이자, 그것의 정의 즉 로고스이다. 아리스토텔레스에 따르면, 생명체의 개념은 이렇게 궁극적으로는 생명체 그 자체이다"(*ibid.*, p. 336).

26) *ibid.*, pp. 347-48.

쉽게 말해, 내가 보기에는 앞에서 제시되었던 방정식은 철학에 의해 계속해서 제기되던 질문의 해결이 아니며, 그것은 나로서는 인정할 수 없는 '이론적 단락'(短絡)을 구성한다. 내 생각으로는, 생명 개념을 매개로 한 생명에서 개념에 이르는 계보는 DNA라는 실제적이고 물질적인 존재를 통해서 결코 정당화되지 않는다. 반대로, 앞에서 '생기론'을 성립시켰던 생명체의 양극성에 대한 단순한 긍정 속에 억눌려 있던 것을 계속해서 '억누르는' 것이 필요하지 않은가? 달리 말하면, DNA의 발견을 통해 이루어진 진보는 이전의 생기론이 갖고 있던 논쟁적 함의의 모든 이점을 무효화하고 있지 않은가? 이 선험적인 물질의 이름으로 생명과 개념을 단락시킴으로써, 우리는 아리스토텔레스의 진영으로 너무 과도하게 되돌아가고 있지는 않은 것인가. 우리는 경험주의적 인식이론들의 진영에 서게 되지는 않은 것인가? 물론, 여기서 말하는 경험주의는, 자신과 그 개념을 설명해야만 하는 것은 로고스이기 때문에, 사변적 경험주의이다. 그럼에도 불구하고 그것은 경험주의인데, 단 '인식의 객관적 원천'을 놓치는 위험——이 위험이 여기서는 분명하게 서술되고 있다——을 안고 있는 경험주의이다. 이 모든 질문은, 캉기옘을 통해서만 우리가 정식화할 수 있는 질문들이다. 그것들은 논의의 대상이어야만 하고, 또 대상이기도 하다. 나 자신에 관해서 말하자면, 나는 DNA의 발견과 관련하여 다음과 같은 입장을 채택할 것이다. 모든 사람에 대항하거나 옹호하기 위하여 이전의 생기론이 가졌던 논쟁적 측면을 옹호하는 것. 그것이 모든 인식이론에 대해 갖고 있었던 금지의 측면을 유지하고 이러한 금지 내에서 새로운 개념들을 사고하는 것. 이것은 동시에 유전 정보의 물질적 존재에 의해 확증되고 반복되며 정정되는, 생명체 안에는 '양극성'이나 '변증법'이 있다는 생각을 확증할 수 있도록 해줄 것이다. 정확히 말하면, 이 두 논제를 동시에 주장하는 것은 분명하게 나타나는 그것들의 양립불가능성을 고려해 볼 때 올바른 입장은 아니다. 첫번째 논제는 두번째 논제가 이론으로 발전해 가는 경향을 '중단시키는' 독특한 활동을 갖고 있지 않은가? 언젠가 우리는 외양상으로는 자생적인 것처럼 보이는 이 경향을 탐구해야 할 것이다. 달리 말하면, 언젠가 우리는 '자연의 변증법'이라는 어려운 문제를 해결해야 할 것이다. 그런데 그것의 이론적 절박함은 「개념과 생명」과 같은 텍스트에 의해 제기된 최종적 질문들을 통해 우리에게 드러나고 있다. 아마도 내가 방금 개괄한 바 있는 두 생기론의 조절된 기능은 생명체 과학의 고유한 영역에 그 해결의 요소들을 갖고 있을 것이다.

이제 나의 최초의 질문으로 되돌아갈 시간이 다가온 것 같다. 그 질문은, 캉기옘의 과학사와 우리의 이론적 '만남'을 어떻게 설명해야 하는가였다. 나는 이미 여기까지 오면서 그 답의 요소들을 제공한 바 있다. 그를 역사적 유물론과 변증법적 유물론에—그것들의 독특한 통일에—가까이 다가가도록 한 것은 그가 과학사와 인식론 사이에 설정한 통일이다. 이것이, 내가 그 통일이 '혁명적'이었다고 주장할 수 있었던 이유이다. 우리는, 이러한 통일을 처음으로 밝혀 낸 것은 다름 아닌 바슐라르의 연구였다는 것을 살펴보았다. 그러나 내가 보기에 바슐라르에게서 인식되었고 실천되었던 이 통일성은 그 개념을 발견하지 못했다.

캉기옘은 그것을 강조한다. 그 통일성의 근거가 되고 있는 바슐라르의 심리학주의는 설득력이 강하지 못하다. 그것은 그 인식론의 가장 약한 고리이다. 캉기옘의 시도는 한층 더 흥미롭다. 그는, 자신의 작업의 끝에서 그가 발견한 또 다른 통일성, 즉 **개념과 생명**의 통일성에 기초해서 자신이 인식론과 과학사 사이에 통일성을 확립할 수 있다고 생각한다. 나는, 피에르 마슈레이가 얼마 전에 강조했듯이,[27] 종종 그를 역사 그 자체에 대한 '생물학주의적인' 견해로 이끌고 있는 이 길을 따를 수 없다는 것을 고백한다. 그러나 나는 다음과 같은 중요한 설명을 덧붙일 것이다. 그러한 견해가 필연적으로 가질 수밖에 없는 효과들은 그의 생기론이 갖는 논쟁적 중요성에 의해 그의 작업에서 이미 언제나 제거되고 있다. 이것이 내가 우리의 길이 하나의 공통된 길임을 어떤 유보도 없이 말할 수 있는 이유이다.

1970년 12월.

27) "La philosophie de la science de Georges Canguilhem", op. cit.

4장 고고학과 지식에 대하여

미셸 푸코

『말과 사물』에 대해서는 많은 글이 씌였지만, 푸코의 가장 최근 저작인 『지식의 고고학』은 비평가들 사이에 그만큼의 열의를 불러일으키지는 못했다.[1]

이러한 차이는 분명 독자들에게 불편한 느낌을 주었을 것으로 생각되는 그 저작의 낯설음에 기인한다. 실제로 어떤 사람들은 속았다는 은밀한 감정으로 환멸을 느끼며 마지막 페이지를 넘길 것이다. 그들은 이렇게 이야기한다. "언어상의 혁신에도 불구하고 여전히 동일한 이야기에 불과하다. 용어의 변화를 위해 책 한 권을 쓸 필요가 있었을까?" 처음 읽을 때 확실히 그것은 정당한 반응이다. 엄청난 양의 새로운 단어들이 주의를 끌게 하고 그 환경에 다소 낯설게 하지만, 백 번이 넘게 반복되고 있는 '주체'와 그 이중체들(doubles)에 대한 지칠 줄 모르는 공격은 머지 않아 사람들을 편안하게 한다. 아니 더 정확히 말하면, 푸코에 익숙하게 만든다. 다른 사람들은, 책을 다 읽고 나서도 판단을 유보하고 사태의 추이를 지켜볼 것이다. 그들은 말한다. "이것은 완전히 새로운 것이다. 우리는 거기서 우리의 길을 더 이상 찾을 수 없다. 그러나 그 어떤 것도 완결되지 않았다. 어떤 단언을 하기 전에 일련의 새

---

1) 이 장은 처음에 *La pensée* no.152, July-August 1970에 실렸던 것을 약간 수정한 것이다.

로운 개념들이 작동하는 것을 보기 전까지 기다리자." 이들 또한 틀리지 않을 것이다. 왜냐하면 그 저자는, 새로운 범주들의 출현은 낡은 구조를 위협하게 되며, 따라서 중대한 수정이 이루어질 수밖에 없음을 우리에게 여러 번 경고하고 있기 때문이다. 『광기의 역사』에서 작동하고 있는 '경험'이라는 범주는 '익명적이고 일반적인 역사의 주체'[2]가 은밀히 부활됨으로써 무효화되고 있으며, 『임상 의학의 탄생』을 중심으로 나타나고 있는 '의학적 주시'(medical gaze)라는 중요한 개념은 그 자체로 거부되고 있다.[3]

가장 명백한 것, 그 자체로 명시적인 것에만 자신을 국한시키는 사람은 누구나 새롭고 화려한 문체 뒤에 숨어 있는 개념들의 진정한 새로움을 알아차릴 수 있을 것이다. 비록 그가, 어떤 새로운 분석들도 나타나지 않고 낡은 분석들이 단지 암시적으로만 나타나고 있기 때문에 그러한 인지를 뒷받침하는데 어려움을 겪는다 해도 그렇다.

나는 이 두 모순적인 반응들이 다음과 같은 동일한 질문을 제기하고 있음을 깨닫게 되었다. 왜 이 책인가? 그것을 썼던 것은 어떤 필요에 의해서인가? 나는, 바로 이 질문으로부터 출발해야 한다고 생각한다. 엄격히 말해서, 푸코는 대답 없이 우리를 떠나지는 않고 있다. 그에 따르면, 그 책은 자신에 의해 이전에 '맹목적으로' 이루어져 왔던 것을 체계적으로 그리고 규제된 방식으로 검토한 것이다. 실제로, 우리가 본 바와 같이, 논의들은 이전의 저작들의 범위를 벗어나지 않는다. 그럼에도 불구하고 이 책에는 방법론적 규범들이 풍부하게 나타나고 있으며, 모든 장들은 우리가 생각하기에 과거에 암묵적으로 받아들여

2) *The Archaeology of Knowledge*(English translation), p. 16. 미셸 푸코의 저서 목록은 2부 부록을 참조할 것.

3) *ibid.*, p. 54n.

지고 무질서하게 실천되었던 어떤 규칙들을 성문화하려는 시도들로 나타나고 있다.

그러나 저자에 의해 집요하게 제시되고 있는 이러한 답은 내가 보기에는 부적절하다. 『지식의 고고학』은 다른 의미를 갖고 있으며, 그것이 확립한 문제틀은 실제적이고 근본적인 새로움을 갖는다. 여기서 나는 이 새로움의 지표로서 아주 주목할 만한 어떤 부재를 제시할 것이다.[4] 그것은 이전의 저작에서 주춧돌 역할을 했고 푸코에 대한 '구조주의적' 해석들의 근거가 되었던 에피스테메(épistémè)라는 개념의 부재이다. 물론 나는 이러한 부재가 우연이 아니라고 생각한다. 따라서 나는, 이전의 저작들에 대한 검토라고 주장하고 있으나 그 저작들의 주요 개념을 '빠뜨리고 있는' 이 책의 역설을 진지하게 검토할 것을 제안한다. 이 역설이 그 작업에 대한 모든 관심을 구성한다. 그것은 다음과 같은 두 가지 질문을 제기한다. 명백히 결함이 없지 않은 연속성을 주장하는 의미는 무엇인가? 어떤 새로움이 도입되어 에피스테메라는 중심 개념을 포기하도록 만드는가?

내가 생각하기에, 이 두 질문에는 단 하나의 답이 주어질 수 있다. 그러한 주장을 설명하는 것은 바로 포기이다. 명시적으로 표현하자면, 푸코는 그의 철학의 핵심 범주들 중의 하나를 버려야 할 필요를 느끼고 있었다. 그러나 이러한 철회를 그가 그의 적들의 진영으로 투항하는 것으로 이해해서는 안 된다. 더 정확히 말하면, 에피스테메라는 범주는 '인간주의적'이고 '인간학적'인 모든 인식이론과 역사이론에 대항하는

4) 나는 에피스테메라는 용어가 그 책의 말미에서 다시 등장하고 있으며, 엄격히 말하면 거기에서 그것이 결정적인 역할을 하고 있다는 것을 잘 알고 있다. 그러나 그것은 도중에 상당한 변형과 발전과 수정을 겪고 있기 때문에 에피스테메라는 낡은 개념이 사라지고 있다는 주장은 정당하다고 생각한다.

중요한 논쟁적 효과를 갖고 있었다. 그는 이러한 효과들을 유지하는 데 관심을 갖고 있다. 그러나 '지식의 지형들'(configuraions of savoir)이나 인식을 특정한 구조적 법칙들에 따르는 거대한 층들로 서술했던 에피스테메 개념은, 이데올로기적 구성체들의 역사를 돌발적인 '변전들', 이해하기 어려운 '단절들', 갑작스러운 '돌파를 통한 전진' 이외의 다른 것으로 사고할 수 없도록 만들었다. 푸코가 지금 원하고 있는 것은 바로 이런 유형의 역사와 단절하는 것이다——그 이유에 대해서는 자세하게 검토해야 할 것이다. 『지식의 고고학』은 이러한 절연을 담고 있다. 독자는 이미 추측했을 것이다. 여기서 푸코가 던져 버리고 싶어하는 것은 바로 에피스테메의 '구조주의적' 측면들이다. 그럼에도 불구하고 그는, 자신이 항상 공격해 왔던 인간주의라는 낡은 안장 위에 다시 타고자 하지 않았다. 이러한 작업은 항상 위험한 것이며 따라서 실제로 책 한 권 전체가 필요했다. 그 책이 갖고 있는 이러한 복잡성이 독자들의 불편함을 쉽게 설명해 주고 있으며, 비평가들의 다음과 같은 신중한 판단에 어떤 의미를 부여해 주고 있다. 『지식의 고고학』에서 그들은 그들의 푸코, 즉 에피스테메 구조의 진지한 탐색자로서의 푸코를 재발견하지 못하고 있다. 설상가상으로 그들은 역사(History)가 출현하고 있음을 본다. 그들의 역사가 아니라 주체의 연속성과 '단절들'이 나타나는 구조적 불연속성을 모두 거부하는 이상한 역사를!

나의 견해로는 비평가들이 분별 있다고 생각한다. 그들이 염려하는 것은 잘못이 아니다. 왜냐하면 『지식의 고고학』에서 기능하고 있는 역사 개념은 그들이 싫어할 만한 충분한 이유가 있는 또 다른 역사 개념과 많은 일치점을 갖고 있기 때문이다. 그 또 다른 역사 개념이란 역사적 유물론에서 나타나고 있는 과학적인 역사 개념을 말한다. 그것은, 법칙들의 체계에 의해 구조화된 주체가 존재하지 않는 과정으로 제시되기도 하는 역사 개념이다. 이러한 토대 위에 있기 때문에 그 역사 개념은 또한 근본적으로 반-인간학적이고 반-인간주의적이며 반-구조주의적이다.

따라서 『지식의 고고학』은 나에게 푸코의 작업에서 결정적인 전환점으로 나타나고 있다. 나는, 철학에서의 이 새로운 입장을 통하여, 비록 이 책에서이긴 하지만, 그가 역사 유물론의 관점에서 놀라운 가치가 있는 많은 분석을 수행할 수 있었다는 것, 자신의 언어로 그는 맑스주의 역사 과학에서 기능하고 있는 개념들을 재생산하고 있다는 것——그러나 전위 속에서——마지막으로 그가 부닥치게 된 곤란들과 그에 관련된 종국적인 그의 실패는 역사 유물론의 장 이외에서는 결코 해결책을 발견할 수도 없고 결말도 볼 수 없다는 것을 보여 주고자 할 것이다.

1. 고고학으로부터 '지식'으로

'주체'에 반대하여

『지식의 고고학』에서 모든 비판적 부분은 이전의 연구와 연속선 위에 있다고 말할 수 있다. 물론 푸코에게 동맹자들은 더 이상 같지 않지만, 적들은 여전히 같다. 그러나 여기서 논의는 더욱 풍부해지고 더욱 심오해졌으며, 그 논의들은 지금까지 가리워져 있었던 개념적 연관성들을 드러내고 있다. 따라서 주체 범주에 대한 공격은 이제 역사에서의 연속주의에 대한 공격과 짝을 이루게 된다.

『말과 사물』의 질문에 대한 인간주의적 신-헤겔적 비평에 대해 그는 다음과 같이 답한다. "그들이 통탄해 마지않는 것은 역사의 소멸이 아니라 주체의 종합적 활동과 은밀히, 그러나 전적으로 연결되어 있는 역사 형태의 삭제이다."[5] 이것은 인간학주의에게는 완벽한 알리바이이기 때문에 매우 중요한 점이다. 실제로 역사를 위해 싸우는 데 역사의 가치를 내세우는 것보다 더 나은 것이 있겠는가?

예를 들면, 『지식의 고고학』은 현재 유행하고 있는 분과인 '사상사'에 대한 정력적인 비판의 장소이다. 푸코는, 공개적으로 혹은 조용히 사상가에게 연속주의적일 것을 요구하는 인간학적 가정에 그것이 의존해 있음을 보여 준다. 그에 따르면, '사상사'는 두 가지 역할을 갖고 있다. 한편으로 그것은 "역사의 샛길과 여백에 대해서 말한다. 그것은 과학사가 아니라, 지속적인 긴 생애 전체에서 과학성을 결코 획득할 수 없었던 불완전한 인식들 즉 잘못 정초된 인식들의 역사이다." 그 예는 연금술, 골상학, 원자론적 이론들 등에서 찾을 수 있다. 요컨대, "그것은 불규칙적으로 변하는 언어들, 일정한 형태를 갖고 있지 않은 작업들, 서로 무관한 주제들의 분야이다."[6] 그러나 다른 한편으로, 그것은 현존하는 분야들을 가로지르며 그것들을 다루고 재해석하는 임무를 스스로 떠맡는다. 그것은 과학적 지식이 과학에서 철학으로, 심지어는 문학에까지 전파되는 것을 기술한다. 이러한 의미에서 그것이 전제하는 가정들은 '발생, 연속성, 총체화'[7]이다. 발생——지식의 모든 '영역들'은 그 기원을 개인적인 혹은 집단적인 주체의 통일성에 두고 있다. **연속성**——기원의 통일성은 필수적인 상관자로서 발전의 연속성을 갖는다. **총체화**——기원의 통일성은 필수적인 상관자로서 부분들의 동질성을 갖는다. 모든 것이 조화를 이루고 있지만, 그것은 진정한 역사를 낳을

---

5) *Archaeology of Knowledge*, p. 14.

6) *ibid.*, pp. 136-37.

7) *ibid.*, p. 138.

수 없다고 푸코는 말한다.

공격의 새로운 전선은 모든 반영이론이다. 그것이 '담론'에서 '다른 곳에 존재하는 사건들이나 과정들의 상징적 투영의 표면'을 보는 한에서, "일일이 기술될 수도 있는 것으로서 하나의 발견과 하나의 사건을, 혹은 하나의 개념과 사회적 구조를 연결시킬 수 있게 해주는 인과적 연쇄를 그것이 재발견하려고" 한다는 점에서, 근본적으로는 '경험주의적'이고 '감각주의적'인 모든 반영이론은, 주체 범주를 고정점으로 받아들일 수밖에 없으며 따라서 즉각적으로 인간학주의라는 혐의를 받기 쉽다.[8] 더욱 놀라운 것은, 저자라는 범주 자체가, '구체적'이고 명백하게 거부되고 있다는 점이다. 저자는 '창조적인' 것으로 간주되는 '주체'에 대한 문학적이거나 철학적인, 과학적인 지칭에 다름 아니다. 따라서 '책'은 통속적이고 자의적으로 분리된 단위로서, 반성되지 않은 직접성 속에서 기하학의 출현과 활자 규칙들과 수상쩍은 문학적 전통의 출현에 의해 우리에게 부과된다. 따라서 책은 그 의미를 담지하고 있고 확립한 주체가 문자화되고 다소 합리화되어 투영된 것으로서가 아니라, '그물망에서의 매듭'으로서 간주되어야 한다. 그것의 실제적 존재——직접적으로 드러나는 그것의 외양이 아니라——는 오직 '준거들(references)의 체계 속에' 놓여 있는데, 그 체계는 그 책 속에서 정합성을 획득한다. 그리고 준거들의 이러한 역할은 수학 논문, 텍스트 비평, 역사적 설명, 소설에서의 에피소드의 경우와는 같지 않다.[9]

8) *ibid.*, p. 164.
9) *ibid.*, p. 23.

'대상'에 반대하여

여기 하나의 예를 우회로 하여 『지식의 고고학』에서 가장 새로운 것이 출현하고 있음을 주목해 보자. '주체'에 전적으로 반대하여 이루어졌던 이전의 논쟁이 그것의 상관적 범주인 대상으로 새롭게 향하고 있다.

이것이, 바슐라르 인식론의 일부 논제들에 대한——종종 반복되는——정정이 의미를 획득하게 되는 방식이다. 바슐라르 인식론에서, 모든 것은 인식론적 '단절', '장애', '행위' 개념들에 집중되어 있었다. 푸코는 '대상'이라는 철학적 범주와 역사에서의 '단절'이라는 서술적 관점 사이의 연관성을 드러내고 있다. 단절이 대상들 사이에서 관찰되는 것은, 과학이 대상들의 관점에서 이데올로기와 비교되기 때문이다. 그러나 이러한 관점은 엄격하게 서술적인 것이며 아무것도 설명하지 않고 있다. 더욱이 예상할 수 있는 것처럼, 대상 범주는 그것의 상관자인 주체를 달고 다닌다. 바슐라르 인식론은 다시 한 번 좋은 예가 되고 있다. 인식론적 단절 개념은, 단절되고 있는 것이 인식론적 '장애'로서 간주되기를 요구하고 있다. 그러나 바슐라르는 그 장애들을 어떻게 사고해야 한다고 주장하는가? 과학적 실천으로의 이미지들의 개입으로. 따라서 푸코는 대상-단절의 쌍은 주체-연속성의 쌍의 단지 전도된 형태일 뿐 근본적으로는 동일한 형태라고 주장할 수 있었다. 바슐라르의 인식론은 수줍은 얼굴을 하고 있는 인간학이다. '객관적 인식의 정신 분석'은 이 인식론의 한계들, 즉 그것의 부정합성의 지점을 표시하고 있다. 그 부정합성의 지점에서는, 그 인식론이 서술하고 있는 것을 설명하기 위해서는 다른 원칙들이 요구되고 있다. 바슐라르가 이것을 이해하고 있었다는 것은 높이 평가할 만한 일이다. 분명히 과학은 자신에 선행하고 있으며 자신에 장애가 되고 있는 '끈질긴 오류들의 조직'과 단절함으로써만 확립된다. 그러나 이 조직의 형성을 설명하기 위하여 과학자들의 리비도에 의지하는 것은 주체 개념에 집착하는 것이며, 심지어는 극단적으로 과학성이 한 과학자(혹은 과학자들)의 자발적인 결정에 의해 확립될 수 있다는 것으로 이해될 수도 있다. 푸코에게는, 바슐라르가 서술하고 있는 것에서 출발하는 것, 대상에 대한 새로운 관점을 버리고 새로운 토대 위에서 '단절'의 문제를 제기하는 것이 중요했다. 아주 정확히 말하자면, 그것은 바슐라르가 '사고하는' 데 실패했던 이 오류들의 집합체, 특히 과학에 선행하는 '허위 과학들', 그리고 우리가 확립된 과학에 의해 회귀를 통해 '이데올로기적인' 것으로 규정하게 되는 '실증성들'을 검토하는 것이다. 앞으로 보게 되겠지만, 이 점에서 『지식의 고고학』은 상당한 기여를 하고 있다.

2. '지식'의 심급

제도적 물질성

이제 우리는 『지식의 고고학』의 기초 범주들이 어떤 요구들에 응답하고 있는 것인지를 알게 되었다. 문제가 되는 것은, '주체'나 '대상'에 의지하지 않고, '연속성 - 불연속성'이라는 그릇된 양자택일에 벗어나서, 과학들과 비 - 과학들의 차별적 역사를 지배하는 법칙들을 사고하는 것이다.

이러한 요구에 답하고 있는 첫번재 개념은 '담론적 사건'(discursive event)이라는 개념이다. 푸코는 이렇게 쓰고 있다.

> 연속성의 이러한 직접적 형태들이 중지되면, 영역 전체가 자유롭

게 된다. 광대하지만 정의될 수 있는 이 영역은, 일련의 모든 실제적인 언표들(씌어진 것이든 말해진 것이든)에 의해, 사건들로서의 그것들의 분포와 그것들 각각에 고유한 심급 속에서 구성된다. 분명 과학이나 소설, 혹은 정치 연설이나 어떤 저자의 작품, 심지어는 단 한 권의 책에 접근하기에 앞서, 사람들이 있는 그대로의 중립성 속에서 다루고 있는 물질적인 것은 일반적인 담론의 공간에서 일어나는 사건들의 모집단이다.[10]

여기에 질문이 수없이 제기될 것이다. '담론의 공간'이란 무엇인가? 그것은 언어학의 대상인가? 그렇지 않다. 왜냐하면 "담론적 사건들의 장은 언제나 한정적인 것이며, 관례적으로 제한되어 있는, 이미 정식화되어 있는 유일한 언어학적 귀결들의 집합이기 때문이다." 이 난해한 말들이 가리키고 있는 것은 단지 '사고'가 아닌가? 그렇지 않다. 왜냐하면 그것은 언표된 내용을 어떤 의도에, 즉 내부로부터 그 내용을 질서짓는 은밀한 담론에 관련시키는 문제가 아니기 때문이다. 제기되고 있는 유일한 질문은 이러한 것이다. "그 다른 어떤 곳이 아니라 언표된 내용 속에서 밝혀지는 독특한 존재는 도대체 무엇인가?"[11] 그가 구성하고 있고 내가 이후에 다른 이름을 부여하게 될 그 범주의 특성을 밝혀내기 위해 푸코를 좀더 따라가 보자. 푸코가 자신이 담론적 사건이라고 부르는 것의 위상을 설명하고 있는 것은 실로 그로부터 얻으리라고 생각하는 이점들을 통해서이다. 이 개념을 통해 그는 한 명 또는 그 이상의 저자들의 의식에 의존하지 않고 언표들 각각의 연관, 혹은 "언표들이나 언표군들과 아주 다른 종류의 사건들 (기술적, 경제적, 사회적, 정치

10) *ibid.*, pp. 26-27.

11) *ibid.*, pp. 27-28.

적) 사이의 연관들"[12]을 결정할 수 있었다.

여기서 가장 핵심적인 것은 연관(관계) 개념임이 분명하다. 푸코가 연관에 대해서 이해하고 있는 것은, '공존, 계기, 상호작용, 상호결정, 독립적인 혹은 상관적인 전화'[13]와 같은 일련의 관계들이다. 그러나 푸코는, 그러한 연관들의 결정이 '담론적 사건들'이라는 심급을 지칭하기에는 아직도 부적절하다고 생각한다. 그러한 조합을 통해서 우리가 어떤 의미에서 '담론적'이라는 말을 설명할 수 있기를 바란다면, 그가 담론적 사건이라고 부르고 있는 것을 이해하기는 불가능하며, 그것은 우리를 에피스테메의 차원에 머물게 할 것이다. 간단히 말하면, 그러한 분석은 담론적 사건의 '물질적'이고 '역사적인' 존재를 설명할 수 없다. 하나의 결정적인 질문이, 장황하고 지나치게 많아 보일 정도로, 그 책의 모든 페이지에 나타나고 있다. 그것은, 푸코가 인정하고 있듯이, 그가 담론이라고 부르는 것의 '물질성의 체계'(the regime of the materiality)를 규정할 필요성, 이에 관련하여 '담론'이라는 새로운——유물론적——범주를 가공할 필요성, 그리고 그 물질성 속에서 이 '담론'의 역사를 사고할 필요성이다. 이것이 『지식의 고고학』이 수행하려 한 삼중의 과제이다. 그리고 앞으로 보겠지만 이 책의 실패를 설명해 주는 것은 바로 이 과제이다.

증명——정신 병리학의 '대상'들에 의지하여 푸코는 다음과 같은 유형의 질문들을 제기한다. "이러한 대상들이 정신 병리학이라는 파편화된 영역——이 영역은 어떤 지점들에서는 엄청난 간극을, 다른 지점들에서는 과다한 양의 정보를 보여 준다——을 형성할 수 있도록 병치되거나 계기적으로 놓일 수 있는 것은 어떤 비-연역적 체계에 의해서

12) *ibid.*, p. 29.
13) *ibid.* ; *notably* p. 42, 29.

인가를 아는 것이 가능한가? 담론의 대상들로서의 그것들의 존재 구조는 무엇이었는가?"[14] 한층 더 분명하게 말하자면, 담론적 사건의 기본적인 단위——말하자면 단위 - 사건——를 특징지으려는 시도는 푸코로 하여금 언표(énoncé) 개념을 제기하도록 만든다. 그런데 그가 언표의 전제조건으로 간주하고 있는 것은 무엇인가? "언표로서 간주되고 분석되어야 할 일련의 언어학적 요소들에 관해 말하자면……그것들은 물질적 존재를 가져야만 한다."[15] 물질성은 다른 것들 가운데 단지 하나의 전제조건일 뿐인 것이 아니라, 그것은 구성적인 것이다. "그것은 단지 변형의 원리, 인식 기준의 수정, 혹은 언어학적 하부 집합들의 결정일 뿐인 것이 아니다. 그것은 언표 자체를 구성한다. 언표는 실체, 지주, 장소, 날짜를 가져야만 한다."[16] 너무 많은 것을 미리 말하지 않더라도, 언표의 '물질성의 체계'에 대한 탐구는 장소와 날짜보다는 그 실체와 지주 쪽으로 향해질 것이라고 말할 수 있다. "따라서 언표들이 반드시 따를 수밖에 없는 물질성의 체계는 공간 - 시간적 위치의 질서라기보다는 오히려 제도의 질서이다."[17] 푸코가 발견한 것은, 실제로 언표들이나 언표군들 사이의 관계들이 물질적 존재를 갖는 것으로 인식되어야 한다면, 즉 이러한 관계들이 그것들이 구체화되고 생산되고 재생산되는 곳인 어떤 물질적 지주들의 외부에서 존재하지 않는다는 것을 이해한다면, '공간 - 시간적 위치'가 언표들이나 언표군들 사이의 '연관들'이나 '관계들'로부터 연역될 수도 있다는 점이다. 이렇듯 우리가 도달한 지점의 상황은 다음처럼 요약될 수 있다. 담론적 사건들의 역사를 제도들

14) *ibid.*, p. 41.
15) *ibid.*, p. 131.
16) *ibid.*, p. 101.
17) *ibid.*, p. 103.

속에서 구체화되는 물질적 관계들에 의해 구조화되는 것으로 사고하는 것이 분명히 필요하다.

'실천'으로서의 담론

푸코가 왜 '담론'에 대한 독특한 정의에 이르게 되었는지가 분명해질 것이다. "담론은, 이미 위치를 점하고 있는 대상들이, 무엇이 새겨져 있는 표면에서와 마찬가지로 배치되거나 포개지는 그런 장소와는 전적으로 다른 것이다."[18] 실제로, 언표의 물질적 구조에 대해서 언급되었던 것이 옳다면, 담론은 우리가 그것을 구성하는 것으로 생각했던 관계들의 외부에서는 정의되기 어렵다. 이러한 의미에서, '담론'보다는 오히려 '담론적 연관들'이나 '담론적 규칙들'이라는 용어들이 사용되어야 할 것이다. 이는 결국, 이 담론이 하나의 실천이기 때문이다. 여기서 푸코에 의해 제안되고 있는 '담론적 실천'이라는 범주는 근본적으로 유물론적인 이론적 혁신의 표지이다. 왜냐하면 그것은 담론을 구조화하고 구성하는 물질적 관계들의 체계 외부에서는 어떤 담론도 고려하고 있지 않기 때문이다. 이 새로운 범주는 『지식의 고고학』과 『말과 사물』을 나누는 결정적인 선이 된다. 그러나 우리는 그것을 어떻게 이해해야 하는지 알아야 한다. '실천'이라는 말은 주체의 활동을 의미하지 않는다. 그것은 담론에 참여하고 있는 한, 주체가 준수해야 하는 어떤 규칙들의 객관적이고 물질적인 존재를 지시한다. 주체의 이러한 종속 효과들은 '주체의 지위들'이라는 제목하에 분석되고 있다. 나는 이것으로 다시 돌아올 것이다. 잠시, 『지식의 고고학』에 따라 담론에 대한 적극적인 정의를 살펴보자. 담론적 연관들은 담론에 내적이지 않다. 그것들은 개념들이나 단어들, 문장들이나 명제들 사이에서 발견되는

---

18) *ibid.*, pp. 42-43.

연관들이 아니다. 그러나 그것들은 담론에 외적이지도 않으며, 담론을 제한하는 것으로 간주되는 외적인 상황들도 아니다. 반대로, 그것들은 이러저러한 대상에 대해서 말할 수 있기 위해서, 그것들을 다룰 수 있기 위해서 그것들에 이름을 붙이고 분석하고 분류하고 설명하는 등등의 것을 할 수 있기 위해서 담론이 확립해야 하는 일단의 관계들을 결정한다. 그리고 푸코는 다음과 같이 결론을 맺는다. "이러한 연관들은 담론에 의해 사용되고 있는 언어나 담론이 전개되는 주위 여건이 아니라 실천으로서의 담론 자체를 특징짓는다."[19]

따라서 담론적 규칙 혹은 담론적 규칙성은 이러한 실천의 규범들을 지시하기 위한 것들이다. 이미 암시한 바 있는 그 정의는 규칙들의 '효과', 혹은 '일단의 관계들'로서의 이러한 실천의 '대상들'에 관한 것이다. 실제로, "이러한 대상들을 사물이라는 근거에 의거하지 않고 정의하는 것, 그러나 그 대상들이 담론의 대상으로 형성될 수 있도록 해주고 따라서 그 역사적 출현의 조건들을 구성할 수 있도록 해주고 있는 일련의 규칙들에 그 대상들을 관련시킴으로써 정의하는 것이 필요하다."[20]

지식의 심급 *

이것이 고고학의 독특한 대상인 지식 개념이 구성되는 방식이다. 지식이란 무엇인가? 그것은 정확히 "우리가 담론적 실천 속에서 말할 수

19) *ibid.*, p. 46.

20) *ibid.*, pp. 47-48.

* 영역자의 주 : 지식(savoir)과 인식(connaissance). 이 두 단어는 모두 영어의 'knowledge'로 번역될 수 있다. 그러나 전자는 '노하우'(know-how)쪽에 가깝고, 후자는 '인지'(cognition)이라는 철학적 용어에 더 가깝다. 저자는 savoir의 사용에 대한 푸코 자신의 정의를 설명하고 있다. 따라서 특별한 경우를 제외하고는 이 절에서는 savoir는 번역

있는 대상이 되는 것이다. 따라서 그것은 다음과 같이 설명할 수 있다. 과학적 지위를 획득하게 되거나 그렇지 못하게 될 상이한 대상들에 의해 구성되는 영역."[21] "지식은 개념들이 출현하고 정의되고 응용되고 변형되는, 언표들이 상호조정되고 종속되는 장이다."[22] 이것이, 인식론과는 다르게, 고고학이 '담론적 실천/지식/과학이라는 축'[23]을 탐구하는 이유이다. 인식론적 단절 개념은 여기서 새로운 위상을 갖게 된다. 푸코에 따르면, 인식론의 독특성은 지식의 심급, 규제된 관계들――이것의 물질적 존재가 과학적 인식이 위치하게 되는 토대를 구성한다――의 심급을 회피한다는 데 있다. 그에게는, '과학은 어떻게 지식의 요소 속에 기입되며 어떻게 그 속에서 기능하는가 하는 점'이 해명되어야 할 점이었다. 하나의 공간이 존재하는 바, 그 공간을 구성하는 관계들 내부에서의 상호작용을 통해서 그 공간 속에서 특정 과학은 자신의 대상을 형성한다. "과학은, 지식과 동일하지 않으나 그것을 지워버리거나 배제하지 않고, 그 속에 위치해 있으며, 몇몇의 대상들을 구조화하고, 몇몇의 발화된 내용들을 체계화하며, 몇몇의 개념들과 전략들을 형식화한다."[24]

나는, 푸코가 생각하고 있는 이러한 상호작용을 다시 검토할 기회를 갖게 될 것이다. 특히, 특별한 한 예로서의 맑스와 리카도의 관계를 검토할 것이다. 그 예는, 분석의 원리들과 현존하는 분야들에 대한 그 원

하지 않고 그대로 썼으며, connaissance는 knowledge로 번역하였다. 더 이상 구별이 필요치 않은 그밖의 경우에서는, knowledge라는 번역어가 사용되는 각각의 경우를 맥락을 통해서 이해할 수 있다.

21) *ibid.*, p. 182.

22) *ibid.*, pp. 182-83.

23) *ibid.*, p. 183.

24) *ibid.*, p. 185.

리들의 영향을 보여 주고도 남음이 있다.

고고학의 퇴행 지점

그 원리들을 설명하는 푸코의 논의과정으로 돌아가 보자. 나에게 이 과정은 인식론의 한계들을 아주 정확히 표현해 주고 있으며, 그가 '담론적 관계들'이라고 부르고 있는 것에 관한 이론, 즉 모든 '담론 형성'의 법칙들에 관한 이론을 다듬어야 할 필요성을 증명해 주고 있다. 그런데 바로 여기서 이번에는 '고고학'의 한계들이 나타난다. 나의 해석이 옳다면, 사실 고고학의 과제는, '담론적' 심급이 제도들과 역사적인 특정 규제 장치들 속에 투여되어 있는 관계들에 의해 구조화되어 있는 한에서, 그에 관한 이론을 구성하는 것이다. 이 과제는 푸코에 의해서 서술의 형식으로 수행되고 있을 뿐이다. 그 자신이 그렇게 말하고 있다. 그는 '언표의 기술'이라는 제목의 장에서 "이론을 위한 시간이 아직 도래하지 않았다"고 쓰고 있다. 나로 말하자면, 나는 그 이론을 위한 시간은 최소한 그것의 가장 일반적인 원리들에서는 이미 오래 전에 맑스에 의해서 시작되었다고 생각한다. 그러나 푸코가, 자신이 희구하고 있는 이론의 원리들을 인정하려고 마음먹지 않는다면, 그에게 그 시간은 오지 않을 것이다. 그 원리들이란 역사 과학의 원리들이다. 왜냐하면 결국 『지식의 고고학』에서 가장 긍정적인 것은, '담론 형성'이라는 이름하에 이데올로기적 관계들과 이데올로기적 대상들의 형성에 관한 유물론적이고 역사적인 이론을 확립하려는 시도이기 때문이다. 그런데 초유의 이론은 결국 무엇에 근거하고 있는가? 그것은, 암묵적으로 수용되고 있고, 언제나 현존하고 있으며, 이론화된 적이 없었던 '담론적 실천들'과 '비-담론적 실천들' 사이의 구별에 기초하고 있다. 그의 모든 분석은 이 구별에 기초해서 이루어진다. 나는, 그것이 맹목적으로 실천되고 있으며, 아직까지 이루어지지 못한 '완성'을 위한 최후의 노력은 그 구별을 이론화하는 것이라고 생각한다. 그렇게 될 경우 틀림없이 푸코는, 그 자신이 예견하고 있듯이, 다른 지반 위에 있게 될 것이다.

이 구별은 항상 현존하고 있다. '담론적 실천'이란 범주를 만들어 낸 푸코는, 그 '실천'이 자율적인 것이 아니라는 것, 그 실천을 구성하는 관계들의 변형과 변화는 순수한 조합 행위에 의해 생산되는 것이 아니라는 것, 따라서 그러한 관계들을 이해하기 위해서는 다른 종류의 실천들에 의지해야 할 필요가 있다는 것을 인정해야 한다. 우리는 이미, 처음부터 푸코가 언표들 사이의 연관들뿐만 아니라 '언표들과 상이한 종류의(기술적, 경제적, 사회적, 정치적) 사건들 사이의'[25] 연관들을 결정하려 한다는 것을 알고 있다.

더욱이, 그 책의 순서를 따라가 보면, 실천으로서의 담론에 대한 정의 속에서 이상한 구별이 나타난다. "모든 담론에 혹은 모든 담론 대상들에 독립해 있는 것으로서 제도, 기술, 사회 형태들 등의 사이에서 서술될 수 있는"[26] '일차적'이라고 언급되고 있는 어떤 연관들과는 상대적으로, '담론적' 연관들은 이차적인 것으로 언급되고 있다. 몇 페이지 뒤에서 우리는 다음을 읽을 수 있다.

> 실제로 이루어진 이론적 선택들의 결정은 또한 다른 심급으로부터도 나온다. 무엇보다도 이 심급은, 연구되고 있는 담론이 비-담론적 실천의 장에서 수행해야만 하는 기능에 의해서 특징지을 수 있다.[27]

---

25) *ibid.*, p. 29.
26) *ibid.*, p. 45.
27) *ibid.*, pp. 67-68.

다른 많은 예가 인용될 수 있는데, 그 모든 것은, 푸코가 이러한 구별을 필요로 했으나 그 구별을 병렬의 형태로 수행하고 있음을 입증해 줄 것이다. 특히, 리카도와 맑스 사이의 관계에 대한 분석에서 기능하고 있는 것은 명백히 이러한 구별이다. 그것은, 푸코의 '준거 체계'가 그 부정합성을 드러내고 있는 지점이다. 지반을 바꾸어 보자.

3. '지식'과 이데올로기

'과학과 지식'의 장의 세번째 부분은 '지식과 이데올로기'라는 제목이 붙어 있다. 이 두 제목의 대면은 무엇이 문제가 되고 있는가를 암시해 주고 있다. 그것은, 과학과 이데올로기 사이의 관계들에 관해 이미 오래된 한 책에서 알튀세르가 개진했던 논제들에 대한 비판적 검토이다. 그 당시에 혁명적인 이론적 가치와 정치적 중요성을 가지고 있었음을 부인할 수 없는 이 논제들은 자신의 목적을 위해서 근본적으로 바슐라르적인 '절단'(coupre) 혹은 '단절'(rupture) 개념을 사용했다. 우리가 살펴보았듯이, 『지식의 고고학』에서 푸코는 이 단절 개념을 재사고하기 위하여——그리고 정정하기 위하여——범주들의 체계를 제시하고 있다. 그는 그 개념의 제한적인 서술적 가치와 인간학적 함축들을 강조한다. 따라서, 그에 대응해 과학-이데올로기의 구별이 재구성되어야 한다는 점이 이해될 수 있다. 이것이, 지식 개념이 그 책 전반을 통해 다듬어졌을 때, 그가 과학과 '지식'의 관계를 분석함으로써 하려고 한 것이다. 바로 그 사실을 통해 그는 자신이 '지식'이라고 부르고 있는 것과 알튀세르가 '이데올로기'라고 부르고 있는 것의 차이를 사고해야 한다. 『지식의 고고학』을 결론짓고 있는 것은 정확히 이 마지막 분석이다. 『지식의 고고학』에서 푸코는 '지식'이라는 새로운 개념의 결정에 상응하는 세 가지 논변을 사용한다.

(a) 지식이 일련의 실천들——담론적이거나 비-담론적인 실천들——에 의해서 구성된다면, 알튀세르에게서 기능하고 있는 이데올로기에 대한 정의는 너무 협소하다. 푸코는 이렇게 쓴다. "이론적 모순들, 공백, 결점들은 어떤 과학(과학적임을 주장하는 담론)의 이데올로기적 기능을 지시하는 것일 수도 있다. 그러한 것들을 통해 우리는 그 구조의 어떤 지점에서 그러한 기능이 영향을 미치고 있는가를 결정할 수 있다. 그러나 이러한 기능에 대한 분석은 형성 규칙들과 과학성의 구조들 사이에 존재하는 관계들의 실증성의 차원에서 이루어져야 한다."[28] 요컨대, 공격당하고 있는 것은 순전히 비-과학으로서만 이해되고 있는 이데올로기에 대한 어떤 견해이다. 푸코에게서, 이데올로기에 대한 그러한 정의는 그것의 특징을 놓치고 있다. 이렇게 표현해도 좋다면, 그 정의는 그 자체로 이데올로기적이다. 그것은 과학의 지식 속으로의 편입이 갖는 효과들을 기계적으로, 궁극적으로는 반-변증법적으로 서술하는 데 머무르고 있다. 그러나 그 분석은 대체되어야만 한다. 일면적인 것이긴 하지만 어떤 부분에서 알튀세르가 제시한 것으로 볼 수도 있는 견해에서 나타나는 것처럼, 눈을 과학에 고정시키고, 이데올로기를 과학의 단순한 전도로 이해함으로써 그것을 과학의 단순한 부재로 간주하는 것으로는 불충분하다. 반대로, '단절'이라는 것을 이해하기 위해서는, '지식'을 구성하는 것으로서 과학이 출현하는 토대가 되기도 하는 관계들의 그물망을 분석하는 것이 중요하다.

(b) 지식이 어떤 실천들——담론적이거나 비-담론적인 실천들——속에 둘러싸여 있다면, 과학이 출현했다고 해서 마치, 그것이 마술처럼

28) *ibid.*, p. 186.

그러한 실천들을 없앨 수 있는 것은 아니다. 반대로, 그러한 실천들은 유지되며 과학과 더불어——어느 정도 평화롭게——공존한다. 따라서,

> 이데올로기는 과학성을 배제하지 않는다……그것 자체를 바로잡음으로써, 그 오류들을 정정함으로써, 그 형식화들을 엄격히 함으로써, 어떤 경우라도 담론과 이데올로기의 관계를 결코 느슨하게 하지 않는다. 이데올로기의 역할은, 엄정함이 강화되고 오류가 사라진다고 해서 감소하지 않는다.[29)]

달리 말해, '이데올로기'라는 말이 겨냥하고 있는 것이 진정 '지식'이라면, 어떤 주어진 사회구성체에서의 그 현존이 갖는 물질성은 하나의 환영으로서 점차 사라져 가는 어떤 것일 수 없으며, 반대로 그것은 계속해서 기능하고, 문자 그대로 계속되는 그 구성과정 전체를 통해 과학을 에워싼다는 점이 인정되어야만 한다.

(c) 이때부터 과학의 역사는 '지식'의 역사와의 관계, 즉 지식을 구성하는 그 실천들——담론적이거나 비-담론적인——의 역사와의 관계 속에서만 고려될 수 있을 뿐이다. 이러한 실천들의 변전을 사고하는 것이 중요하다. 각각의 변전은 과학성이 지식에 개입하는 형식을 변화시키는 효과와 새로운 유형의 과학/지식 관계를 확립하는 효과를 갖게 될 것이다. "요컨대, 과학에게 제기되고 있는 이데올로기에 관한 질문은 이데올로기가 다소 의식적으로 반영하고 있는 상황들이나 실천들에 관한 질문도 아니며, 이데올로기가 사용될 수도 있는 가능성이나 그것의 오용에 관한 질문도 아니다. 그것은 담론적 실천으로서의 그것의 현존에 관한 질문이며, 다른 실천들 속에서의 그것의 기능

---

29) *ibid.*

에 관한 질문이다."[30]

내가 보기에, 자신의 연구에 대한, 여기서는 역설적으로 나타나는 저자의 자기-준거에 의해 가려져 있는, 인정되고 있지는 않지만 결정적인 '준거 체계'는 이제 바로 드러나게 된다. 푸코가 자기 자신에게——그리고 우리에게 건 트릭을 의심한 점에서 나는 아주 옳았다. 그 트릭이란, 푸코가 스스로 그것의 요소들을 무효화한 바 있는 준거 체계를 자신의 연구의 구성 요소로서 제시하고 있는 것을 말한다. 사실상, 이러한 연구의 끝에서 분명하게 나타나는 것은(내가 언급했던 것처럼, 정확히 끝에서이다), 고고학의 체계는, 그것이 푸코의 특별한 대상인 그 허위 과학들, 그 실증성들을 사고하게 될 때, 전적으로 과학-이데올로기 쌍의 부정합성을 보충하기 위해서 구성되고 있다는 점이다. 『지식의 고고학』은 어떤 부재에 대한 주장을 토대로 해서 구성된다. 따라서 두 개의 길——오직 두 개뿐이다——이 푸코에게 열린다. 자신이 갖고 있는 수단을 통해서 그 곤란을 해결하는 것, 혹은 자신을 역사 과학인 역사적 유물론에 의탁하여 그 곤란이 과학/이데올로기 대상을 이전에 알튀세르가——잠정적으로, 그리고 필요상 그렇게——언급한 대상으로 환원시키고 있는지의 여부를 검토하는 것이다. 정확히 말해서, 역사 유물론의 기초 개념들은 나타난 그 곤란을 해결할 수 있을 만큼 이데올로기 이론을 드러낼 수 없었는가를 검토하는 것이다. 미셸 푸코는 첫번째 길을 선택했다——어떤 사람들은 의기양양하게 이렇게 말할 것이다. 결론적으로 나는 이러한 선택에 대한 비-심리학적 근거를 제시하고자 할 것이다. 잠시 우리는 그것의 귀결들을 검토해야 한다. 나의 카드를 테이블 위에 던져 놓고 약간은 그 결과를 기대하면서, 이데올로기의 본성이란, 우리가 구성되어 존재하는 과학에 끊임없이 상응하는 담

30) *ibid.*, p. 185.

론을 안심하고 주장할 수가 없는 그러한 것임을 말해 두고자 한다. 모순이 다시 나타나고, 변위가 그 효과들을 통해 감지될 수 있으며, 처음에 회피했던 선택이 이전보다 더 절박하게 다시 요구되는 때가 온다. 이것이 내가 증명하려고 하는 것이다.

상응하는 담론(the parallel discourse). 그 용어들과 해결이 정당하게——그리고 실제로——역사적 유물론에 속하는 실제적 곤란을 인정했던 푸코는, 비록 변위되어 있지만 동질적인 일정수의 개념들을 제안한다. 그 개념들을 이해할 수 있는 모든 사람들에게, 그는 그 개념들의 정식화에서 그 개념들의 정정 조건들을 서술한다.

우리가 본 것처럼, 모든 것은 '실천' 개념의 사용에 달려 있다. 말 그대로의 의미로, 그것은 이 점에서 역사적 유물론과 '고고학' 사이의 구별이 극소화되고 있다는 점을 인정한다. 그러나 그 구별이 극대화되고 있는 곳도 바로 이 지점에서라는 것이 어떤 역설도 없이 드러날 것이다. '고고학'의 장을 규정하고 있는 것은 사실상——푸코의 초기 저작들에서는 아주 낯설은——실천의 범주이다. 그것은 언어도 아니고 사고도 아니다. 그것은 그가 '전 - 개념적인' 것이라고 부르고 있는 것이다. 그는 이렇게 쓰고 있다. "우리가 밝혀 낸 전 - 개념적인 차원은 관념성의 지평과도, 추상적 개념들의 경험적 발생과도 관련이 없다."[31] 사실상, 추구되고 있는 것은 개념의 관념적 구조가 아니라 '개념들의 출현의 위치'이다. 그 개념들을 발생시킨 것으로 생각되는 일련의 경험적 작용들을 통해 관념적 구조들을 설명하려는 시도는 존재하지 않는다. 기술되고 있는 것은, 모든 발화 주체에게 부과되는 역사적으로 결정된 일련의 익명적 규칙들이다. 그 규칙들은 보편적으로 타당한 것이 아니고, 항상 고유한 타당성의 영역을 갖는다. '실천'이라는 고고학적 범주

31) *ibid.*, p. 62.

를 주로 규정하는 것은 '규칙', '규칙성'이다. 담론적 실천을 구조화하는 것은 규칙성이며, 모든 담론적 '형성체'를 질서짓는 것도 규칙이다.[32] 규칙의 기능은 간명하게 이해될 수 있다. 이 개념으로 푸코는 담론적 실천을 구조화하는 관계들, 발화 주체에 미치는 그 관계들의 지배 효과, 그리고 그가 다소 난해하게 한 실천과 다른 실천의 연결(embrayage)이라고 부르고 있는 것을 동시에——통일성 속에서——사고하려고 한다.

나는 이미 첫번째 논점을 분석한 바 있다. 덧붙일 것이 있다면 '규칙성'은 '불규칙성'에 대립되지 않는다는 설명뿐이다. 규칙성이 실로 실천의 본질적 규정이라면, 규칙성/불규칙성의 대립은 적절한 것이 아니다. 예를 들면, 담론적 형성체에서의 어떤 '발명'과 '발견'이 규칙성을 벗어난다고 말할 수는 없다. "발견은, 언표적 관점에서 보면, 규칙성을 되풀이하고 확산시키는 텍스트에 못지 않게 규칙적이다. 규칙성은 예기치 않은 형성 속에서와 마찬가지로 평범한 것에서도 작동하며 영향을 미치고 활동성을 갖는다."[33] 따라서 불규칙성은, 주체(아니면 적어도 몇몇 뛰어난 주체들)의 충실한 숭배자들로서, 우리가 본 것처럼 근본적으로 연속주의자들인 역사가들이, '천재의 일격'으로 부당하게 간주하는 어떤 출현인 것이다. 이러한 출현은, 담론적 형성체의 어떤 특정 지점에서, 따라서 주어진 역사적 시기에 확립된 규칙성 내에서 그리고 그 아래에서, 변화가 발생할 때 만들어진다. 그것이 관계하는 지점에 따라, 그것은 중요해질 수 있으며, 보다 크고 작은 효과들을 갖게 될 것이다(혹자는, 그것은 다소간 '천재'를 드러낼 것이라고 말할 것이다). 이것은, '담론적 형성체' 대한 새로운 규정을 드러낸다. 그것은 위계적으로 구조화되어 있다. 사실상, 가능한 대상들의 영역을 제한하고 '가시적인 것'과

32) *ibid.*, p. 46.
33) *ibid.*, p. 145.

'비가시적인 것', '사고할 수 있는 것'과 '사고할 수 없는 것', 혹은 (고고학적 용어로 말한다면) '언표할 수 있는 것'과 '언표할 수 없는 것' 사이에 분할선을 긋는 '지배적인 언표들'이 존재한다. 그 언표들은, 어떤 주어진 담론적 형성체가 그것을 배제함으로써 포함하고 있는 어떤 것을 지시한다. 따라서 외관상의 불규칙성은 단지 '지배'의 변화가 주는 효과에 불과하다. 여기서 우리는 자연사의 예를 통해 분석이 이루어지고 있는 주목할 만한 구절(영역판 pp. 192-93을 참조)에 대해 상세히 해설할 필요가 있다.

두번째 논점. 이 위계적 규칙성은 모든 '주체'에게 부과된다. 다음은 푸코가 임상의학에 대해서 쓰고 있는 부분이다.

> 주체의 입장은, 다양한 대상 영역들과 군들과 관련하여 그 주체가 점유할 수 있는 상황에 의해 규정되기도 한다. 그것은 명백한 혹은 암묵적인 질문들의 어떤 그물망에 따라 질문하는 주체이며, 정보의 어떤 프로그램에 따라 귀 기울이는 주체이다. 그것은 특징들의 목록표에 따라 관찰하는 주체이고 서술적 형태로 관찰하는 주체이다…….

그는 계속해서 말한다.

> 의학적 담론이 점유할 수 있는 다양한 상황들은 19세기 초에 매우 다른 인식 영역을 조직화함으로써 규정되었다.[34)]

세번째 논점이 중요하다. 고고학적 기획의 모든 모순은 여기에 집중되어 있다. 여기서 푸코의 실천 범주는 그 부정합성을 드러낸다. 그것

---

34) *ibid.*, pp. 52-53.

이 지시하고 있는 것의 통일성을 병렬 이외의 다른 것으로 사고할 수 없게 만들고 있다. 나는, 이것이 결정 원리의 부재 때문이라는 점을 보여 줄 것이다. 그런데 내가 말한 것이 옳다면, 이 부재는 푸코가 선택한 길이 낳은 효과일 뿐이다. 따라서 그것은 다른 길의 필연성을 인식하게 해주는 지점을 표시한다. 거기서 정정이 시작될 수 있다.

푸코는 무엇이 규칙의 규칙성 구성하고, 무엇이 그 위계적 구조를 질서지으며, 무엇이 그 변전들을 생산해 내고, 무엇이 모든 주체에 대해 갖는 그것의 명령적 성격을 부여하는가를 사고해야 하는 의무를 받아들인다. 그러나 이 모든 논점들 각각에서 그는 동일한 난점에 봉착한다. 그것이 동일한 난점이라는 점은 다소 흥미로운 사실이다. 이것은, 푸코가 이 복잡한 과정 전체를 하나의 동일한 원리에 관련시켜야 할 필요를 알고 있다는 것을 의미한다. 그러나 그 하나의 원리는 도처에 현존하며 드러나 있지만, 결코 사고되지 않고 있다. 그것은, 그 원리가 여기서 기능하고 있는 실천의 범주의 한계들을 뛰어넘고 있기 때문이다. 우리는 이미 그 원리를 발견했다. 그것은 담론적 실천들을 비 - 담론적 실천들에 접합시키는 것이다.

나는 다음과 같은 말을 듣게 될 것이다. 이 모든 노력은 여기에, 즉 다소 불가사의한 동일한 지점에 도달하기 위함이었다. 이 지점에서 마지막 장은 멈추게 될 것이다. 확실히 그렇다. 그리고 그것은, 일단 우리가 이 지점을 통과했다면 푸코의 외부에 있는 것이기 때문에 자연스러운 일이다. 그러나 이것은 잊지 말아야 한다. 나는 겉보기에 하나의 원환을 그리며 나아갔다. 이제 나는 '고고학적' 원환으로부터 빠져 나갈 수단을 결정했다. 퇴행 지점을 있는 그대로 사고함으로써, 나는 회피하지 않고 떠날 수 있는 길을 발견했다. 실제로, 나는 이제 담론적 실천과 비 - 담론적 실천 사이의 구별이 무엇에 대한 응답인가를 말할 수 있다. 그것은 과학/이데올로기의 구별을 재사고하기 위한 시도였다. 더 정확히 말하면, 그것은 두 역사, 즉 과학들의 역사와 이데올로기 혹은 이데올로기들의 역사를 그 차별적 통일성 속에서 사고하려는 시도였으며, 더 이상 과학사의 자율성을 일방적으로 강조하지 않고, 그 자율성의 상대성을 동시에 나타내려는 시도였다. 그런데 이 길에 들어서게 된 푸코는, 이번에는 (위계적으로 구조화되어 실천들 속으로 투여되는 관계들의 체계로서, '지식' 범주 안에서 사고되는) 이데올로기가 자율적이지 않다는 것을 인정해야만 했다(그리고 이것은 그의 가장 큰 장점이다). 그 자율성은 단지 상대적인 것일 뿐이다. 그러나 그는 자신을 위협하고 있는 위험을 잘 알고 있었다. 그 위험이란, '지식'을 순수하게 그리고 단순하게 사회적 구조의 효과——혹은 '반영'——로서만 사고하는 것이다. 요컨대, 그것은 초월적 관념론을 벗어나려고 하다가 그 초월적 관념론의 전도된 형태일 뿐인 기계적 유물론에 빠지게 되는 위험이다. 여기서 그의 극단적 당혹스러움과 그가 제시하고 있는 범주들의 형이상학적 모호함이 나오는 것이다.

그것들의 전개 양태들을 검토해 보자. 그것은 고고학적 틀의 이론적 취약점에 대해 필연적으로 오인할 수밖에 없는 '인식'으로 나아간다. 첫번째 인식. '연결'에서의 제도의 역할. 『임상의학의 탄생』의 분석에서 푸코는 주체에 관해 주목할 만한 두 페이지를 쓰고 있다.[35] 내가 방금 제시했던 분석들을 보여 주는 몇 단어들을 강조하면서 몇 구절만 인용하고자 한다.

> 첫번째 질문. 누가 말하고 있는가? 모든 발화 개체들 가운데서 누가 이러한 종류의 언어를 사용하는 사람으로 확정되는가? 누가 그렇

35) *ibid.*, pp. 50-51.

게 할 수 있는 권한을 부여받는가? 누가 그것으로부터 자신의 고유한 특성과 명성을 이끌어 내며, 그 대가로 그는 누구로부터 비록 확증은 아닐지라도 자신이 말한 것이 진실이라는 인정을 받는가? 그러한 담론을 제공할 수 있는 권리, 법이나 전통에 의해서 인정되는 것이며 법률적으로 규정되거나 자발적으로 수용되는 것인 그 권리를 갖는 개체들의 지위는 무엇인가? 의사의 지위는 자질과 지식의 기준들을 포함한다. 교육 제도들, 체계들, 규범들. 실천에 그리고 지식의 실험에 권리——비록 어떤 제한들을 두고 있지 않은 것은 아니지만——를 부여하는 법적 조건들.

그는 계속해서 말한다.

의학적 담론의 존재는 그것을 분절시키고, 그것에게 고통과 죽음을 극복할 힘을 주장할 수 있는 권리를 가진 것으로 법적으로 규정되어 있는 사람과 분리될 수 없다. 그러나 우리는 또한, 서구 문명에서 이러한 지위는 주민의 건강이 산업 사회가 요구하는 경제적 규범들 중의 하나가 된 18세기 말에 심대하게 수정을 겪었다는 것을 알고 있다.

"우리는 또한……알고 있다". 푸코가 이러한 얻어 들은 인식으로부터 수정과정에 대한 합리적 인식으로 이행하는 수단을 우리에게 거의 제시하고 있지 않다는 점을 인정해야 한다. 이것은 여전히 동일한 수수께끼, 즉 '연결'의 수수께끼이다. 그러나 이 텍스트는, 그것이 규칙 범주가 푸코에게서 어떻게 기능하는가를——아주 풍부하게——설명해 줄 수 있다는 점에서, 즉 지위, 규범들, 힘의 개념들과 관련맺고 있다는 점에서 특별하다. 정확히 말하면, 지위는 비 - 담론적 심급——나는 국가 장치라는 부분을 말할 수 있다——에 의해서 규정된다. 그것은, 경제적 의무들의 함수로서 정의되는 일정수의 규범들을 구체화하고 실현시킨다. 이러한 지위는, 문자 그대로 직업을 하나의 조직체로 만들고, 이 조직체는 거기서 이루어지는 담론에——따라서 그 담론을 수행하는 개인들에게——힘을 부여한다. 명백히 의사들의 담론적 실천에서만 존재하는 이 후자의 힘은——그것이 국가 장치에는 더 이상 낯선 것이 아닌 한에서——푸코에 의해서 자세히 설명되고 있지 않지만 국가 권력과 어떤 관계를 갖는다. 다른 곳에서 이와 동일한 문제를 살펴보기 위해 여기서 이 분석을 끝내기로 하자.

몇몇 경우에 분석은 복잡하고 혼란스럽다. 따라서, 45페이지에서 '복잡한 관계들의 다발'로서의 지식의 대상의 형성을 서술하면서, 푸코는 무원칙한 합성물에 의지한다. "이러한 연관들은 제도들, 경제적이고 사회적인 과정들, 행동 양식들, 규범 체계들, 기술들, 분류 유형들, 특성화 양상들 사이에서 확립된다. 그리고 이러한 연관들은 대상에는 존재하지 않는다." 이것만큼이나 열정적인 다른 문구들이 인용될 수 있다(특히 74페이지)

사태를 있는 그대로 봄으로써, 왜 푸코가 잘못된 길을 선택하여 불가피하게 실패할 수밖에 없었는가를 살펴볼 때가 온 것 같다. 우리가 여기까지 오면서 만났던 요소들을 다 모아 보면, 내가 제시할 수 있는 분석 유형은 다음과 같은 것이다. 이데올로기라는 알튀세르의 낡은——그리고 너무 협소한——개념을 비판하는 것으로부터 출발해서 푸코는 '지식'이라는 자기 자신의 범주를 만들어 낸 다음 빈약하게 세워진 '실천' 개념으로 그것을 뒷받침했다. 그것이 빈약하게 세워졌다는 것은, 자신의 기능을 수행하기 위하여, 분리에 대한 어떤 근거도 제시할 수 없으면서 그것을 분리하는 것이 명백히 필수적일 수밖에 없기 때문에 그렇다. 그러나 그의 비판이 그 과녁으로부터 벗어나지 않았다는 사실에 힘입어, 푸코는 비록 전위된 가운데에서이긴 하지만 역사적 유물론에서 기능하고 있는 이데올로기라는 과학적 개념의 규정들을 재생산하고 있다. 그는 처음부터 그 개념을 배제했기 때문에, 이데올로기와 생산관계들 사이의 연관이 전면에 떠오르게 되면 침묵했고, '신비스럽게' 문제의 자리를 지시할 수밖에 없었다.

좀더 분명히 해 보자.

1. 역사적 유물론에서——맑스와 그의 계승자들에게서——기능하는 이데올로기 개념은 사실상 과학의 순수한 전도가 아니다. 푸코는 매우 옳았다. 이데올로기의 '물질적 제도'에 관해서 그가 제기한 질문은 변증법적 유물론에게는 급박한 이론적 필요성을 갖는 실제적인(유물론적인) 질문이다. 우리가 알고 있듯이, 이데올로기는 정합성, 물질적——특히 제도적——존재, 그리고 사회구성체에서의 현실적 기능을 갖는다. 사회구성체의 구조에 대해서 맑스가 제시하고 있는 여전히 서술적인 도식에서 이데올로기(혹은 이데올로기들)가 '상부구조'로 나타나고 있다는 것은 누구나 다 알고 있다. 경제적 하부구조에 의해서 '최종 심급에서' 결정되는 상부구조는 하부구조에 '역의 효과'를 갖는다고 알려져 있다. 그렇기 때문에, 이데올로기는 과학이 출현했다는 이유만으로 사라질 수 없다. 분명히 어떤 의미에서 미셸 푸코는 정당하게 '단절'의 인식론과는 '다른 차원에서' 작업하기를 원한 것이다.

"단절은 고고학에게 분석의 장애도 아니고 그것이 멀리서 가리키는 한계도 아니며, 그것을 결정하거나 그것에 특성을 부여할 수도 없다. 단절은 하나 혹은 몇몇 담론 형성체들의 일반적 체제에 영향을 미치는 변환들(transformations)에게 주어진 이름이다."[36] 이데올로기를 모든 사회

구성체들에서 하나의 심급으로 규정하는 것은, 사실상 이데올로기를 엄격히 바슐라르의 방식대로 상상의 은밀함 속에서 싹트는 '완고한 오류들의 조직'으로, 과학에 앞서 존재하는——그리고 종종 병적인 존재로 과학보다 더 오래 살아 남는——'이론적' 괴물들이라는 '무형의 마그마'로서 더 이상 사고해서는 안 되며, 그 심급의 구성, 작용, 기능을 그 자체가 역사적으로 결정된 복잡한 사회 전체 속에서 물질적이고 역사적으로 결정된 하나의 심급으로 사고해야 한다는 요구를 받아들이는 것이다. 내가 보기에, 이를 시도한 점이 『지식의 고고학』이 지니고 있는 아주 모범적인 가치를 구성하는 것이다.

2. 이 시도가 실패로 끝났다는 문제가 남아 있다. 분석은, 담론적 실천들과 비-담론적 실천들 사이의 맹목적 구별에서 불행에 빠진다. 실제로, 내가 말한 것이 옳다면, 여기서 놀랄 일은 없다. 푸코가 이 단 하나의 구별을 가지고 세 가지의 구별되는 문제들을 해결하려고 했다는 점을 보여줄 수 있다. 그 세 가지 문제들은 역사적 유물론의 개념들 속에서만 정식화될 수 있다. 그 문제들을 제기할 수조차 없었기 때문에 푸코는 당혹감 속에서 그 문제들의 효과와 마주치게 된다.

문제 1은 '이데올로기적 형성체'와 푸코가 '사회적 관계들', '경제적 변동들' 등등이라고 부르고 있는 것과 관련이 있다. 요컨대, 그것은 내가 여러 번에 걸쳐 소위 '연결'의 문제라고 지시했던 것이다. 달리 말하면, 사회구성체에서 이데올로기는 경제적 하부구조와 어떤 유형의 관계들을 맺고 있는가? 이것은, 상부구조와 하부구조에 대한 고전적 도식으로, 맑스주의자라면 쉽게 답할 수 있는 소박한 질문이라고 말할지도 모른다. 사실, 이 답은 비록 쉽고 근본적으로는 옳은 것이지만 확실히 부적절하다. 왜냐하면 그것은 여전히 서술적이기 때문이다. 비록 그것이

36) *ibid.*, pp. 176-77.

결정의 유물론적 순서를 보여 주고 있다는 엄청난 이점을 갖고 있다고 하더라도, 역사에 대한 모든 관념론적 견해들에 반대하는 잘 다듬어진 논쟁적 가치를 갖고 갖고 있다 해도, 이러한 결정적인 이유들 때문에, 그것이 우리가 철학의 두 진영 사이에, 우리의 적들과 우리 자신들 사이에 구획선을 그을 수 있도록 해주는 한, 그것이 맑스주의의 이론적 획득물로서 단호하게 옹호되어야 할 필요가 있음에도 불구하고——다음과 같은 사실은 여전히 인정되어야만 한다. 그것은 우리에게 주체들에 대한 지배 효과를 생산해 내는 위계화된 관계들의 체계로서의 이데올로기를 (엄격한 의미에서의) 생산양식에, 즉 생산관계들과 생산력들의 구성된 체계에 연결시키는 메커니즘을 사유할 수 있는 수단을 제공하고 있지 못하다.[37] 푸코가 이론적으로 사고하도록 우리에게 요구하고 있는 것은 정확히 이러한 메커니즘이다. 그는 '연결'이라는 개념으로 절박한 문제의 자리를 가리킨다. 그 문제란 이데올로기와 하부구조의 사이의 관계들에 대한 서술적 이론으로부터 있는 그대로의 그 이론으로 옮겨 가는 것이다. 우리는, 역사적 유물론만이 이 문제를 해결할 수 있다는 것을 알고 있다. 여기서 그 해결책을 제시할 수는 없지만 나는 적어도 그 문제의 단서 조항들에 대한 설명을 덧붙일 수는 있다. 고전적 도식이 제시하고 있는 것처럼, 결정적인 것이 하부구조라면, 우리는 이데올로기적인 지배 체계를 필수적인 것으로 만드는 두 체계——생산력들과 생산관계들——사이의 관계들을 지배하고 있는 메커니즘에는 무엇이 있는가를 물어야 한다. 언젠가 이 질문은 대답되어야만 할 것이다. 푸코가——전위된 가운데에서이긴 하지만——그것을 '재발견했고' 그것

37) 이 문제에 대해서는 알튀세르의 논문 「이데올로기와 이데올로기적 국가 장치들」("Ideology and ideological State Apparatuses")을 참조하라. *Lenin and Philosophy and Other Essays*, NLB, London, 1971, pp. 121-73.

의 절박함을 충분히 보여 주었던 것은 그가 이룩한 성과이다.

문제 2는 이전에 푸코의 독특한 연구 대상이었던 '허위 과학들'의 지위에 관한 것이다. 그는 다음과 같이 주장한다. 일반 문법, 자연사 등등은 확립된 과학의 눈으로 돌이켜 보면 '이데올로기적'이라고 불릴 만하다. 물론 이러한 '이데올로기적' 분야들과 특정 역사 시기의 특정 사회에 존재하는 이데올로기적 관계들의 체계 사이에는 밀접한 연관이 존재한다는 것도 관찰할 수 있다. 『지식의 고고학』의 모든 것은 이를 입증하려 했다. 그럼에도 불구하고 일반 문법이나 자연사는 고찰되고 있는 사회구성체에서 기능하고 있는 종교들, 도덕적, 정치적 이데올로기들과 동일한 지위를 갖지 않는다. 이러한 차이의 지표는 다음과 같다. 이 분야들은――우리가 그것을 무엇이라고 생각하든지 간에――'과학'이라는 이름을 택한다. 요컨대, 푸코는 내가 기꺼이 '이데올로기 제일주의적'(ideologistic)이며, 근본적으로 기계론적이라고 말해야만 하는 환원을 피하고자 한다. 사실상 그는 이데올로기를 두 가지 '형태'로 구별할 것을 제안한다. 그는, 그 안에서 단지 형식적인 구별만을 보지 않아야 함을 확실히 하면서, 그와는 반대로 그것들 사이에 '차원의 차이'가 존재한다고 생각한다. 나는 이것을, 그가 '실천적 이데올로기들'과 '이론적 이데올로기들' 사이의 구별과 같이 역사적 유물론의 개념들 속에서 정식화될 수 있는 구별을 지시하고 있는 것으로 받아들일 것이다. 알튀세르는 실천적 이데올로기들에 대한 다음과 같은――잠정적인――정의를 제시한 바 있다.

> 실천적 이데올로기들로 나는 한편으로는 개념-표상-이미지의 몽타주와 다른 한편으로 행동-행위-태도-몸짓의 몽타주의 복잡한 구성을 의미한다. 그 전체는 인간의 사회적, 개인적 존재와 그들의

역사의 실제적 대상들과 실제적 문제들에 관한 그들의 태도와 구체적인 입장 선택을 지배하는 실천적 규범들로 기능한다.

우리는 이러한 실천적 이데올로기들과 이론적 이데올로기들의 '접합'을 어떻게 사고해야 하는가? '이론적 이데올로기'란 무엇인가? 푸코가 다른 용어들로 제기하고 있는 질문들은——유물론적 용어들로 정식화하면——이러한 것이다. 문서고(archive)라는 공식적인 개념이 그 모든 의미와 중요성을 획득하는 곳은 바로 여기이다. 이것을 보여 주기 위해서는 '역사적 선험과 문서고'[38]라는 장을 세밀히 검토할 필요가 있다. 역사적 선험이라는 표현을 정당화하면서 푸코는 이렇게 쓰고 있다. "병치해 놓았을 때, 이 두 단어는 놀라운 효과를 낳는다. 내가 이 말로 의미하고자 하는 것은 판단의 타당성 조건이 아니라 언표의 실재성의 조건인 선험이다." 따라서 문서고——전적으로 새로운 의미 속에서 이해되고 있는——는 "무엇보다도 말해질 수 있는 것의 법칙이며, 독특한 사건들로서의 언표의 출현을 지배하는 체계"라는 결론이 나온다. 일반적으로 말하면, "그것은 언표들의 형성과 변환의 일반적 체계이다."

그러나 이 일반적 체계는 우리가 보았듯이, 자율적이지 않다. 그 작용 법칙은 그 자체로 다른 유형의 규칙성, 즉 비-담론적 실천들의 규칙성에 의해 제한된다. 나는, 이론적 이데올로기의 대상의 형성은 실천적 이데올로기들의 제한에 종속되어 있다고 말할 것이다. 정확히 말하면, 나는 실천적 이데올로기들이 이론적 이데올로기들에 그 형태와 한계를 부여한다고 생각한다. 문서고의 차원에서 작업할 것을 제안함으로써, 푸코는 이와 같은 효과들을 규제하는 메커니즘을 사고하도록 우리에게 촉구하고 있다. 그는 우리에게 다음과 같은 문제를 제기한다. 어

38) *The Archaeology of Knowledge*, pp. 126-31.

떤 독특한 과정을 통하여 실천적 이데올로기들은 이론적 이데올로기들의 구성과 작용에 개입하는가? 혹은, 실천적 이데올로기들은 이론적 이데올로기들 속에서 어떻게 표현되는가? 여기서 다시 한 번 푸코는 현실적인——그리고 절박한——문제를 제기하고 있다. 그 문제에 대해서 『지식의 고고학』이 내놓은 답은 다시 한 번 역사적 유물론이라는 확고한 기반에서 재조정되어야 할 하나의 스케치에 불과하다.

문제 3은 이론적 이데올로기와 과학 사이에는 어떤 유형의 관계가 존재하는가에 관한 것이다. 여기서 푸코는 많은 기여를 하고 있다. 그는 그 문제가 대상과 관련하여 제기되면 해결될 수 없다는 것을 보여주고 있다. 이론적 이데올로기의 대상과 과학의 대상을 비교하는 것은 단절에 대한 서술로 나아갈 수밖에 없는데, 그것은 아무것도 설명하지 않는다. '지식'이라는 범주——그가 만들어 냈던——를 경유해서 나아갈 필요성을 확립함으로써, 그는 그 문제를 올바르게 제기한다. 이 문제는 결정적인 과학과 그것에 '상응하는' 것처럼 보이는 이론적 이데올로기 사이의 관계에 관한 문제가 아니라, 과학과 내가 논의해 왔던 형태로 구성된 이론적 이데올로기와 실천적 이데올로기의 체계 사이의 관계들에 대한 문제이다. 그런데 우리가 방금 본 것처럼, 실천적 이데올로기들이 이론적 이데올로기들 속에서 그것에 형태와 한계를 부여하는 것을 통하여 '표현된다면', 과학은 이 제한과정 속에서의 활동에 의해서만 등장할 수 있다는 점이 인정되어야 한다. 이것이, 푸코가 단절이라는 개념을 과학의 침입이라는, 내가 보기에 보다 적절한 개념으로 대체하는 이유이다. 이러한 침입은 지식 속에서, 즉 실천적, 이론적 이데올로기들의 체계가 작동하는 물질적 공간에서 일어난다. 푸코에 따르면, 한 사회구성체 속으로의 과학의 편입은 이러한 수단을 통해서 사고되어야 한다. 과학은 하늘에서 떨어진다고 생각하는 관념론과 과학이 단지 생산의 반영일 뿐이라고 생각하는 경제주의적 기계론 모두를 피할 수 있는 것도 이러한 수단을 통해서이다.

결론적으로 예를 통해 이러한 유형의 분석이 어떻게 작용하는지를 보여 줄 시간이다. 맑스와 리카도 사이의 관계에 대한 예를 들고자 한다. 푸코는 다음과 같은 놀랄 만한 글을 쓰고 있다.

> 맑스에게서 확립된 잉여가치나 이윤율의 저하 경향과 같은 개념들은 이미 리카도의 연구에서 나타나고 있던 실증성의 체계라는 토대 위에서 서술될 수도 있다. 그러나 이러한 개념들(이것들은 새로운 것이지만, 그 형성 규칙은 그렇지 않다)은——맑스 자신에게서——동시에 아주 상이한 담론적 실천에 속하는 것으로 나타난다. 그것들은 고유한 법칙들에 따라 그 담론적 실천 속에서 형성되고, 그것들은 거기서 상이한 입장을 갖게 되며, 그것들은 동일한 귀결로 나타나지 않는다. 이 새로운 실증성은 리카도의 분석의 변환이 아니다. 그것은 새로운 정치경제학이 아니다. 그것은 어떤 경제적 개념들의 파생으로 생겨나는 담론으로서, 그것은 이번에는 역으로 경제학자들의 담론이 발생하는 조건들을 규정함으로써 정치경제학에 관한 하나의 이론과 비판으로서 유효할 수 있다.[39]

이러한 분석에 가할 수 있는 최상의 논평은, 그것을 『자본』의 독일어 제2판의 후기[40]에 나오는 구절과 대조하는 것이다. 맑스는 다음과 같이 쓰고 있다.

---

39) *ibid.*, p. 176.

40) *Capital*, vol I, tr., by Samuel Moore and Edward Aveling, Foreign Languages Publishing House, Moscow, and Lawrence and Wishart, London, 1961, p. 14.

정치경제학이 그(부르주아) 지평 안에 머물러 있는 한, 즉 자본주의 체제가 사회적 생산의 전개에서 하나의 과도적인 역사적 국면으로서가 아니라 사회적 생산의 절대적인 최후의 형태로 간주되는 한, 정치경제학은 계급투쟁이 아직 잠재적인 상태에 있거나 고립되고 분산적인 현상으로서만 나타나는 한에서만 과학으로 남을 수 있다. 영국을 예로 들어 보자. 영국의 정치경제학은 계급투쟁이 아직 발전하지 않았던 시기에 속한다. 그것의 최후의 위대한 대표자인 리카도는 마침내 의식적으로 계급 이해의 적대, 즉 임금과 이윤의 적대, 이윤과 지대의 적대를 자신의 탐구의 출발점으로 삼았지만, 그는 소박하게 이러한 적대를 자연적인 사회 법칙으로 간주했다. 그러나 이러한 출발점을 택함으로써 부르주아 경제 과학은 넘을 수 없는 한계에 이르게 되었다.

푸코의 텍스트를 아주 흥미 있게 만들고 있는 것이 무엇인지가 여기서 드러난다. 리카도와 맑스의 대상이 동일한 '담론적 형성체'에서 유래한 이유, 고전 정치경제학이라는 그 이론적 이데올로기의 구성이 실천적 이데올로기의 제한들에 의해서 생산되는 한계들의 체계에 의해 결정되는 이유는 명백하다. 따라서 단절(혹은 절단)이라는 인식론적 관점이 얼마나 부적절한가가 명백해진다. 그러나 『지식의 고고학』에서 빠져 있는 것 또한 드러난다. 그것은 계급의 관점이다. 실제로, 맑스가 '새로운 담론적 실천'을 개시하게 되는 것은 그가 프롤레타리아의 관점을 택했기 때문이다. 달리 말하면, 계급 모순들은 실천적 이데올로기들을 관통하고 있다. 이론적 이데올로기의 경우에도 그 효과의 면에서는 동일하다. 따라서 이와 같이 구성되어 있는 모순들의 체계의 수정만이 이데올로기를 과학으로 이동시킬 수 있다. 『지식의 고고학』을 통해 나에게 제시되었던 이러한 성찰들은, 근본적인 것들이긴 하지만, 푸코의 작업을 벗어난다. 그것들은 필연적으로 그것을 벗어날 수밖에 없으며, 그것들의 부재는 푸코의 모든 개념의 전위를 설명해 준다. 이러한 이유로, 『지식의 고고학』은 그 자체가 이론적 이데올로기로 남게 된다. 그런데, 내가 방금 말한 것에 따르면, 우리가 그것을 이해하기 위해서 의지해야만 하는 것은 바로 계급 입장이다. 우리는, 역사적 유물론과 그 자신의 구성 사이에서 푸코가 한 선택의 의미를 이제 알 수 있다. 이 이론의 선택은 궁극적으로 정치적인 것이다. 우리는 이 선택의 효과들을 상세히 살펴보았다. 그것은 『지식의 고고학』에 '뛰어넘을 수 없을 한계들'을 부여한다. 역으로 '고고학자'로 하여금 지반을 바꾸게 하라. 그러면 틀림없이 더욱더 많은 보물을 발견할 것이다. 마지막으로 요점은 이렇다. 그때 그는 이미 '고고학자'이기를 멈추게 될 것이다.[41)]

41) 이 글은 1970년 4월에 씌어진 것이다.

■ 역자 후기

철학이란 무엇인가? 들뢰즈를 따라 철학은 "개념들을 형성하고 창조하고 만드는 기술"이라는 정의를 일단 받아들여 보자. 이러한 정의가 철학을 완벽하게 설명해 주고 있다고 단언할 수는 없지만, 마찬가지로 우리는 그것을 쉽게 거부할 수도 없다. 어쨌든 철학은 개념들로 이루어져 있다는 것을 부인할 수 없기 때문이다.

그렇다면 개념이란 무엇인가? 개념이란 분절, 절단, 재단의 문제이다. 또한 그것은 하나의 문제 혹은 문제들과 관련을 갖는다. 개념의 생성은 그것과 필연적인 연관을 갖을 수밖에 없는 '문제의 정식화'에 다름 아니다. 예를 들면 근대 철학의 '주체' 개념은 '누가 혹은 무엇이' 세계를 정확하게 인식하고 올바르게 변형시킬 수 있는가라는 문제와 연결되어 있다. 따라서 이러한 문제를 떠나지 않는 한, 우리는 주체 개념을 버릴 수 없다. 마찬가지로 우리가 어떤 철학을 비판한다고 하면, 그것은 그 철학의 개념들, 그것이 정식화한 문제들, 보다 정확히 말하면 그것의 문제틀을 비판하는 일이 된다.

개념들에 대한 비판은 개념들의 새로운 형성과 동일한 과정이다. 그리고 그것은 새로운 '문제의 인식'을 통해서 이루어진다. 바슐라르의 표현대로, 문제의 인식은 새로운 탄생을 알리는 신호이다.

이 책에 등장하는 프랑스 인식론의 세 거장, 즉 가스통 바슐라르, 조르주 캉기옘, 미셸 푸코는 바로 현대 철학의 새로운 개념들을 탄생시킨 과학자들이며 철학자들이다. 나는 과학자들임과 동시에 철학들이라고 말했는데, 정확히 말하면, 그들은 과학과 철학의 경계에 위치해 있으면서, 그 경계를 넘나들었던 사람들이다. 이 사실을 인식하는 것이 중요하다.

이들은 모두 근대 철학의 주요 개념들을 비판한다. 이성과 실재, 추상과 구체, 존재와 사고, 주체와 대상, 객관성, 실체, 선형적 역사, 총체성 등등. 그리고 새로운 개념들이 출현한다. 인식론적 장애와 단절, 전화, 개념들의 계보, 인식론적 장, 언표, 담론적 실천 등등.

이들의 인식론적 작업을 한 마디로 말한다면, 그것은 낡은 철학적 개념들에 대한 '과학적' 비판이다. 그것이 '과학적'이라 함은, 그 비판이 현대 과학들의 인식론적 성과에 기초하고 있다는 의미에서이다. 그들은 무엇보다도 과학들에 의지하고 있다. 바슐라르는 물리학과 화학에, 캉기옘은 생물학과 의학에, 그리고 푸코는 인간 과학들에 의지한다. 이들의 비판이 생산적일 수 있었던 것은 바로 이러한 사실에서 연유한다. 이것은 또한 프랑스 인식론이 갖고 있는 독특한 특징이기도 하다. 앙드레 랄랑드(André Lalande)는 프랑스의 인식론적 전통을 다음과 같이 정확하게 표현한 바 있다.

인식론이란, 보다 엄격히 말해서, 과학들에 대한 철학이다. 이는 과학적 방법들에 대한 연구가 아니다. 이러한 연구는 논리학의 한 부분을 이루는 방법론에 속한다. 인식론은 또한, 실증주의나 진화론에서 그러하듯이, 과학적 법칙들의 종합 또는 추측적인 예견도 아니다. 그것은 본질적으로 과학들의 원리들, 가설들, 그리고 결과들에 대한 비판적인 연구를 통해서 그것들의 논리학적 기원(심리학적 기원이 아닌), 그것들의 가치, 그리고 그것들의 객관적인 중요성을 결정하는 것이다(*Vocabulaire technique et critique de la philosophie*, p. 293).

근대 철학의 주요 개념들은, 근대 과학, 즉 뉴턴 과학에 기초하고 있다. 그런데 20세기 초의 현대 과학혁명은 뉴턴 과학과는 근본적으로 다른 새로운 세계 인식을 우리에게 보여 주고 있었다. 그러한 혁명을 통해서 현대 과학들은 근대 과학에 기초하고 있던 개념들의 한계를 지적하였다. 현대 과학들은 이미 '연속성'을 '불연속성'으로, '실체'를 '관계'로 대체하고 있었다. 그러나 부동성과 폐쇄성을 그 특징으로 하고 있는 철학적 사유는 계속해서 현대 과학의 새로운 인식들을 낡은 철학적 개념에 동화시키려고 하였다. 이것은, 철학의 지체이며, 더 나아가 '철학자들의 철학'의 과학으로의 개입이다.

이 책은, 과학과 철학의 이와 같은 분열, 철학의 지체와 개입 그리고 그것의 효과를 고발함으로써 '과학자들의 자생 철학'에 의지할 것을 호소한다. "과학들의 학교로 가라"는 바슐라르의 요구는, 이 책의 가장 밑바닥에 깔려 있는 정신이며, 그것은 또한 프랑스 인식론적 전통의 표현이기도 하다.

이 책은 또 다른 정신의 산물이기도 하다. 스스로가 몇 번에 걸쳐 언급하고 있듯이, 맑스주의적 전사로서 도미니크 르쿠르는 현대 프랑스 인식론의 전통과 맑스주의의 접합을 시도하고 있다. 그는 알튀세르의 작업의 연속선상에서 맑스주의 역사 과학인 역사적 유물론을 프랑스 인식론이라는 우회 지점을 통해 전화시키려 한다. 이러한 작업 속에서,

그는 객관성의 보증에 대한 바슐라르의 거부를 유물론적 경향으로 이해하고 있으며, 캉기옘의 '선구자의 신화'에 대한 비판과 그의 개념들의 역사, 그리고 푸코의 '실천으로서의 담론'에 주목한다. 다른 한편, 그는 또한 이들의 인식론적 작업이 갖고 있는 난점은 오직 맑스주의 역사 과학에, 특히 맑스의 '생산양식' 개념에 근거할 때에만 해결될 수 있을 것이라고 주장한다.

이 책은 르쿠르의 『가스통·바슐라르의 역사적 유물론』(*L'épistémologie historique de Gaston Bachelard*, 1969)과 『인식론 비판을 위하여』(*Pour une critique de l'episémologie*, 1972)를 영역한 *Marxism and Epistemology*, NLB, 1975를 완역한 것이다.

1996년 2월 13일

박기순.

■ 1부 부록

1. 가스통 바슐라르의 인식론적 저작들

저서들

Essai sur la connaissance approchée(*Essay on Approximate Knowledge*), Librairie Philosophique, J. Vrin, Paris, 1928.

Etude sur l'évolution d'un problème de physique : la propagation thermique dans les solides(*A Study of the Development of a Problem of Physics : the propagation of heat in solids*), Vrin, Paris, 1928.

La valeur inductive de la Relativité(*The Inductive Value of Relativity*), Vrin, Paris, 1929.

Le pluralisme cohérent de la chimie moderne(*The coherent Pluralism of Modern Chemistry*), Vrin, Paris, 1932.

Les intuitions atomistiques(*Atomistic Intuitions*), Boivin et Cie, Paris, 1933.

Le nouvel esprit scientifique(*The New Scientific Mind*), Presses Universitaires de France[PUF], Paris, 1934.

La dialectique de la durée(*The Dialectic of Duration*), Boivin, Paris, 1936.

L'expérience de l'espace dans la physique contemporaine(*The Experience of Space in Contemporary Physics*), PUF, Paris, 1937.

La formation de l'esprit scientifique : contribution à une psychanalyse de la connaissance objective(*The Formation of the Scientific Mind. a Contribution to a Psychoanalysis of Objective Knowledge*), Vrin, Paris, 1938.

La philosophie du non(*The Philosophy of No*), PUF, Paris, 1949.

L'activité rationaliste de la physique contemporaine(*The Rationalist Activity of Contemporary Physics*), PUF, Paris, 1951.

Le matérialisme rationnel(*Rational Materialism*), PUF, Paris, 1953.

논문들

"La richesse d'inférence de la physique mathématique"("The inferential wealth of mathematical physics"), *Scientia*, Revue Internationale de Synthése, no.8, Bologna,1928 (reprinted in Gaston Bachelard, *L'engagement rationaliste*, PUF, Paris, 1972).

"Noumène et Microphysique"("Noumenon and Microphysics"), *Recherches Philosophiques*, I, Paris, 1931(reprinted in Gaston Bachelard, *Etudes*, Vrin, Paris, 1970).

"Le monde comme caprice et miniature"("The world as Caprice and Miniature"), *Recherches Philosophiques*, III, 1933(reprinted in *Etudes*, op. cit.).

"Idéalisme discursif"("Discursive Idealism"), *Recherches Philosophiques*, IV, 1934 (reprinted in *Etudes*, op. cit.).

"Le surrationalisme"("Surrationalism"), *Inquisitions*, no.1, Editions Sociales Internationales, Paris, 1936(reprinted in *L'engagement rationaliste*, op. cit.).

"Lumière et substance"("Light and Substance"), *Revue de métaphysique et de morale*, Paris, 1938(reprinted in *Etudes*, op. cit.).

"Univers et rèalité"("Universe and Reality"), *Travaux de IIe Congrès des Sociétés de Philosophie française et de Langue française*, Lyon, 13-15 avril 1939, Nervu, Paris, 1939 (reprinted in *L'engagement rationaliste*, op. cit.).

"Hommage à Léon Brunschvicg"("In honour fo Léon Brunschvicg"), *Revue de mé taphysique et de morale*, 1945.

"Le problème phiolosophique des methodes scientifiques"("The Philosophical Pronblem of Scientific Methods"), *Discours* au Congrès internationale de Philosophie des Sciences, Paris(October 1949), coll. "Actualités scientifiques et industrielles", no.1126, Hermann, Paris, 1951(reprinted in *L'engagement rationaliste*, op. cit.).

"L'idonéisme of l'exactitude discursive"("Idoneism or Discursive Accuracy"), *Etudes de philosophie des Sciences*(*mélanges Ferdinand Gonseth*), Editions du Griffon, Neuchâtel, 1950.

"L'actualité de l'histoire des sciences"("The Actuality of History of the Sciences"), Lecture at the Palais de la Découverté, 20 October 1961(reprinted in *L'engagement rationaliste*, op. cit.).

영역본

The Philosophy of No, *Philosophy of the New Scientific Mind*, translated by G. C. Waterston, Orion Press, New York, 1968.

2. 가스통 바슐라르의 인식론적 작업에 대한 연구서

Hommage à Gaston Bachelard(G. Bouligand, G. Canguilhem, P. Costabel, F. Courtés, F. Dagognet, M. Daumas, G. G. Granger, J. Hyppolite, R. Martin, R. Poirier and R. Taton), PUF, Paris, 1957.

"Hommage à Gaston Bachelard", *Annales de l'Université de Paris*(G. Canguilhem, L. Guillermit), January-March 1963.

Georges Canguilhem, "Sur une épitémologie concordataire", *Hommage à Gaston Bachelard*, 1957, op. cit.

——— "L'histoire des sciences dans l'oeuvres épitémologique de Gaston Bachelard", "Gaston Bachelard et les philosophes", and "Dialectique et philosophie du non chez Gaston Bachelard", Georges Canguilhem : *Etudes d'hitoire et de philosophie des sciences*, Vrin, Paris, 1968.

François Dagognet, "Le matérialisme rationnel de Gaston Bachelard", *Cahiers de l'Institut de Science Economique Appliquée*, Paris, June 1962.

——— Gaston Bachelard, coll. *Philosophes*, PUF, Paris, 1965.

Gilles-Gaston Granger, "Visite à Gaston Bachelard", Paru, Monaco, 1947.

Jean Hyppolite, "Gaston Bachelard ou le romantisme de l'intelligence", Revue Philosophique, Paris, January-March 1954, reprinted in *Hommage à Gaston Bachelard*, 1957, op. cit.

——— "L'épistémologie de Gaston Bachelard", *Revue d'histoire des sciences*, Paris, January 1964.

3. 문헌 목록

가스통 바슐라르 저작들의 완벽한 문헌 목록은 장 뤼망에 의해 완성되었으며, *Revue internationale de philosophie*, vol. XVII, 1963에 실려 있다.

■ 2부 부록

조르주 캉길렘과 미셸 푸코의 인식론과 과학사에 관한 저작들의 목록

1. 조르주 캉길렘

책들

Essai sur quelques problèmes concernant le normal et le pathologique(*An Essay on some Problems concerning the Normal and the Pathological*), Publications de la Faculté des Lettres de l'Université de Strasbourg, fascicule 100, Clermont-Ferrand, 1943 ; reprinted by the Société d'édition 'Les Belles-Lettres', Paris, 1950 ; reprinted with "Nouvelles réflexions" as *Le noramal et le pathologique*(*The Normal and the Pathological*), Presses Universitaires de France, Paris, 1966.

La formation du concept de réflexe aux XVIIe et XVIIIe siècle(*The Formation of the Concept of the Reflex in the Seventeenth and Eighteenth Centuries*), PUF, Paris, 1955.

La connaissance de la vie(*Knowledge of Life*), Hachette, Paris, 1952 ; second revised and expanded edition, Librairie Philosophique J. Vrin, Paris, 1965.

Etudes d'hitoire et de philosophie des sciences(*Studies in the History and Philosophy of the Sciences*), Vrin, Paris, 1968.

위의 책들에 포함되어 있지 않은 논문들

"Note sur la situation faite à la philosophie biologique en France"("A Note on the Situation Produced in the Biological Philosophy in France"), *Revue de métaphysique et de morale*, Paris, 1947.

"Sur une épistémologie concordataire"("On a Harmonizing Epistemology"), *Hommage à Gaston Bachelard*, PUF, Paris, 1957.

"La diffusion scientifique"("Scientific Diffusion"), *Revue de l'enseignement supérieur*, 1961, no.3, Paris.

Canguilhem has also contributed to a number of *Thalès on L'histoire de l'idée de l'évolution*, 1960 ; and to René Taton, ed., *Histoire générale des sciences*, PUF, Paris, 1957-1964.

"The role of Analogies and Models in Biological Discovery", *Scientific Change(a Symposium on the History of Science*, University of Oxford, 9-15 July 1961), ed. A. C. Crombie, Heinemann, London, 1963.

Articles on the history of animal physiology in the eighteenth and nineteenth centuries in René Taton, ed., *A General History of the Sciences*, tr., by A. J. Pomerans, Thames and Hudson, London, 1963-6, vol.Ⅱ, pp. 527-39, vol.Ⅲ, pp. 414-21.

조르주 캉길렘에 대한 연구서들

Pierre Macherey, "La philosophie de la science de Georges Canguilhem : épistémologie et histoire des sciences", *La Pensée*, no.113, January/February 1964, pp. 54-74.

2. 미셸 푸코

책들

Maladie mentale et psychologie(Mental Illness and Psychology), PUF, Paris, 1954.

Folie et déraison, histoire de la folie à l'âge classique(Madness and Unreason, A History of Madness in the Classical Age), Plon, Paris, 1961 ; reprinted as *Histoire de la folie à l'âge classique*, Gallimard, Paris, 1972.

Naissance de la clinique, une archéologie du regard medical(The Birth of Clinical Medicine, an Archaeology of the Medical Gaze), PUF, Paris, 1963 ; second revisied edition, PUF, Paris, 1972.

Les mots et les choses, une archéologie des sciences humaines(Words and Things, an Archaeology of the Human Sciences), Gallimard, Paris, 1966.

L'archélogie du savoir(The Archaeology of Knowledge), Gallimard, Paris, 1969.

L'ordre du discours(The Order of Discourse), Leçon inaugurale au Collègue de France prononcée le 2 décembre 1970, Gallimard, Paris, 1971.

영역된 저작들

Madness and Civilization : a History of Insanity in the Age of Reason(abridged translation of *Histoire de la folie*), tr., by Richard Howard, Tavistock Publications, London, 1967.

The Archaeology of Knowledge(translaion of *L'archéology du savoir*), tr., by A. M. Sheridan Smith, Tavistock Publications, London, 1972.

Orders of Discourse(translation of *L'Ordre du discours*), tr., by Rupert Sawyer, *Social Science Information/Information sur les sciences sociales*, vol. X, no.2, April 1971, pp. 7-30.

The Birth of Clinical Medicine(translation of *Naissance de la clinique*), tr., by A. M. Sheridan Smith, Tavistock Publications, London, 1973.

미셸 푸코에 대한 연구서

Roland Barthes, "De part et d'autre", *Critique*, no.174, November 1961, pp. 915-22 ; reprinted in *Essais Critiques*, Editions du Seuil, Paris, 1964, pp. 167-74.

Jacques Derrida, "Cogito et histoire de la folie", *Revue de métaphysique et de morale*, 1963, no.4, pp. 460-94 ; reprinted in *L'écriture et la différence*, Editions du Seuil, Paris, 1967, pp. 51-97.

François Dagognet, "Archéologie ou histoire de la médicine?", *Critique*, no.216, May 1965, pp. 436-47.

Georges Canguilhem, "Mort de l'homme ou épuisement du cogito", *Critique*, no.242, July 1967, pp. 599-618.

Jean Wahl, "La philosophie entre l'avant et l'après du structuralisme", *Qu'il est-ce que le structualisme?*, Editions du Seuil, Paris, 1968, pp. 299-441.

Gilles Deleuze, "Un nouvel archiviste", *Critique*, no.274, March 1970, pp. 195-209.

■ 바슐라르 인식론의 주요 개념들의 색인

나는 이 색인을 작업 도구로 생각한다. 따라서 그것은 포괄성을 주장할 필요가 없다. 색인에서 나는 바슐라르 인식론의 기초 개념들에 대한 주요 텍스트를 그의 불어 텍스트를 연구하고자 하는 사람들을 위한 안내자로서 소개한다. 그 색인은, 그 범위, 바슐라르의 연구에서 차지하고 있는 그 전략적 위치, 혹은 그 정식화의 명료성과 관련하여 독자들의 주의를 끌만하다고 생각되는 텍스트들을 지시하고 있다. 덧붙이자면, 그것은 개념들의 색인이다. 따라서 지시되고 있는 단어가 나타나지 않는 구절을 때때로 언급하게 될 때 놀라지 않기 바란다. 나는, 그러한 구절에서 개념이 나타나고 있음을 인식하고 그 단어의 부재가 갖는 이론적 함축을 성찰하는 노고를 독자에게 남겨 둔다. 마지막으로, 이 색인이 불완전할 수밖에 없다 해도, 내가 선택한 것들은 이제까지 진행된 연구에서 제시되었던 해석을 따를 수밖에 없었다.

간소함을 위하여 나는 다음과 같은 약자들을 사용했다.

Essai　*Essai sur la connaissance approchée*

Etude　*Etude sur l'évolution d'un problème de Physique. la propagation thermique dans les solides*

VIR *La valeur inductive de la Relativité*

IA *Les intuitions atomiques*

PCCM *Le pluralisme cohérent de la chimie moderne*

NES *Le nouvel esprit scientifique*

Dial. *La dialectique de la durée*

Exp. *L'expérience de l'espace dans la physique contemporaine*

FES *La formation de l'esprit scientifique*

Non *La philosophie du non*

RA *Le rationalisme appliqué*

AR *L'activité rationaliste de la physique contemporaine*

MR *Le matérialisme rationnel*

객관성(objectivity ; objectivité)

장애(obstacle ; obstacle)

Essai, 108-9 ; Exp., 17 ; FES passim

현상-기술학(phenomeno-technics ; phénoménotechnique)

NES, 13 ; FES, 61 ; Non, 10 ; MR, 65.

선구자(precursor ; précurseur)

Etude, 123 ; RA, 153 ; AR, 69.

문제틀(problematic ; problèmatique)

Etude, 128 ; RA, 51, 55, 57.

개조(recasting ; refonte)

정정(rectification ; rectification) (참고 : '오류'와 '변증법')

Essai, Ch. II ; VIR, 30 ; NES, 30 ; FES, beginning, 231.

회귀(recurrence ; récurrence)

Etude, 13 ; NES, 8 ; FES, 109, 235, 251 ; RA, 2 ; AR, 69, 93, 102, 108, 111 ; MR, 75, 97.

재조직(reorganization ; réorganisation)

NES, 175 ; RA, 168, 187 ; AR, 18, 51, 173, 176. Conférence au Palais de la Dé couverte.

단절(rupture ; rupture)

Essai, 270 ; VIR, 7 ; Dial., 75 ; AR, 77, 93.

인식론적 단절(rupture, epistemological ; rupture épistémologique)

RA, 104-5.

단순성(simplicity ; simplicité)

Essai, 93, 100-1 ; VIR, 28-9 ; PCCM, 57 ; NES, 138 ; AR, 50-1 ; MR, 73-4, 179.

■ 찾아 보기

[ㅇ]

[ㅈ]

中國歷史大河小說
십팔사략
천승세 평역
【十八史略】
전8권
중원문화
십팔사략 1 춘추·전국시대
십팔사략 2 진시황제(秦始皇帝)
십팔사략 4 한무제(漢武帝)